KB201132

쉽게 보는 어려운 요한계시록 I

쉽게 보는 어려운 **요한계시록**

초판 1쇄 발행 2017. 06. 20.
    2쇄 발행 2020. 11. 02.

지은이 강학종
펴낸이 방주석
펴낸곳 베드로서원
주 소 10252 경기도 고양시 일산동구 고봉로 776-92
전 화 031-976-8970
팩 스 031-976-8971
이메일 peterhouse@daum.net
창립일 1988년 6월 3일
등 록 2010년 1월 18일 (제59호)
ISBN 978-89-7419-357-7 03230

책값은 뒤표지에 있습니다.

베드로서원은 말씀과 성령 안에서 기도로 시작하며
영혼이 풍요로워지는 책을 만드는 데 힘쓰고 있으며,
문서선교 사역의 현장에서 세계화의 비전을 넓혀가겠습니다.

나의 힘이신 여호와여 내가 주를 사랑하나이다(시 18:1)

쉽게 보는 어려운

요한계시록

강학종 지음

베드로서원

예수님이 행하신 첫 번째 표적이 물로 포도주를 만든 표적입니다. 왜 그 표적을 처음 행했을까요? 어차피 예수님 마음 대로입니다. 예수님 이 하시고자 마음먹었으면 오병이어 사건으로 첫 번째 표적을 삼았을 수도 있고, 귀신을 쫓아내는 것으로 첫 번째 표적을 삼았을 수도 있습 니다. 그런데 물로 포도주를 만드는 표적으로 첫 번째 표적을 삼았습 니다. 그러면 그럴 만한 이유가 있을 것입니다.

그 답이 요한계시록에 있습니다. 요한계시록에서는 우리의 구원이 완성되는 것을 어린양의 혼인 잔치로 얘기합니다. 우리 모두는 큰 기 쁨으로 신랑 되신 예수님을 맞을 것입니다. 예수님은 그 일을 위해서 오셨습니다. 그러니 자칫 망가질 뻔한 혼인 잔치를 온전케 하신 것으 로 첫 번째 표적으로 삼는 것이 가장 잘 어울립니다.

평신도 시절, 성경을 제법 열심히 읽었습니다. 요한계시록을 읽을 때면 또 성경을 1독 했다는 뿌듯함과 아울러 무슨 뜻인지 모르겠다는 답답함을 같이 느끼곤 했던 기억이 있습니다. 그 시절에는 정말로 무슨 뜻인지 몰랐습니다. 요한계시록은 아주 신령한 목사들만 제한적으로 이해할 수 있는 내용인 줄 알았습니다. 심지어 요한계시록은 위험한 책이라는 얘기를 듣기도 하던 시절이었습니다.

아닌 게 아니라 요한계시록은 이단에서 더 많이 얘기하는 경향이 있습니다. 대체 이유가 무엇일까요? 요한계시록은 신앙의 승리를 말하는 책입니다. 성경의 주제를 얘기할 때 구약은 '주님이 오신다.', 신약은 '주님이 오셨다.', 요한계시록은 '주님이 다시 오신다.'라고 합니다. 요한계시록이 그런 책입니다. 다시 오실 그리스도를 보여주는 책입니다. 지금 세상에서는 신자와 불신자가 구분이 안 될 수 있고, 신앙이 주는 유익이 무엇인지 납득이 안 될 수도 있습니다. 하지만 주님이 다시 오시면 얘기가 달라집니다. 그때는 신자와 불신자가 확연히 구분됩니다. 우리한테 있는 신앙이 얼마나 귀한 것인지가 분명히 드러납니다. 그러니 요한계시록은 이단의 종말이 어떠한지를 보여주는 책이기도 합니다.

그런데 왜 이단이 요한계시록에 열심일까요? 자기들의 앞날을 몰라서 그런 것이라면 우리 책임이 아닐 수 있습니다. 왜 진작 복음을 전하지 않았느냐고 하면 할 말은 없지만 멸망하기로 작정한 사람을 무슨 수로 말립니까? 하지만 우리가 요한계시록을 모르는 이유 때문이라면 곤란합니다.

우선 요한계시록을 펴놓고 성경 다른 곳에 없는 얘기를 하면 보나마나 틀렸다고 생각하면 됩니다. 성경은 통일성이 있는 책입니다. 유독 요한계시록에만 별도의 내용이 있을 까닭이 없습니다. 요한계시록은 이 세상 종말에 있을 일에 대한 호기심을 자극하는 책이 아닙니다. 언제 어떤 일이 있을지를 숨겨놓은 암호문서도 아닙니다. 하나님이 이 세상 주인이기 때문에 하나님을 바로 섬겨야 한다는 사실을 말하는 책이고, 우리가 그리스도의 신부이기 때문에 신랑 되신 예수님을 만날 날을 고대해야 한다는 사실을 말하는 책입니다. 우리가 요한계시록을 통해서 알아야 할 것은 666이 누구인지, 아마겟돈 전쟁이 언제 일어나는지가 아닙니다. 언젠가 주님이 오신다는 사실이고, 우리는 주님을 기다리는 사람들이라는 사실입니다. 이 세상을 살아가는 우리의 모든 삶이 주님을 기다리는 삶이어야 한다는 사실입니다.

여기에 있는 내용은 지난 2012년 12월부터 2014년 1월까지 수요예배를 통해서 선포된 내용입니다. 출판을 앞두고 보니 그때의 감흥이 새록새록 떠오릅니다. 그 감흥을 같이 나눈 교우님들께 이 자리를 빌려 고마움을 전합니다. 출판을 허락하신 방주석 장로님, 그리고 베드로서원 측에도 같은 인사를 전합니다. 모든 분들께 하늘 아버지의 평강이 함께 하기를 기원 드립니다.

주후 2017. 6.
하늘교회 목사 강 학 종

"이 세상을 살아가는 우리의 모든 삶이
주님을 기다리는 삶이어야 합니다."

CHAPTER 01

예수 그리스도의 계시

예수 그리스도의 계시라 이는 하나님이 그에게 주사 반드시 속히 일어날 일들을 그 종들에게 보이시려고 그의 천사를 그 종 요한에게 보내어 알게 하신 것이라 요한은 하나님의 말씀과 예수 그리스도의 증거 곧 자기가 본 것을 다 증언하였느니라 이 예언의 말씀을 읽는 자와 듣는 자와 그 가운데에 기록한 것을 지키는 자는 복이 있나니 때가 가까움이라(계 1:1-3).

몇 년 전에 한 청년한테서 요한계시록은 무서워서 읽기 싫다는 말을 들은 적이 있습니다. 아닌 게 아니라 요한계시록은 가장 많은 오해를 받는 책입니다. '무섭다', '어렵다' 는 기본이고 심지어는 '시험 든다' 는 말까지 합니다. 어떻게 된 영문인지 요한계시록은 정상적인 교회보다 이단에서 더 많이 다루기도 합니다.

그때 그 청년한테 물었습니다.

"혹시 애굽에 열 가지 재앙 내리는 장면도 무섭더냐?"

"아뇨."

"그런데 요한계시록은 왜 무서워?"

제가 자라던 시절에는 반공이 통치 이데올로기였습니다. 반공 영화가 나올 때마다 학교에서 단체 관람을 했습니다. 영화마다 빠지지 않는 내용이 있습니다. 북한의 남침으로 대한민국이 수세에 몰리지만 나중에 전세를 역전시켜서 북진한다는 내용입니다. 국군이 몰릴 적에는 숨을 죽이면서 보다가 인천상륙작전에 이어서 미군 전투기가 날아다니고 북한군이 패주하는 장면이 나오면 전부 박수를 치면서 환호했던 기억이 있습니다. 아무리 총알이 빗발치고 사방에서 폭탄이 터져도 통쾌하게 생각하지, 무서워하지 않습니다. 혹시 무서워하는 사람이 있다면 영화 내용을 모르는 사람입니다. 어쩌면 영화 내용만 모르는 것이 아니라 6 · 25 전쟁 자체를 모르는 사람일 수도 있습니다. 요한계시록에서 두려움을 느낀다면 그런 이유 때문일 것입니다.

네로가 폭군인 것을 모르는 사람은 없습니다. 특히 로마 대 화제 때 기독교인들을 희생양으로 삼은 것 때문에 기독교와는 악연이 깊습니다. 흥분한 로마 시민이 자기가 불을 지른 것으로 오해하자, 기독교인들이 불을 질렀다고 화살을 돌린 것입니다. 하지만 기독교를 박해하기로는 도미티아누스가 한 수 위였습니다. 요한계시록은 도미티아누스 때 기록된 책입니다.

지금은 달라졌겠지만 제가 군 생활을 할 적에는 편지를 쓸 때 몇 가지 제약이 있었습니다. 숫자나 기호는 물론 문장 부호도 쓸 수 없었습니다. 군 생활이 힘들다는 내용도 쓸 수 없었고 돈을 보내달라거나 면회를 와달라는 말도 쓸 수 없었습니다.

당시 요한은 밧모 섬에 유배된 상태였습니다. 유배 된 사람이 속마음을 그대로 담은 편지를 쓸 수는 없는 노릇입니다. 로마에게 불리한 내용을 쓰면 보나마나 검열에 걸립니다. 그래서 아는 사람만 알 수 있는 내용으로 썼습니다. 그런 것을 묵시서라고 하는데, 요한계시록은 묵시서의 형태를 띤 책입니다.

10년쯤 전, 멕시코에서 선교를 하던 친구가 잠깐 귀국한 적이 있습니다. 친구들끼리 모였습니다. 당연히 멕시코에서 온 친구가 주인공이었습니다. 그 친구가 먹고 싶다는 메뉴로 점심을 먹고, 그 친구가 찜질방에 가고 싶다고 해서 찜질방에도 다녀왔습니다. 그런데 난데없이 로또복권 얘기를 꺼냈습니다. 재미있을 것 같다면서 한번 해보자는 것이었습니다. 목사가 로또복권을 사는 것은 말이 안 됩니다만, 멕시코에서 고생하다 온 친구 얘기를 모른 척 할 수도 없지 않습니까? 그 자리에서 만 원씩 거두었습니다. 걸음 빠른 친구가 대표로 가서 복권을 구입해왔고, 한 친구가 그것을 보관했습니다. 친구들이 다 모이면 11명인데 그때 3명이 불참해서 8명이 같이 있었습니다. 로또복권이 대화 소재가 되었습니다. 1등 당첨되면 예배당을 크게 지어서 공동목회를 하자는 말도 했고, 불참한 친구들은 어떻게 하느냐는 얘기에 관리집사로 써주자고 해서 웃기도 했습니다. 며칠 후에 복권을 보관했던 친구가 우리끼리 운영하는 인터넷 카페에 글을 올렸습니다.

7인의 기도하는 사람들이여!
하나님은 위대하시도다.
우리의 기도 대상은 우리와 전혀 관계없는 자 3인에 의해 빼

앗긴 바 되었으며,

우리의 것은 그 중 8분의 7이 쓰레기통에 슬피 울며 찢겨진 채
버림받았으나

다행히 우리의 손에 의하지 아니한 것에 의해

우리의 분깃 중 8분의 1이 다시 또 색깔 입혀짐을 당하고 있음
을 고하노라.

7인의 기도하는 사람은 8명 중에 자기를 뺀 일곱 명입니다. 우리의
기도 대상은 우리와 전혀 관계없는 자 3인에 의해 빼앗긴 바 되었다는
얘기는, 당첨되면 우리끼리 공동목회를 하기로 했는데 그 자리에 없던
세 명 때문에 부정 타서 꿈이 무산되었다는 뜻입니다. 우리의 것은 그
중 8분의 7이 쓰레기통에 슬피 울며 찢겨진 채 버림받았다는 얘기는,
복권 8장 가운데 7장이 '꽝' 이라는 얘기입니다. 우리의 분깃 중 8분의
1이 다시 또 색깔 입혀짐을 당하고 있다는 얘기는, 한 장이 본전을 건
져서 그것으로 다시 복권을 구입했다는 뜻입니다. 아무리 재미삼아 한
일이지만 목사 체면에 '로또복권' 을 직접 말하기는 거북했나 봅니다.

그 글을 보면서 그 자리에 있던 친구들은 모두 배꼽을 잡았습니다.
하지만 그 자리에 없었던 친구는 무슨 내용인지 알 재간이 없습니다.
이런 것이 묵시서입니다. 제 친구가 쓴 글은 물론 장난입니다만 대부
분의 묵시문학은 세상의 종말이나 악에 대한 심판을 소재로 합니다.
그런 내용을 다루려면 천생 아는 사람만 알게 써야 합니다. 할 말은 하
되 책은 잡히지 말아야 합니다. 요한계시록이 그런 책입니다. 구약의
배경을 아는 사람들만 알아듣게 썼습니다. 구약성경을 모르면 도무지

모릅니다.

본문은 "예수 그리스도의 계시라"는 말로 시작합니다. 요한계시록이라고 해서 요한의 계시가 아닙니다. 예수 그리스도의 계시입니다. 계시는 '아포칼립스'를 번역한 말인데 '아포(벗기다)'와 '칼립스(감추다)'의 합성어입니다. 감춰진 것을 드러내는 것이 계시입니다.

제 원래 전공은 신문방송학입니다만 지금은 신학입니다. 신학이 무엇을 공부하는 학문입니까? 법학은 법을 공부하고 경제학은 경제를 공부합니다. 그러면 신학은 신을 공부하는 학문이라야 합니다. 하지만 이 말에는 어폐가 있습니다. 신은 우리보다 크신 분입니다. 우리보다 큰 분을 공부해서 알 수 있을까요? 만일 공부해서 알 수 있으면 신이 아닙니다.

집에서 키우는 강아지가 주인을 어떻게 압니까? 연구해서 아는 것이 아닙니다. 주인이 자기에게 보여준 모습을 통해서 압니다. 자기를 귀여워해주면 좋은 사람이고 못 살게 굴면 나쁜 사람입니다. 주인이 밖에서 무엇을 하며 지내는지는 전혀 모릅니다.

신은 우리가 연구한 만큼 알 수 있는 대상이 아니라 신이 우리한테 보여준 만큼 알 수 있는 대상입니다. 그것을 계시라고 합니다. 신은 계시의 주체이면서 계시의 대상이기도 합니다.

"예수 그리스도의 계시라"는 그런 말입니다. 예수 그리스도께서 보여주신 계시인 동시에 예수 그리스도에 대한 계시입니다. 우리는 요한계시록을 통해서 적그리스도가 누구인지, 세상이 언제 멸망하는지, 세상이 멸망하기 전에 어떤 징조가 있는지를 알아야 하는 것이 아닙니다. 예수 그리스도께서 보여주신 만큼 예수 그리스도를 알아야 합니다.

요한계시록은 기독교에 대한 박해가 가장 극심한 도미티아누스 황제 때 기록된 책이라고 했습니다. 원형경기장에 끌려가서 사자 밥이 되는 사람이 한둘이 아니었습니다. 짐승 가죽을 뒤집어씌운 다음 사나운 사냥개를 풀어놓아서 사냥감으로 만들기도 했습니다. 화형에 처하는 방법도 상당히 엽기적이었습니다. 말뚝에 묶어서 기름을 끼얹은 다음 불을 붙여서 조명등으로 쓰기도 했습니다.

그런 시대를 살아가는 기독교인들에게 가장 필요한 것이 무엇이었겠습니까? 자기들이 이런 박해를 견디는 것이 과연 의미 있는 일인지에 대한 확신입니다. '이것으로 끝이 아니다. 조만간 하나님이 다 갚아주신다.'는 소망입니다.

지금도 신앙을 지키면서 사는 것이 마냥 만만하지는 않습니다. 목숨을 빼앗기는 극단적인 일은 없어도 신앙 때문에 오해를 사기도 하고 혹은 손해를 보는 일도 있습니다. '예수만 믿다가 세상에서 낙오되는 것은 아닌가?'라는 생각이 들기도 합니다. 그에 대한 답이 요한계시록에 있습니다. 요컨대 요한계시록은 '악한 세력은 결국 망한다. 최후 승리는 우리 것이다'를 알려주는 책입니다. 그 내용을 "이는 하나님이 그에게 주사 반드시 속히 일어날 일들을 그 종들에게 보이시려고 그의 천사를 그 종 요한에게 보내어 알게 하신 것이라"라고 합니다. 일제강점기 때는 요한계시록이 금서였습니다. 일본이 자기들 스스로 자기네가 악한 세력인 것을 알았던 모양입니다. 어쨌든 요한계시록은 쓸데없는 호기심을 부추기는 책이 아닙니다. 반드시 속히 일어날 일들을 그 종들에게 보여주는 책입니다.

"반드시 속히 일어날 일들"이라는 말이 납득이 되십니까? 요한계시록은 새 하늘과 새 땅에 대한 얘기로 끝납니다. 우리 중에 그 일이 반드시 일어날 일이라는 사실을 의심하는 사람은 없습니다. 그 일이 반드시 일어날 일인 것은 맞습니다. 그런데 '속히 일어날 일' 인 것도 맞습니까?

요한계시록이 기록된 것이 주후 95년경입니다. 그리고 지금은 주후 2012년입니다. 무려 1900년 넘게 일어나지 않은 일을 놓고 '속히 일어날 일' 이라고 하는 것이 가능합니까? 예수님도 '내가 속히 오리라' 고 했습니다. 예수님 당시 사람들은 자기들이 죽기 전에 예수님이 오실 줄 알았습니다. 그런데 아직도 오지 않고 있습니다. 그러면 예수님이 거짓말을 하신 것입니까?

3절에 '때가 가깝다' 는 말이 나오는데, 이 역시 그렇습니다. 요한이 계시록을 쓸 시점에 때가 가깝다는 말을 했으면 지금은 그 때가 지나 있어야 하는 것 아닙니까?

때를 나타내는 헬라어는 두 가지가 있습니다. 하나는 '크로노스' 이고 다른 하나는 '카이로스' 입니다. 크로노스는 그냥 시간이 가면 이르는 때이고, 카이로스는 특정한 사건이 있는 때입니다. 우리 교회는 대치동에 있다가 지난 2007년 6월 30일에 이곳으로 이전했습니다. 오늘이 2007년 6월 28일이면 '이사 할 때가 얼마 안 남았다.' 라고 할 수 있습니다. 날짜가 가면 이사해야 합니다. 이사 갈 날이 되기 위해서 필요한 것은 날짜가 가는 것뿐입니다. 이곳에 온지 5년 반이 지났습니다. 교인이 더 늘어나서 장소가 협소해지면 또 이사해야 합니다. 그 때가 언제인지는 모릅니다. 6개월 후나 1년 후일 수도 있고, 10년이나 20년 후일 수도 있습니다. 그런 때가 '카이로스' 입니다. 달력만 넘기면 되는 것이 아니라 다른 조건이 충족되어야 합니다. 3절에서 '때가 가깝다'고 할 때는 카이로스가 쓰였습니다. 그처럼 특정한 사건이 벌어지는 때가 언제인지는 모르지만 그 때가 가깝다는 것입니다.

요즘을 가리켜서 말세라고 합니다. 작년도 말세였고 재작년도 말세였고 10년 전에도 말세였습니다. 그러면 말세의 시작이 언제입니까? 말세가 언제 시작해서 지금까지 이어지는 것입니까?

말세는 시간 개념이 아니라 순서 개념입니다. 주님이 다시 오시면 세상이 끝납니다. 그러면 주님이 다시 오시기 전에 일어나야 할 모든 일이 다 일어난 다음부터가 말세입니다. 주님이 다시 오시기 전에 어떤 일들이 있어야 합니까? 먼저 초림이 있어야 합니다. 주님이 이 땅에 오시기도 전에 재림이 이루어질 수는 없습니다. 구약시대는 말세가 아닌 것이 됩니다. 주님이 이 땅에 계신 동안도 말세가 아니고 부활해 있는 동안도 말세가 아닙니다. 주님이 재림하려면 먼저 주님이 이 세상에 와서 살다가 죽고 부활해서 승천하는 일이 있어야 합니다. 지금은 그 모든 일이 다 이루어졌습니다. 주님이 다시 오시기만 하면 그것으로 이 세상 역사가 끝납니다. 그래서 지금이 말세입니다. 주님이 10년이나 100년 후에 오실 수도 있지만 이 설교를 다 마치기 전에 오실 수도 있습니다. 주님이 오시면 이 세상이 끝나고 새 하늘과 새 땅이 시작됩니다.

그렇다고 해서 그것이 속히 될 일입니까?

다니엘이 왕 앞에 대답하여 이르되 왕이 물으신 바 은밀한 것은
지혜자나 술객이나 박수나 점쟁이가 능히 왕께 보일 수 없으되 오

적 은밀한 것을 나타내실 이는 하늘에 계신 하나님이시라 그가 느부갓네살 왕에게 후일에 될 일을 알게 하셨나이다 왕의 꿈 곧 왕이 침상에서 머리 속으로 받은 환상은 이러하나이다(단 2:27-28).

다니엘이 느부갓네살의 꿈을 해석하면서 한 얘기입니다. 하나님이 꿈을 통하여 느부갓네살에게 후일에 될 일을 알게 했다고 합니다. 다니엘이 말한 '후일에 될 일'을 요한은 '속히 일어날 일'이라고 했습니다. 종말이 다니엘을 기준으로는 막연한 후일입니다만 요한을 기준으로는 그렇지 않기 때문입니다. 종말은 예수님의 초림으로 이미 성취되었고 예수님의 재림으로 완성될 것입니다. 요컨대 '앞으로 얼마나 남았느냐?' '가까운 장래냐, 먼 장래냐?'가 아닙니다. 앞날에 반드시 있을 일을 말합니다. 하나님이 그 일을 요한에게 보이셨습니다. 우리는 요한계시록을 통해서 장차 일어날 모든 일들을 속속들이 다 알아야 하는 것이 아닙니다. 요한이 알아들은 정도만 알면 됩니다.

어쨌든 요한은 자기가 본 것을 다 증언했다고 합니다. 우리는 어떻습니까? 우리도 우리가 본 것을 다 증언하고 있습니까? 우리가 그리스도에 대해서 아무것도 모르면 아무것도 증언하지 않아도 됩니다. 그리스도가 하나님의 아들인지 아닌지, 이 세상 주인인지 아닌지 자기도 모르는 마당에 무슨 말을 합니까? 모르면 입 다물고 가만히 있으면 됩니다. 하지만 아는 내용이 있으면 아는 만큼은 증언해야 합니다.

허영만 화백이 그린 《말에서 내리지 않는 무사》라는 만화가 있습니다. 칭기즈 칸의 일대기를 다룬 내용입니다. 칭기즈 칸의 본명은 테무진이고, 아버지는 예수게이입니다. 예수게이가 죽은 후 테무진은 상당한 어려움을 겪습니다. 도움을 구하기 위해서 아버지 예수게이의 의형제인 토그릴을 찾아갑니다. 토그릴은 케레이트족의 수장으로 상당한 세력을 갖고 있는 사람이었습니다. 그가 테무진을 반갑게 맞으며 감사 기도를 합니다. 그러면서 자기를 천주교 신자라고 소개합니다.《말에서 내리지 않는 무사》는 몽골 현지를 답사해서 치밀한 고증을 거친 작품입니다. 토그릴을 천주교 신자라고 하는 것은 작가의 자의적 설정이 아니라 그만한 근거가 있습니다.

나중에 토그릴이 전투에 패해서 죽은 다음의 일입니다. 상대방이 전공을 자랑하기 위해서 목을 베어감으로 토그릴은 목 없는 시신이 되어 벌판에 버려졌습니다. 어떤 일행이 지나가다가 그 시신을 보고 말합니다. "옷을 보니 상당히 지체가 높은 사람 같은데 목은 누가 베어갔을까? 어? 십자가 목걸이가 있네. 토그릴이다. 토그릴이 분명하다." 그런 내용이 있는 것을 보니 토그릴이 천주교 신자였던 것이 분명해 보입니다.

난데없이 천주교 신자가 등장하니 살짝 호기심이 생겼습니다. 그런데 그 다음 내용이 허무했습니다. 토그릴이 테무진한테 말합니다. "난 천주를 믿는다네. 물론 탱그리신(몽골의 토속신)도 믿지. 이리저리 다리를 걸쳐놔야 마음이 편하거든."

마음에 들지는 않습니다만 어쨌든 토그릴은 자기 나름대로 자기가 아는 하나님을 증언한 셈입니다. 혹시 우리 중에도 하나님을 토그릴처럼 알고 있는 사람이 있으면 그렇게 하면 됩니다. "난 하나님을 믿습니다. 가끔은 부처도 믿고, 경우에 따라서는 돈도 믿습니다. 뭐든지 많이 믿어두면 좋지 않겠습니까?"라고 할 수 있습니다. 그리고 자기가 믿는 대로 살면 됩니다. 하지만 이 세상에서 믿을 분은 오직 하나님 한 분뿐인 것을 알면, 그 역시 자기가 아는 대로 증언해야 합니다. 하나님만이 참 신인 것을 알면서 무신론자같이 살면 안 됩니다. 언젠가 우리가 이 세상에서 행한 모든 일에 대해서, 또 우리가 하지 않은 모든 일에 대해서 심판을 받는다는 것을 알고 있으면서도 심판이 없는 것처럼 살면 안 된다는 말씀입니다. 몰라서 못하는 것은 별 수 없습니다만 아는 것은 증언해야 합니다.

지금은 성경이 없는 사람이 없습니다. 하지만 요즘 얘기입니다. 당시 두루마리 성경은 아무나 가질 수 있는 물건이 아니었습니다. 개인이 소장하는 것은 엄두도 못 내고, 회당에 마을 공동 소유의 성경이 있었습니다. 3절에 보면 "이 예언의 말씀을 읽는 자와 듣는 자와 그 가운데에 기록한 것을 지키는 자는 복이 있나니 때가 가까움이라"고 되어 있습니다. 그 시대의 성경은 읽는 책이 아니라 주로 듣는 책이었습니다. 회당에서 예배 인도자가 읽으면 청중들은 들었습니다. 예수님 당시의 문맹률이 98%에 달했다는 사실을 감안하면 더욱 그렇습니다. 어쨌든 요한계시록은 우리를 두렵게 하거나 곤혹스럽게 하기 위해서 기록된 책이 아닙니다. 읽어서 복을 받으라고 기록된 책입니다.

"심령이 가난한 자는 복이 있나니 천국이 그들의 것임이요 애통하는 자는 복이 있나니 그들이 위로를 받을 것임이요 온유한 자는 복이 있나니 그들이 땅을 기업으로 받을 것임이요…"라는 8복을 다 아실 것입니다. 8복은 우리말 번역이 밋밋하게 되어 있습니다. 원문에는 복이 가장 앞에 나옵니다. 복을 강조한다는 뜻입니다. 원문의 의미를 살리려면 '복' 자를 큰 활자로 인쇄해야 합니다. 본문 3절도 그렇습니다. 3절은 8복과 시작이 같습니다. 초점이 복에 있습니다. 요한계시록은 우리의 복을 위해서 기록된 책입니다.

어쩌면 요한계시록에 대한 숱한 오해는 우연이 아니라 사탄의 개입일 수 있습니다. 심지어는 요한계시록을 설교하면 이단이라고 하던 시절도 있었습니다. 지금도 이단들이 가장 즐겨 인용하는 성경이 요한계시록입니다. 우리가 요한계시록의 내용을 제대로 아는 것을 사탄이 그만큼 싫어한다는 뜻입니다. 하기야 자기의 종말이 기록되었으니 싫어할 수밖에 없습니다. 분명히 말씀드립니다만 사탄이 싫어하는 일이라면 우리는 기를 쓰고 해야 합니다. 요한계시록을 기를 쓰고 읽어야 한다는 얘기가 아닙니다. 이 세상에 하나님 나라가 선포된다는 사실을 바로 알아서 그 날에 맞게 살아야 한다는 뜻입니다. 우리는 기를 쓰고 사탄의 술책을 배격하고 하나님께 붙어있어야 하는 사람들입니다. 우리는 우리가 행하는 모든 일의 결국을 알고 있기 때문입니다. 우리가 아는 것을 행하는 것, 거기에 우리의 복이 있습니다.

CHAPTER 02

알파와 오메가

요한은 아시아에 있는 일곱 교회에 편지하노니 이제도 계시고 전에도 계셨고 장차 오실 이와 그의 보좌 앞에 있는 일곱 영과 또 충성된 증인으로 죽은 자들 가운데에서 먼저 나시고 땅의 임금들의 머리가 되신 예수 그리스도로 말미암아 은혜와 평강이 너희에게 있기를 원하노라 우리를 사랑하사 그의 피로 우리 죄에서 우리를 해방하시고 그의 아버지 하나님을 위하여 우리를 나라와 제사장으로 삼으신 그에게 영광과 능력이 세세토록 있기를 원하노라 아멘 볼지어다 그가 구름을 타고 오시리라 각 사람의 눈이 그를 보겠고 그를 찌른 자들도 볼 것이요 땅에 있는 모든 족속이 그로 말미암아 애곡하리니 그러하리라 아멘 주 하나님이 이르시되 나는 알파와 오메가라 이제도 있고 전에도 있었고 장차 올 자요 전능한 자라 하시더라(계 1:4-8).

로마서는 본래 바울이 로마교회에 보낸 편지입니다. 마찬가지로 요한계시록은 요한이 아시아에 있는 일곱 교회에 보낸 편지입니다. 일곱 교회는 에베소, 서머나, 버가모, 두아디라, 사데, 빌라델비아, 라오디게아 교회입니다.

성경에서 말하는 아시아는 아시아 대륙이 아니라 터키의 일부인 소아시아입니다. 당시 소아시아에 이들 일곱 교회만 있었던 것이 아닙니다. 골로새 교회도 있었고, 히에라볼리(골 4:13), 드로아(행 20:5, 고후 2:12), 밀레도(행 20:17)에도 교회가 있었습니다. 또 성경에 기록되지 않은 교회도 있었습니다. 안디옥의 감독 이그나티우스의 편지에 따르면 마그네시아와 트랄레스에도 교회가 있었습니다.

그런데 요한은 유독 일곱 교회에 편지를 보냅니다.

이 일곱 교회는 당시의 순환도로에 인접한 교회였습니다. 밀레도나 마그네시아, 트랄레스는 에베소에 인접해 있었습니다. 또 히에라볼리나 골로새는 라오디게아 교회에서 걸어서 갈 수 있는 거리였습니다. 이 일곱 교회에 배달된 편지는 쉽게 주변 지역에 회람되었을 것입니다. 기왕이면 많은 사람한테 읽히기 위해서라도 중심 지역에 보낼 필요가 있습니다.

요한은 성삼위 하나님으로 말미암아 은혜와 평강이 있기를 원한다는 인사말로 본문을 시작합니다. 인사말은 나라와 시대마다 다릅니다. 날씨가 늘 우중충한 영국은 인사말이 Good morning입니다. 우리나라는 한동안 '밥 먹었습니까?'가 인사말이었던 시절이 있습니다. 그만큼 먹고 살기 힘들었다는 얘기입니다. 제주도에서는 행선지를 묻는 것이 인사입니다. 4·3사건 때 행방불명되는 사람이 워낙 많았기 때문입니다. 행선지를 알아야 시신이라도 찾을 수 있습니다. 감비아는 인사말이 굉장히 깁니다. 아버지가 집에 있는지, 어머니는 집에 있는지, 동생들은 다 집에 있는지, 모든 식구가 집에 있는지, 손님도 다 잘 있는지를 일일이 묻습니다. '알렉스 헤일리'가 쓴 소설 《뿌리》의 배경이 감비아입니다. 하루만 지나면 노예 사냥꾼에 의해 가족 중에 누군가 없어지는 일이 다반사였습니다. 그래서 그런 인사가 생겼습니다.

특별히 본문에서는 "은혜와 평강"을 기원합니다. 은혜는 자격 없는 자가 누리는 무조건적인 사랑이고, 평강은 오직 은혜를 통해서만 누릴 수 있는 것입니다. 죄인인 인간의 실상을 알면 가장 필요한 것이 은혜와 평강인데, 이것을 주실 수 있는 분은 성삼위 하나님뿐입니다.

우선 "이제도 계시고 전에도 계셨고 장차 오실 이"는 성부 하나님입니다. 과거, 현재, 미래 순서대로 하면 '전에도 계셨고 이제도 계시고 장차 오실 이'라고 해야 하는데, 이제도 계시다는 사실을 가장 먼저 얘기합니다. 당시 상황을 감안하면 그럴 수밖에 없습니다. 도무지 하나님이 계시지 않은 것 같기 때문입니다. 과거에 하나님이 계셨다는 사실을 누가 모릅니까? 하나님이 장차 오셔서 이 세상을 심판하신다는 사실도 압니다. 그런데 지금 당장은 계시지 않은 것 같습니다. 하루하루를 지내는 것이 그만큼 암울합니다. 그래서 하나님은 이제도 계신 분이라는 사실을 강조하는 것입니다.

하나님은 이제도 계신 분입니다. 전에도 계셨던 분입니다. 그러면 그 다음에 무슨 말이 나와야 합니까? '앞으로도 계실 분'이라는 말이 나와야 할 것 같은데 성경은 '장차 오실 분'이라고 합니다. '그 말이 그 말 아니냐?' 싶을 수 있지만 차이가 있습니다. '앞으로도 계실 분'이라고 하면 정적입니다만 '장차 오실 분'이라고 하면 역동적이 됩니다.

하나님은 하늘 높은 곳에 마냥 계시기만 하는 분이 아닙니다. 이 세상에 오셔서 세상을 심판하실 분입니다. 이 세상 역사가 하나님께 달려있습니다. 세속적인 눈으로 보면 권력 있는 자가 역사의 주인인 것처럼 보일 수 있습니다. 한때 바벨론의 느부갓네살이 세상을 호령했던 적이 있습니다. 아마 느부갓네살은 자기가 세상 역사를 주관한다고 생각했을 것입니다. 하지만 그 역시 하나님의 도구였습니다. 이 세상 역사의 주인은 하나님 한 분뿐입니다.

또 "그의 보좌 앞에 있는 일곱 영"이라는 말이 나옵니다. 요한계시록에는 7이라는 숫자가 유난히 자주 나옵니다. 7이 완전수이기 때문입니다. "일곱 영"도 영이 일곱 분이라는 뜻이 아니라 완전하신 성령 하나님을 말합니다. 4절 외에도 여러 곳에서 성령님을 일곱 영으로 얘기합니다(3:1, 4:5, 5:6).

삼위일체를 말할 때는 언제나 성부, 성자, 성령의 순입니다. 그런데 본문은 성부, 성령, 성자의 순서로 얘기합니다. 예수님의 사역을 강조하기 위한 배열입니다. 본문은 예수님을 충성된 증인이고, 죽은 자들 가운데서 먼저 나신 분이고, 땅의 임금들의 머리가 되신 분이라고 밝힙니다.

하나님을 부르는 호칭은 다양합니다. 자기 죄를 참회하는 사람이라면 자비와 긍휼의 하나님이라고 부를 수 있고, 암 때문에 병상에 누워 있는 사람이라면 치료의 하나님이라고 부를 수 있습니다. 슬픔에 잠긴 사람을 위로하기 위해서 기도할 때는 위로의 하나님이라고 부를 수 있습니다. 예수님에 대한 호칭도 그렇습니다. 예수님을 충성된 증인, 죽은 자들 가운데서 먼저 나신 분, 땅의 임금들의 머리가 되신 분이라고 하는 데에는 그만한 이유가 있습니다.

옥쇄(玉碎)라는 말이 있습니다. 옥처럼 아름답게 부서진다는 뜻으로 올바른 일을 위해 명예롭게 죽는 것을 비유하는 말입니다. 반대말이 와전(瓦全)입니다. 기와가 되어 안전하게 남는다는 뜻입니다.

언제부터인지 '예수 믿고 복 받자'라는 말이 쓰이기 시작했습니다. 넓은 집으로 이사 가도 복 받았다고 하고, 자녀가 대학에 가도 복 받았다고 합니다. 하지만 요한계시록이 기록될 당시에는 전혀 해당사항이 없는 말입니다. 예수를 믿는다는 이유로 사자 밥이 되던 시절입니다. 옥이 되어 부서지든지, 부서지지 않으려고 기왓장이 되든지 해야 하는 상황입니다. 그런 양자택일의 기로에 있는 절박한 사람들한테 예수님을 충성된 증인으로 얘기합니다. "너희가 믿는 예수님은 충성된 증인이었다. 너희는 어떻게 하겠느냐?"라는 질문이 자연스럽게 연상됩니다.

의리를 지키기 위해서라면 죽음도 불사해야 한다는 얘기가 아닙니다. 예수님은 죽은 자들 가운데에서 먼저 나신 분이기 때문입니다. 먼저 나셨다는 얘기는 그 다음 차례도 있다는 뜻입니다. 예수님의 부활은 예수님 혼자의 부활이 아니라 우리의 부활로 이어집니다. 우리는 이 세상에서 살다가 죽는다고 해도 그것이 끝이 아닌 사람들입니다. 충성된 증인으로 살다 죽어도 '밑지는 것'은 아무것도 없습니다.

그렇다고 해서 '본전'이라는 얘기도 아닙니다. 예수님이 땅의 임금들의 머리가 되시는 분이기 때문입니다. 당시는 로마 황제를 가리켜서 '땅의 임금들의 통치자'라고 했습니다. 요한은 그 표현을 예수님께 적용시킵니다. 이 세상을 다스리는 진정한 통치자는 로마 황제가 아니라 부활하신 예수님이기 때문입니다. 결국 요한은 "예수님이 우리의 영원한 왕이라는 사실을 잊었단 말이냐? 그 분께 충성하다가 잠시 손해를 본다고 해서 정말로 손해로 끝날 것 같으냐?"를 말하고 있는 셈입니다.

이런 내용만으로도 충분히 인사말이 됩니다. 그런데 "우리를 사랑하사 그의 피로 우리 죄에서 우리를 해방하시고 그의 아버지 하나님을 위하여 우리를 나라와 제사장으로 삼으신 그에게 영광과 능력이 세세토록 있기를 원하노라 아멘"이 또 나옵니다.

예수님은 우리를 사랑하시는 분입니다. 어느 만큼 사랑하시느냐 하면, 우리를 죄에서 해방시키기 위해서 친히 피를 흘릴 만큼 사랑하십니다. 예수님은 우리가 죄에서 죽는 것을 보는 것보다 차라리 우리 죄를 위하여 대신 죽는 편을 택했습니다. 그렇게 해서 우리를 나라와 제사장으로 삼으셨습니다. 우리말 표현이 다소 어색한데, NLT에는 "He has made us a Kingdom of priests for God his Father"라고 되어 있습니다. 우리를 나라도 삼고 제사장도 삼은 것이 아니라 제사장들로 구성된 나라로 삼으셨다는 것입니다. 같은 표현이 성경 다른 곳에도 나옵니다.

> 세계가 다 내게 속하였나니 너희가 내 말을 잘 듣고 내 언약을 지키면 너희는 모든 민족 중에서 내 소유가 되겠고 너희가 내게 대하여 제사장 나라가 되며 거룩한 백성이 되리라 너는 이 말을 이스라엘 자손에게 전할지니라(출 19:5-6).

> 그러나 너희는 택하신 족속이요 왕 같은 제사장들이요 거룩한 나라요 그의 소유가 된 백성이니 이는 너희를 어두운 데서 불러내어 그의 기이한 빛에 들어가게 하신 이의 아름다운 덕을 선포하

게 하려 하심이라(벧전 2:9).

예수님이 자신의 피로 우리를 죄에서 해방시키신 이유가 있습니다. 6절에 "그의 아버지 하나님을 위하여 우리를 나라와 제사장으로 삼으신 그에게 영광과 능력이 세세토록 있기를 원하노라 아멘"이라고 되어 있습니다. 우리한테 죄가 있는 채로는 우리가 제사장 나라가 될 수 없습니다. 그래서 예수님이 우리 대신 피 흘려 돌아가셨습니다. 그렇게 우리를 제사장 나라로 삼은 것은 하나님을 위한 일입니다. 제사장 나라가 되었다고 하면서 하나님을 위할 줄 모르면 우리를 위해서 흘린 예수님의 피가 무색하게 됩니다.

예수를 믿으면 구원 얻는다고 합니다. 하지만 그 구원은 목표가 있어야 합니다. '난 예수 믿는다. 지옥 안 가고 천국 간다.' 가 아닙니다. 예수를 믿어서 구원 얻었으면 하나님께 영광 돌리는 삶을 살아야 합니다.

저는 초등학교 2학년 때 장기를 배웠습니다. 저보다 여덟 살 많은 작은아버지와 장기를 두면 제가 이기곤 했습니다. 그런데 자꾸 물러달라고 해서 난처했던 기억이 있습니다. 그렇게 둘 줄 몰랐다고 하면서 물러달라고 하면 뭐라고 해야 합니까?

그런 일이야 없겠습니다만 예수님이 우리 구원을 무르자고 하면 어떻게 됩니까? "야, 난 네가 그렇게 하나님 영광 가릴 줄 몰랐다. 너 위해서 흘린 피 도로 무르자."라고 하면 큰일 납니다. 오히려 "그렇지, 역시 저 아무개는 내가 구원하기를 잘했지. 피 흘린 보람이 있어."라고 할 수 있어야 합니다.

7절에 "볼지어다 그가 구름을 타고 오시리라 각 사람의 눈이 그를 보겠고 그를 찌른 자들도 볼 것이요 땅에 있는 모든 족속이 그로 말미암아 애곡하리니 그러하리라 아멘"이라고 했습니다.

성경에서 구름은 두 가지로 쓰입니다. 하나는 눈에 보이는 구름이고, 다른 하나는 하나님의 영광입니다. 예수님이 구름을 타고 오신다는 얘기는 손오공처럼 근두운을 타고 온다는 얘기가 아닙니다. 영광 가운데 오신다는 얘기입니다. 그때 각 사람의 눈이 그를 보는데, 그를 찌른 자들도 본다고 합니다. 십자가에 달린 예수님을 직접 창으로 찌른 로마 군인이 죽기 전에 예수님이 다시 오신다는 뜻이 아닙니다. 모든 사람이 부활해서 예수님의 재림을 본다는 뜻입니다.

연극을 할 때 처음부터 끝까지 모든 배우가 다 무대에서 공연하지 않습니다. 들락날락거리는 사람이 한둘이 아닙니다. 하지만 연극이 끝나면 전부 무대에 서서 인사를 합니다. 예수님이 재림하는 날 그렇게 됩니다. 그때는 주님을 찌른 자가 정말로 주님을 봅니다.

그러면 누구를 걱정해야 합니까? 주님을 찌른 군인만 큰일이고 다른 사람들은 괜찮습니까? 주님을 찌른 군인 이름을 막시무스라고 하십시다. 그렇다고 해서 "막시무스야, 큰일 났다. 너 이제 어떡할래?"라고 할 겨를이 없습니다. 말로만 듣던 주님이 정말로 오시면 자기를 걱정해야 합니다. "주님, 저는 주님 안 찔렀습니다. 그냥 구경만 했습니다." "예수님, 저는 그 자리에 없었습니다. 제가 그 자리에 있었다면 목숨을 걸고 말렸을 것입니다."라는 말은 통하지 않습니다. 주님을 찌른 자와 찌르지 않은 자 사이에 아무런 차이가 없습니다. 오직 물과 성령으로 거듭났느냐가 문제입니다.

블로그나 미니홈피 같은 개인 홈페이지 사용자가 죽을 경우에 그들이 운영하던 홈페이지는 어떻게 처리해야 합니까? 홈페이지 기능을 서비스하는 업체에서는 이용자의 사망 여부를 알 수 없기 때문에 대부분 방치되고 맙니다. 대부분의 업체에서는 유가족이 사망 사실을 통보해올 때에만 고인의 계정을 삭제하고 있습니다. 전에 한 국회의원이 '정보통신망 이용 촉진 및 정보보호 등에 관한 법률 일부 개정안'을 대표 발의했다는 기사를 읽은 적이 있습니다. 대법원이 개인의 사망신고가 들어온 지 6개월 내에 포털사이트에 사망자의 주민등록번호를 통보해서 사망자의 개인정보를 파기하게 하자는 것입니다. 단 유가족이 고인의 홈페이지를 관리하겠다고 요청할 경우에는 그들이 관리할 수 있게 조치를 취하도록 했습니다. 디지털시대다 보니 죽은 다음의 홈페이지도 신경이 쓰이나 봅니다.

안 믿는 친구한테 예수 믿어야 구원 얻는다는 얘기를 할 때 종종 나오는 질문이 있습니다. 우리나라에 기독교가 소개되기 전에 살던 사람들은 다 지옥에 갔느냐는 것입니다. 단골로 등장하는 사람이 이순신 장군입니다. "이순신 장군도 지옥에 갔다는 얘기냐?"라는 질문을 한두 번 받은 것이 아닙니다. 그렇다고 해서 로마서에 나온 내용을 일일이 설명해줄 수도 없는 노릇입니다. 설명해줘도 어차피 알아듣지도 못합니다. 그래서 "야, 이순신 장군 영혼 걱정 말고 네 영혼이나 걱정해라. 넌 이다음에 죽으면 어떻게 될 것 같으냐?"라고 반문하곤 했습니다. 그 기사를 읽다 보니 문득 그 생각이 났습니다. 이순신 장군 영혼은 걱정하면서 자기 영혼은 걱정 안 하는 사람이나, 죽은 다음의 홈페이지는 걱정하면서 죽은 다음의 자기 영혼은 걱정 안 하는 사람이나 무슨 차이가 있습니까?

성경은 "땅에 있는 모든 족속이 그로 말미암아 애곡"한다고 말합니다. 얼핏 생각하면 불신자들이 자기들의 불신앙을 후회하며 통곡하는 것으로 생각할 수 있습니다. 그런데 성경 다른 곳을 보면 그렇지 않습니다.

> 내가 다윗의 집과 예루살렘 주민에게 은총과 간구하는 심령을 부어 주리니 그들이 그 찌른 바 그를 바라보고 그를 위하여 애통하기를 독자를 위하여 애통하듯 하며 그를 위하여 통곡하기를 장자를 위하여 통곡하듯 하리로다 그 날에 예루살렘에 큰 애통이 있으리니 므깃도 골짜기 하다드림몬에 있던 애통과 같을 것이라(슥 12:10-11).

그 날이 오면 예루살렘에 큰 애통이 있게 됩니다. 요한은 스가랴 선지자가 말한 이스라엘 백성의 회개를 땅에 있는 모든 족속의 회개로 확대해서 적용하고 있습니다. 땅에 있는 모든 족속이 그로 말미암아 애곡한다는 얘기는 불신자의 최후에 대한 얘기가 아니라 하나님의 은혜로 구원 얻은 백성들이 회개의 눈물을 흘린다는 얘기입니다. 주님을 찌른 자가 구원의 반열에 있다면 그가 얼마나 회개하겠습니까? 그렇다고 해서 주님을 직접 찌른 적이 없는 사람은 덜 회개해도 된다는 얘기가 아닙니다. 주님이 오시면 우리가 주님 앞에 드릴 수 있는 것은 회개의 눈물뿐이라는 뜻입니다.

혹시 속죄의 은총을 고백하는 찬양을 부르면서 울어본 적 없으십니까? '나 같은 죄인 살리신 주 은혜 놀라워' 나 '아 하나님의 은혜로 이 쓸데없는 자', '나 행한 것 죄뿐이니 주 예수께 비옵기는'를 부르면서 눈물 한 번 안 흘려본 사람은 없을 것입니다. 구속의 은혜를 생각하며 애곡했던 경험은 누구한테나 있습니다. 하물며 그것을 실제로 체험하게 되면 그 애곡함이 어느 정도이겠습니까? 주님이 다시 오시면 땅에 있는 모든 족속이 애곡할 수밖에 없습니다.

8절에 "주 하나님이 이르시되 나는 알파와 오메가라 이제도 있고 전에도 있었고 장차 올 자요 전능한 자라 하시더라"고 했습니다.

하나님은 알파와 오메가입니다. '알파'는 헬라어 첫 글자이고 '오메가'는 마지막 글자입니다. 즉 하나님은 처음과 끝인 분입니다. 시작도 하나님께 달려 있고 끝도 하나님께 달려있습니다.

《크리스채너티 투데이》(Christianity Today)라는 복음주의 잡지가 있습니다. 빌리 그레이엄 목사가 창간했습니다. 《크리스채너티 투데이》의 편집자로 일하는 마샬과 그의 아내 수잔 사이에 아이가 생겼습니다. 그런데 심장이 기형이라서 태중에서 죽든지 아니면 분만 과정에서 죽을 가능성이 높다는 사실을 알게 되었습니다. 그야말로 마른하늘에 날벼락입니다. 그들 부부는 간절히 하나님께 매달렸습니다. 전능하신 하나님께서 기적을 베풀어주시기를 기대했습니다.

해산날짜가 다가왔습니다. 임신 기간 내내 아이가 잘 버텨준 것입니다. 드디어 아이가 태어났습니다. 그리고 2분 후에 죽습니다. 부부는 아이를 한 번 안아보는 것으로 아이와 헤어져야 했습니다. 이런 비극이 어디 있습니까?

부부가 그 아이 이름을 '토비'라고 지었습니다. 토비는 '토비야'의 줄임말로, '여호와는 선하시다'라는 뜻입니다. 어떻게 그럴 수 있습니까? 아이가 2분 만에 죽었으면 하나님이 어디 있느냐고 울부짖어야 하는 것 아닙니까?

마샬과 수잔 부부는 하나님이 자기 아이를 단지 2분 동안만 이 세상에 존재하게 하려고 태어나게 하지는 않았을 것이라는 사실을 알았습니다. 그리고 그 하나님은 선하신 분입니다. 그래서 아이 이름이 토비(여호와는 선하시다)입니다. 아이에게 생명을 주신 분도 하나님이고 아이에게 영원을 허락하신 분도 하나님입니다.

자기한테 어떤 일이 있으면 마치 하나님이 그 일을 모르시는 것처럼 아우성을 부리는 사람이 있습니다. 하나님이 살아계시면 왜 자기한테 이런 일이 있어야 하느냐고 울부짖는 사람도 여러 번 만났습니다. 하나님을 모르는 사람은 늘 상황에 따라 일희일비하게 마련입니다. 오늘 웃다가 내일 울기도 하고, 오늘은 슬픔에 잠겼다가 내일은 분노하기도 합니다.

우리는 다릅니다. 우리는 하나님이 이제도 계시고 전에도 계셨고 장차 오실 분이요 전능하신 분인 것을 압니다. 우리를 존재하게 하신 분이 하나님이고 우리를 위하여 영원을 예비하신 분도 하나님입니다. 그 하나님이 조만간 우리를 찾아올 것입니다. 우리는 그런 하나님을 믿습니다. 우리가 할 일은 우리한테 주어진 상황을 성실하게 감당하는 일입니다. 모든 것은 하나님이 갚아주십니다.

요한이 만난 예수님

나 요한은 너희 형제요 예수의 환난과 나라와 참음에 동참하는 자라 하나님의 말씀과 예수를 증언하였음으로 말미암아 밧모라 하는 섬에 있었더니 주의 날에 내가 성령에 감동되어 내 뒤에서 나는 나팔 소리 같은 큰 음성을 들으니 이르되 네가 보는 것을 두루마리에 써서 에베소, 서머나, 버가모, 두아디라, 사데, 빌라델비아, 라오디게아 등 일곱 교회에 보내라 하시기로 몸을 돌이켜 나에게 말한 음성을 알아보려고 돌이킬 때에 일곱 금 촛대를 보았는데 촛대 사이에 인자 같은 이가 발에 끌리는 옷을 입고 가슴에 금띠를 띠고 그의 머리와 털의 희기가 흰 양털 같고 눈 같으며 그의 눈은 불꽃같고 그의 발은 풀무불에 단련한 빛난 주석 같고 그의 음성은 많은 물소리와 같으며 그의 오른손에 일곱 별이 있고 그의 입에서 좌우에 날선 검이 나오고 그 얼굴은 해가 힘 있게 비치는 것 같더라 내가 볼 때에 그의 발 앞에 엎드러져 죽은 자 같이 되매 그가 오른손을 내게 얹고 이르시되 두려워하지 말라 나는 처음이요 마지막이니 곧 살아 있는 자라 내가 전에 죽었었노라 볼지어다 이제 세세토록 살아 있어 사망과 음부의 열쇠를 가졌노니 그러므로 네가 본 것과 지금 있는 일과 장차 될 일을 기록하라 네가 본 것은 내 오른손의 일곱 별의 비밀과 또 일곱 금 촛대라 일곱 별은 일곱 교회의 사자요 일곱 촛대는 일곱 교회니라 (계 1:9-20).

아브라함을 믿음의 조상이라고 합니다. 무슨 뜻입니까? 인류 역사상 믿음이 가장 좋았던 사람이라는 뜻이 아닙니다. 믿음으로 구원 얻는 것이 무엇인지를 보여주는 샘플이라는 뜻입니다. 아브라함이라고 해서 우리와 차원이 다른 사람이 아닙니다. 요셉이나 모세, 여호수아, 기드온, 다윗, 엘리야, 베드로, 바울이 다 마찬가지입니다. 성경을 읽을 때 '아브라함이니까 그렇지.' '다윗은 역시 다르다.' 라는 생각이 들면 성경을 잘못 읽은 것입니다. 성경에 등장하는 사람 중에 우리와 격이 다른 사람은 아무도 없습니다.

본문은 "나 요한은 너희 형제요 예수의 환난과 나라와 참음에 동참하는 자라"는 말로 시작합니다. 요한이 자신을 아시아에 있는 일곱 교회 교인들과 형제라고 합니다. 신분이나 수준의 우열 차이가 없습니다.

믿음 소망 사랑이나 성부 성자 성령, 한국 일본 중국을 나란히 말하는 것은 어색하지 않습니다. "환난과 나라와 참음"은 어떻습니까? 환난과 참음은 비슷해도 나라는 좀 다르지 않습니까? 그런데 원문에는 환난과 나라와 참음이 하나의 정관사에 묶여 있습니다. 셋이 따로 구별된 개념이 아니라는 뜻입니다.

여기서 말하는 나라는 주님 재림하신 이후의 하나님 나라가 아닙니다. 그런 나라라면 환난이나 참음과 나란히 있을 리 만무합니다. 무엇보다 요한은 지금 밧모 섬에 유배 된 상태입니다. 주님 재림 후의 나라에 동참한 사람이면 주님과 더불어 왕 노릇을 해야 합니다. 주님이 다시 오셨는데 여전히 세상 권세에 시달리는 것은 말이 안 됩니다.

예수님이 이 땅에 오셔서 가장 먼저 하신 말씀이 "때가 찼고 하나님 나라가 가까이 왔으니 회개하고 복음을 믿으라"(막 1:15)는 말씀입니다. 그때 말씀하신 하나님 나라는 우리가 이다음에 갈 천국이 아니라 이 땅에 시작된 하나님 나라입니다. 그 나라는 환난과 참음과 더불어 존재합니다. 그리고 요한은 그 나라에 동참해서 밧모 섬에 유배 중입니다.

그러면 편지를 받는 사람들은 어떤 사람들입니까? 요한은 그들을 형제라고 했습니다. 요한이 예수의 환난과 나라와 참음에 동참했으면 그들 역시 마찬가지입니다. 요한계시록은 예수의 환난과 나라와 참음에 동참한 사람이 예수의 환난과 나라와 참음에 동참한 사람한테 보내는 편지입니다. 예수의 환난과 나라와 참음에 동참할 마음이 없는 사람은 요한계시록을 읽을 이유가 없습니다.

어려운 문제가 있으면 기도를 합니다. 어려운 문제가 있는데도 기도할 줄 모르는 것은 말이 안 됩니다. 하지만 기독교의 가치는 우리가 살아가면서 만나는 어려움을 해결하는 것에 있지 않습니다. '예수를 믿으면 하는 일마다 척척 잘 풀린다.' 라는 얘기는 성경에 없습니다. 신자와 불신자의 차이는 '어려움이 있을 때 누구한테 부탁하느냐?' 로 나타나는 것이 아닙니다. 과연 신앙 때문에 받는 어려움이 있느냐 하는 것에서 나타납니다.

예수의 나라는 예수의 환난과 예수의 참음 사이에 샌드위치처럼 끼어있는 나라입니다. 앞에는 환난이 있고 뒤에는 참음이 있습니다. 그리고 이 셋이 '한 세트'입니다. 혹시 우리가 신앙을 이유로 경험하는 환난과 참음이 없으면 우리는 예수의 나라에 동참하지 않은 사람들입니다.

밧모 섬에 유배 중인 요한한테 예수님이 하신 말씀이 11절입니다. 요한이 보는 것을 두루마리에 써서 에베소, 서머나, 버가모, 두아디라, 사데, 빌라델비아, 라오디게아 일곱 교회에 보내라는 것입니다. 예수님이 그 교회들에게 하실 말씀이 있으시다는 뜻입니다. 물론 당시 소아시아에 있었던 일곱 교회한테만 해당되는 얘기가 아닙니다. 지금 우리한테 주시는 말씀입니다. 예수님은 교회의 머리입니다. 교회에 대하여 말할 자격이 있는 분입니다. 교회는 다른 얘기는 듣지 않아도 예수님 말씀은 들어야 합니다.

> 그러므로 형제들아 내가 하나님의 모든 자비하심으로 너희를 권하노니 너희 몸을 하나님이 기뻐하시는 거룩한 산 제물로 드리라 이는 너희가 드릴 영적 예배니라(롬 12:1).

로마서는 크게 두 부분으로 나눌 수 있습니다. 1-11장과 12-16장입니다. 1-11장은 교리, 12-16장은 윤리입니다. 1-11장에서는 '우리가 얻은 구원이 이런 것이다'를 설명하고, 12-16장에서는 '그런 구원을 얻었으니 이렇게 살아야 한다'를 말합니다. 롬 12:1은 구원 얻은 사람이 어떻게 살아야 하는지를 말하는 시작입니다. 가장 먼저 나오는 말씀이 우리 몸을 하나님께 산 제물로 드리라는 말씀입니다. 우리 몸을 산 제물로 드리려면 어떻게 하면 됩니까?

> **너희는** 이 세대를 본받지 말고 오직 마음을 새롭게 함으로 변화
> 를 받아 하나님의 선하시고 기뻐하시고 온전하신 뜻이 무엇인지
> 분별하도록 하라(롬 12:2).

우리 몸을 제물로 드리려면 이 세상을 본받지 말아야 합니다. 우리는 이 세상에 속한 사람이 아니기 때문입니다.

어떤 사람이 차를 새로 구입했습니다. 주변에서 아무도 그 이유를 묻지 않습니다. 그런데 차를 놓아두고 대중교통으로 출퇴근을 하면 이유를 물어봅니다. 그때 건강을 생각해서 그렇다거나 기름 값이 너무 비싸서 그렇다고 하면 다 수긍합니다. 하지만 자기보다 차가 더 필요한 선교사가 있어서 선물했다고 하면 전부 이상한 눈으로 볼 것입니다.

우리가 사는 세상은 어딘가 잘못된 세상입니다. 연예인에게 열광하는 사람이 한둘이 아닙니다. 그 연예인을 거리에서 만나봐야 인사도 받아주지 않을 텐데도 그렇습니다. 그러면서 자기를 만든 하나님께는 열광하지 않습니다. 달이나 꽃을 보면서는 시를 쓰고 노래를 부르면서 자기를 구원하신 그리스도를 찬양할 줄은 모릅니다. 그러니 세상 사람들이 하는 얘기를 일일이 귀담아들을 이유가 없습니다. 하지만 예수님 말씀은 귀담아들어야 합니다. 그들한테 그들 나름대로 살아가는 방식이 있는 것처럼 우리도 우리 나름대로 살아가는 방식이 있습니다.

본문 12-16절은 교회에 대하여 말씀하시는 예수님의 모습입니다. 먼저 알아야 할 사실이 있습니다. 요한계시록은 요한이 본 환상으로 이루어져 있습니다. 하지만 요한은 환상보다 예수님을 먼저 봤습니다. 이 세상이 어떻게 될 것인지를 본 것이 중요하지 않습니다. 이 세상을 그렇게 움직이시는 분을 만난 것이 중요합니다.

로또복권 당첨 번호를 미리 아는 용한 점쟁이가 있다고 합시다. 그 점쟁이를 만나는 사람의 모든 관심은 로또 당첨 번호에 있습니다. 점쟁이는 그 번호를 들을 때까지만 중요할 뿐입니다. 하지만 예수님을 만난 것은 그렇지 않습니다. 예수님께 들은 소식이 아무리 중요해도 예수님을 만난 것에 비교할 수는 없습니다.

잠깐 마음속으로 예수님을 상상해보시겠습니까? 어떤 모습이 떠오르십니까? 아마 십자가를 지고 골고다에 오르시는 모습이나 십자가에 달리신 모습이 그려질 것입니다. 그런데 12-16절에 나오는 예수님은 전혀 다른 모습입니다. 우리가 생각하는 예수님은 사람의 몸을 입고 우리를 구원하러 오신 예수님입니다. 하지만 세상에 다시 오실 때는 그런 모습이 아닙니다. 그때는 심판주로 오시기 때문입니다.

요한이 가장 먼저 본 것은 일곱 금 촛대와 일곱 금 촛대 사이에 계신 예수님입니다. 세상을 심판하실 예수님은 세상 한가운데 계시지 않고 일곱 금 촛대 사이에 계십니다. 일곱 금 촛대는 일곱 교회입니다. 다른 말로 하면 세상에 있는 하나님의 백성들입니다. 그들은 예수의 환난과 나라와 참음에 동참하여 로마의 압제에 시달리는 중입니다. 그들 사이에 예수님이 계십니다. 그러면 그들이 받는 압제가 어떻게 된다는 얘기입니까? 그들이 받는 압제는 곧 보상을 받고 그들을 압제하는 악한 세력도 그에 대한 보응을 받을 것입니다.

《삼국지연의》에 보면 유비의 모습이 특이하게 설명되어 있습니다. 눈은 쭉 찢어져서 귀를 볼 수 있고 귓불이 커서 어깨에 닿았으며 팔은 길어서 무릎을 지났다고 합니다. 최근에는 유비보다 조조에 비중을 둬서 얘기하기도 합니다만 한나라 황실의 정통성은 유비한테 있었습니다. 그 유비가 얼마나 비범한 사람인지를 얘기하느라 그렇게 말한 것인데, 그 말을 액면 그대로 받아들이면 어떻게 됩니까? 귀인의 풍모가 물씬 풍기는 것은 고사하고 오히려 괴물이 됩니다.

12-16절이 예수님의 실제 모습이면 마치 마징가제트를 분장시킨 것처럼 됩니다. 예수님을 이렇게 표현한 것은 예수님의 신분과 사역을 설명하기 위한 상징입니다.

> 그 때에 내가 눈을 들어 바라본즉 한 사람이 세마포 옷을 입었고 허리에는 우바스 순금 띠를 띠었더라 또 그의 몸은 황옥 같고 그의 얼굴은 번갯빛 같고 그의 눈은 횃불 같고 그의 팔과 발은 빛난 놋과 같고 그의 말소리는 무리의 소리와 같더라(단 10:5-6).

> 내가 보니 왕좌가 놓이고 옛적부터 항상 계신 이가 좌정하셨는데 그의 옷은 희기가 눈 같고 그의 머리털은 깨끗한 양의 털 같고 그의 보좌는 불꽃이요 그의 바퀴는 타오르는 불이며(단 7:9).

본문은 다니엘에 있는 내용을 배경으로 합니다. 무릇 모든 계시는 성경을 근거로 합니다. 아무리 신령한 꿈을 꾸고 신비한 체험을 해도 성경 기록과 어긋난다면 마음에 둘 이유가 없습니다. 다니엘의 기록과 요한의 기록이 정확하게 일치하지 않는 것은 말하는 사람 차이 때문입니다. 달리기가 빠른 사람을 가리켜서 한 사람은 번개 같다고 하고, 다른 사람은 치타 같다고 하는 것과 같습니다.

우선 예수님은 발에 끌리는 옷을 입었다고 했습니다. 제사장 복장입니다. 그런데 가슴에는 금띠를 띠었습니다. 제사장은 금띠를 띠지 않습니다. 이것은 왕의 복장입니다. 옷은 곧 그 사람의 정체성을 얘기합니다. 군복을 입고 있으면 군인이고 교복을 입고 있으면 학생입니다. 예수님은 제사장이면서 왕입니다. 하나님과 결부해서는 제사장이고 세상에 대해서는 왕입니다.

머리와 머리카락은 양털처럼 혹은 눈처럼 희다고 했습니다. 단 7:9에 따르면 옛적부터 항상 계신 이가 왕좌에 좌정했는데 그의 머리털이 깨끗한 양털 같다고 했습니다. '옛적부터 항상 계신 이'면 피조 된 존재가 아닙니다. 즉 예수님의 신성을 얘기합니다.

또 눈은 불꽃 같습니다. 단 10:6에서는 횃불 같다고 했습니다. 아무리 어두워도 불빛이 있으면 볼 수 있습니다. 예수님 눈이 불꽃 같다는 얘기는 예수님은 모든 것을 다 보신다, 예수님께는 아무것도 숨길 수 없다는 뜻입니다. 예수님은 이 세상 모든 일을 다 아실 뿐만 아니라 사람 마음까지도 아십니다. 우리가 무엇을 하고, 하지 않았는지만 아시는 것이 아니라 왜 했고, 왜 하지 않았는지도 아십니다.

예수님의 발은 풀무불에 단련한 빛난 주석 같습니다. 단 10:6에서는 빛난 놋 같다고 했습니다. 성경 여러 곳에서 놋은 심판을 뜻합니다(레

26:19, 신 28:23). 예수님은 세상을 심판하실 분입니다. 이 세상 모든 가치 질서가 예수님 발아래 무릎 꿇을 것입니다.

예수님 음성은 많은 물소리 같습니다. 겔 43:2에 보면 "하나님의 음성이 많은 물소리 같다"는 표현이 나옵니다. 서귀포에 있는 정방폭포나 천지연폭포는 그렇게 큰 폭포가 아닙니다. 그래도 그 근처에서는 옆 사람과 말하는 것이 힘듭니다. 폭포 소리 때문에 다른 소리는 들리지 않습니다. 나이아가라 폭포에서는 훨씬 더 심할 것입니다. 예수님 음성이 그렇다는 것입니다. 예수님이 말씀하시면 다른 모든 소리는 의미가 없게 됩니다. 떠들어봐야 입만 아픕니다. 이 세상 모든 일에 대해서 오직 예수님만 발언권을 갖습니다.

예수님의 오른손에는 일곱 별이 있습니다. 일곱 별은 일곱 교회의 사자라고 했습니다. 일곱 교회의 사자가 정확히 누구를 가리키는지는 모릅니다. 얼핏 생각하면 일곱 교회의 목회자를 얘기하는 것 같은데 원문에는 '앙겔로스'라는 단어가 쓰였습니다. 천사라는 뜻입니다. 성경에서 목회자를 천사에 비유한 예가 없습니다. '일곱 교회의 목회자'라고 하면 뜻은 통하는데 원문에 없는 얘기이고, 그렇다고 해서 원문대로 '일곱 교회의 천사'라고 하면 뜻이 통하지 않습니다. 성경학자들이 흔히 얘기하는 '난제구절'입니다. 어쨌든 일곱 교회의 사자가 예수님의 오른손에 있습니다. 그렇다고 해서 예수님의 관심이 일곱 교회의 사자를 보호하는 데 있다는 얘기는 아닙니다. 사자를 보호한다는 것은 곧 교회를 보호한다는 얘기입니다. 일곱 교회, 즉 세상 모든 교회가 예수님의 보호 안에 있습니다.

예수님 입에서는 좌우에 날선 검이 나옵니다. 아가서에 "내 신부야

네 입술에서는 꿀방울이 떨어진다"는 구절이 있습니다. 예수님이 세상에서 박해받는 교회를 위로하고 격려하는 상황이면 그처럼 말할 수 있습니다. 하지만 지금은 세상을 향한 심판을 말하는 중입니다. 혹시 한쪽에만 날이 선 칼이 나오면 요행히 죽음을 면할 수 있을지도 모릅니다. 하지만 좌우에 날선 검입니다. 이쪽으로 당하든 저쪽으로 당하든 마찬가지입니다. 예수님이 세상을 심판하시는 날, 예수님 말씀에 어긋나는 것들은 전부 그렇게 될 것입니다. 그 심판을 모면할 수 있는 길은 어디에도 없습니다.

끝으로 예수님 얼굴은 해가 힘 있게 비취는 것 같다고 했습니다. 지난 2002년 한일 월드컵에서 우리나라가 세계 4강이라는 쾌거를 이뤘습니다. 그때 선수들의 얼굴이 얼마나 늠름했습니까? 세상에서는 축구 경기에서 이겨도 안색이 달라집니다. 일찍이 드보라가 시스라의 군대를 물리친 다음에 "여호와여 주의 원수들은 다 이와 같이 망하게 하시고 주를 사랑하는 자들은 해가 힘 있게 돋음 같게 하시옵소서 하니라"고 노래한 바 있습니다. 성경에 수두룩하게 있는 하나님의 싸움 한 번을 이긴 것도 그렇습니다. 하물며 이 세상 마지막 날, 예수님 얼굴에 나타날 최후 승리는 드보라가 노래한 정도가 아닐 것입니다.

이런 예수님을 뵐 때 요한은 그의 발 앞에 엎드려 죽은 것 같이 되었습니다. 요한은 예수님 품에 기대기도 했던 제자입니다. 하지만 심판주이신 예수님을 뵐 때는 전혀 달랐습니다. 예수님의 영광과 위엄에 눌려 손가락 하나도 까딱할 수 없었습니다.

우리는 예수님을 무서워할 줄 알아야 합니다. 예수님이 우리보다 얼마나 높으신 분인지를 알아야 합니다. 예수님 생각만 하면 무서워서 벌벌 떨어야 한다는 얘기가 아니라 죄를 무서워해야 한다는 뜻입니다. 세상 사람들은 벌은 무서워하면서 죄는 무서워하지 않습니다. 심지어는 벌을 받지 않으면 죄를 지어도 괜찮은 줄 압니다. 하지만 우리는 벌보다 죄를 무서워해야 합니다. 벌을 받는 것이 큰일이 아니라 예수님이 싫어하시는 일을 하는 것이 큰일입니다.

사람들이 흔히 쓰는 표현 중에 '주님이 서운해 하신다'는 표현이 있습니다. 그나마 초신자가 쓰는 표현이 아니라 신앙 열심이 있는 분들이 쓰는 표현입니다. 왜 주님이 진노하신다고 하지 않고 서운해 하신다고 할까요? 주님은 화를 낼 줄 모르는 분입니까? 죄를 심판할 권세가 없는 분입니까? 예수님이 요한에게는 '두려워하지 말라'고 했습니다. 혹시 우리한테는 '야! 나 좀 두려워해라'라고 하지 않겠습니까?

8절에서는 하나님이 알파와 오메가라고 했습니다. 그런데 예수님도 처음이요 마지막이라고 하십니다(17절). 하나님이 알파와 오메가라고 한 것은 역사의 주인이라는 뜻이었습니다. 하나님은 이제도 있고 전에도 있었고 장차 올 자요 전능한 자입니다. 예수님을 처음이요 마지막이라고 하는 것은 '생명'에 초점이 있습니다. 이어지는 "곧 살아 있는 자라 내가 전에 죽었었노라"라는 표현이 그렇습니다(18절). 그렇다고 해서 '예수님은 죽지 않고 살아 있는 분이다'라는 뜻일 수는 없습니다. 예수님은 세세토록 살아 있어 사망과 음부의 열쇠를 가지신 분입니다. 즉 심판을 주관하시는 분입니다. 이 세상이 우리를 정죄하는 것이 심판이 아닙니다. 진짜 심판은 예수님께 달려 있습니다. 결국 하나님께 해당되는 얘기가 고스란히 예수님에게 옮겨집니다.

예수님이 요한에게 "네가 본 것과 지금 있는 일과 장차 될 일을 기록하라"고 했습니다. 요한이 본 것은 예수님 오른손에 있는 일곱 별의 비밀과 일곱 금 촛대입니다. 당시는 신앙에 대한 박해가 극심하던 때입니다. 이런 상황에서도 신앙을 지키는 것이 과연 옳은 일인지를 늘 고민해야 하던 시절입니다. 그런 즈음에 예수님이 오른손으로 일곱 별과 일곱 촛대를 붙들고 계신 모습을 보여주셨습니다.

그러면 아시아에 있는 일곱 교회 교인들은 선택을 해야 합니다. '신앙만 가지고는 못 살겠다. 우리끼리 살 방도를 찾자.' 라고 할 수도 있고 '아무리 힘들어도 참고 견디자. 주님이 우리를 보호하고 계신다.' 라고 할 수도 있습니다. 요컨대 주님의 오른손을 믿는지, 못 믿는지가 문제입니다. 주님의 보호를 믿으면 신앙을 지킬 것이고, 주님의 보호를 못 믿으면 신앙을 버려야 합니다.

우리가 신앙생활을 제대로 하지 못하는 이유가 무엇입니까? 자꾸 세상과 타협하기 때문입니다. 신앙만 따지다가는 세상에서 낙오될 것 같기 때문입니다. 우리한테는 예수님보다 세상이 더 영향력이 있습니다. 그런 우리에게 말씀하십니다. "누가 더 강한 것 같으냐? 세상이 강한 것 같으냐, 내가 강한 것 같으냐? 세상이 나를 심판할 것 같으냐, 내가 세상을 심판할 것 같으냐?" 우리는 그 질문에 답을 해야 합니다. 요한계시록은 그 질문에 바른 답을 할 수 있도록 돕는 책입니다.

CHAPTER 04

에베소 교회 이야기

에베소 교회의 사자에게 편지하라 오른손에 있는 일곱 별을 붙잡고 일곱 금 촛대 사이를 거니시는 이가 이르시되 내가 네 행위와 수고와 네 인내를 알고 또 악한 자들을 용납하지 아니한 것과 자칭 사도라 하되 아닌 자들을 시험하여 그의 거짓된 것을 네가 드러낸 것과 또 네가 참고 내 이름을 위하여 견디고 게으르지 아니한 것을 아노라 그러나 너를 책망할 것이 있나니 너의 처음 사랑을 버렸느니라 그러므로 어디서 떨어졌는지를 생각하고 회개하여 처음 행위를 가지라 만일 그리하지 아니하고 회개하지 아니하면 내가 네게 가서 네 촛대를 그 자리에서 옮기리라(계 2:1-5).

선생님이 종례시간에 학급 전체한테 하는 얘기는 느슨한 분위기에서 들을 수 있습니다. 그러다가 '아무개!' 하고 특정 학생을 지목해서 얘기하면 분위기가 확 달라집니다. 지목된 학생만 긴장하는 것이 아니라 다른 학생들도 긴장합니다. 자기한테 해당되는 말도 있을 것이고, 무엇보다 다음에는 자기 차례가 될 수도 있기 때문입니다.

본문의 수신자는 에베소 교회입니다. 그렇다고 해서 에베소 교회에만 전달된 내용이 아닙니다. 요한계시록은 소아시아에 있는 일곱 교회에 쓴 편지입니다. 그러니 서머나, 버가모, 두아디라, 사데, 빌라델비아, 라오디게아 교회에도 전달되었습니다. 요한계시록 1장부터 22장까지 전체가 일곱 교회에 전달되었는데 그 중에 본문은 에베소 교회에 대한 내용입니다.

에베소 교회는 바울이 세웠습니다. 바울의 동역자인 브리스길라와 아굴라도 에베소 교회를 섬긴 적이 있습니다. 성경에 능통한 것으로 정평이 난 아볼로도 에베소 교회를 섬겼습니다. 요한도 도미티아누스 황제가 죽은 다음에 유배에서 풀려나서 만년을 에베소 교회에서 보냈습니다. 에베소 교회의 초대 감독은 바울의 제자인 디모데입니다. 우리가 성경을 통하여 익히 알고 있는 바울, 브리스길라, 아굴라, 아볼로, 요한, 디모데가 전부 에베소 교회와 관계있는 사람들입니다.

에베소는 소아시아에서 가장 큰 도시였습니다. 항구 도시였기 때문에 물자의 유통이 활발해서 도시 전체가 부유했습니다. 물질문명이 발달한 만큼 도덕적으로 타락해서 음란과 부패가 판을 치기도 했습니다. 당시 에베소 사람들은 '아데미'라는 우상을 섬겼습니다. 시커먼 몸뚱이에 온몸에 유방이 달린 기괴한 모양의 우상입니다. 이집트의 피라미드가 세계 7대 불가사의 중의 하나인 것처럼 아데미 신전도 그렇습니다. 길이 130m, 폭 67m, 신전을 이루는 기둥이 18m입니다. 18m라면 4층 건물보다 더 높습니다. 그런 기둥이 120개나 되는 엄청난 규모였습니다. 지금으로부터 2천 년 전에 지은 건물이 그렇습니다.

그 정도로 우상을 섬기는 데 열심인 에베소에 바울이 복음을 들고 들어갔습니다. 두란노 서원에서 날마다 말씀을 강론하기를 2년 동안 했습니다. 성경에 아시아에 사는 자는 유대인이나 헬라인이나 다 주의 말씀을 들었다고 기록되어 있습니다(행 19:10). 전해오는 기록에 따르면 이때 바울은 11시부터 4시까지 하루에 다섯 시간씩 강의를 했다고 합니다. 한 시간이나 두 시간은 듣는 사람들의 태도에 관계없이 성경 공부를 인도할 수 있습니다. 하지만 다섯 시간씩 인도하려면 듣는 사람들이 몰입을 해야 합니다. 그때 두란노 서원은 완전히 은혜의 도가니였을 것입니다. 복음을 들은 사람 중에는 마술을 하던 사람들도 있었습니다. 그들이 자기네가 보던 책을 불살랐는데 무려 은 오만이나 되었습니다. 당시는 책을 일일이 필사하던 시대였기 때문에 책이 상당히 고가였습니다. 급기야 데메드리오라는 은장색은 바울을 반대하는 시위를 주동하기도 했습니다. 이런 우여곡절을 거치면서 에베소 교회가 탄생했습니다. 요한계시록은 그때부터 40년쯤 지난 다음에 기록되었습니다.

> 내가 네 행위와 수고와 네 인내를 알고 또 악한 자들을 용납하지 아니한 것과 자칭 사도라 하되 아닌 자들을 시험하여 그의 거짓된 것을 네가 드러낸 것과 또 네가 참고 내 이름을 위하여 견디고 게으르지 아니한 것을 아노라(계 2:2-3).

예수쟁이들은 말을 잘한다고 합니다. 별로 좋은 뜻이 아닙니다. 행동이 따르지 않는다는 뜻이기 때문입니다. 말을 잘하는 만큼 행동이 따르면 '예수 믿는 사람'이라고 하지, '예수쟁이'라고 하지 않을 것입니다. 하는 말을 들어보면 맞는 것 같은데 행실은 영 아니니까 예수쟁이들은 말을 잘한다고 빈정대는 것입니다. 사실 말 자체는 그리 중요하지 않을 수 있습니다. '그 사람이 어떤 말을 하느냐?' 와 '그 사람이 어떤 사람이냐?' 가 일치한다는 보장은 없습니다.

전에 어떤 청년이 얘기했습니다.

"목사님, 저도 복권이나 당첨되었으면 좋겠어요."

"당첨되면 뭐 할래?"

"20억 당첨되면 제일 먼저 5억 딱 떼서 건축 헌금할게요."

실제로 20억에 당첨되면 오리발을 내밀지도 모르겠습니다만 어쨌든 마음만은 기특한 것 같지 않습니까? 제가 물었습니다.

"복권 1등 당첨되어서 20억 생기면 건축 헌금 5억 한다 치고, 복권 당첨되기 전에는 얼마 할래?"

신앙은 복권 당첨되면 얼마까지 헌금할 마음이 있는지로 따지는 것이 아닙니다. 한 달 월급 받고 빠듯하게 살아가는 지금 무엇을 하고 있느냐로 따지는 것입니다. 그 사람의 말이 그 사람의 수준이 아니라 그 사람의 행위가 그 사람의 수준입니다.

그런데 에베소 교회는 주님께 행위를 인정받은 교회였습니다. 주님께서 '내가 너의 번드르르한 말솜씨를 안다' 고 하지 않고 '내가 네 행위를 안다' 고 했습니다. 에베소 교회 교인들은 말만 잘하는 교인들이 아니라 말한 대로 실천하는 교인들이었습니다.

그 다음에 에베소 교회의 수고를 말씀했습니다. 수고를 헬라어로 '코포스' 라고 하는데, 고된 일이라는 뜻입니다. 대충 적당히 하는 수고가 아니라 기진맥진할 만큼의 수고를 말합니다. 짐을 잔뜩 싣고 오르막길을 올라가는 수레를 뒤에서 밀려면 어떻게 해야 합니까? 손가락이나 손바닥으로 미는 것이 아니라 어깨를 기대서 온몸으로 밀어야 합니다. 방금 말한 행위를 실천의 문제라고 하면 여기서 말하는 수고는 실천의 강도를 말합니다. 에베소 교회 교인들은 자기들이 하기 편한 것 몇 가지를 골라서 그것을 지킨 것이 아닙니다. 있는 힘을 다해야 감당할 수 있는 일들을 얘기하고 그것을 지켰습니다.

제가 교회에서 가장 듣기 싫어하는 말 중의 하나가 '부담되어서 싫다' 는 말입니다. 부담 없이 예수 믿는 것도 예수 믿는 축에 끼는 겁니까? 회사 생활을 부담 없이 하는 사람 있으면 보나마나 구조조정 1순위입니다. 부담 없이 예수를 믿고 싶어 하는 사람은 그 자녀가 고3이 되었을 때 공부에 부담을 안 갖게 되기를 주님의 이름으로 축원(?)드립니다. 취미생활은 부담 없이 해도 신앙생활은 부담되게 해야 합니다. 에베소 교회 교인들이 바로 그런 교인들이었습니다. 그들은 부담을 온몸으로 감당했습니다.

또 에베소 교회는 인내가 있는 교회였습니다. 인내가 어떤 경우에 필요합니까? 잠깐만 참으면 되는 경우에는 인내라는 말을 쓰지 않습니다. 상당 기간 동안 계속 참아야 할 때 인내가 필요합니다. 물 한 양동이 드는 일을 누가 못합니까? 하지만 그것을 들고 10리 길을 걷는 일은 아무나 못합니다.

한동안 가장 지키지 않는 결심으로 금연 결심을 꼽았습니다. 요즘은 다이어트가 더 일반적인 것 같습니다. 다이어트가 힘든 이유가 무엇입니까? 하루나 이틀로는 효과가 나타나지 않기 때문입니다. 군살과의 전쟁을 꾸준히 해야 합니다. 밥을 꾸준히 덜 먹어야 하고 운동을 꾸준히 계속 해야 합니다. 에베소 교회 교인들은 힘든 일을 제한된 기간 동안 감당한 것이 아니라 꾸준히 감당했습니다.

그것이 전부가 아닙니다. 주님의 이름을 위하여 견디고 게으르지 않았습니다. 지금까지 말한 행위와 수고와 인내가 전부 주님을 위한 것이었습니다. 자기 자신을 위해서 어려운 일을 감당해도 전부 칭찬합니다. 어떤 사람이 칠전팔기 끝에 고시에 패스한 경우를 생각해 보십시오. 일곱 번 떨어져도 포기하지 않고 각고의 노력을 기울여서 여덟 번째에 합격하면 주변에서는 모두 그 사람을 칭찬합니다. 다른 사람을 위해서 그런 고생을 한 것이 아니라 자신을 위해서 그렇게 한 것입니다. 그런데도 칭찬합니다. 하물며 에베소 교회 교인들은 주님을 위해서 그런 일을 했습니다.

교회 봉사를 해도 사람들이 몰라주면 서운한 법입니다. 특별히 명예욕이 있는 사람들한테 해당되는 얘기가 아닙니다. 보통 사람이 그렇습니다. 말로는 주님을 위한다고 하면서 은근슬쩍 자기를 위하는 것이 사람의 본성입니다. 그런데 에베소 교회에는 그런 모습이 없었습니다.

처음부터 정리해 보겠습니다. 에베소 교회는 말만 앞세우는 교회가 아니라 실천이 있는 교회였습니다. 그것도 아무나 쉽게 할 수 있는 실천이 아니라 상당히 강도 높은 실천이었습니다. 그런 강도 높은 실천을 잠깐만 한 것이 아니라 꾸준하게 지속했습니다. 그 모든 것을 자기가 칭찬받기 위해서 하지 않고 오직 주님의 이름을 위하여 했습니다. 대체 어떻게 하면 그럴 수 있는지 기가 죽을 지경입니다. 그런데 또 있습니다.

내가 네 행위와 수고와 네 인내를 알고 또 악한 자들을 용납하지 아니한 것과 자칭 사도라 하되 아닌 자들을 시험하여 그의 거짓된 것을 네가 드러낸 것과(계 2:2).

에베소 교회는 행위와 수고와 인내만 있는 것이 아니었습니다. 악한 자들도 용납하지 않았고 거짓 사도를 분별할 수 있는 안목도 있었습니다.

악한 자들을 용납하지 않았다고 하면, 당연한 일을 한 것처럼 생각할 수 있습니다. 그런데 성경은 그 사실을 칭찬하고 있습니다. 아무나 할 수 있는 일이 아니라는 뜻입니다.

어떤 사람이 악한 자들을 용납한다면 그 이유는 무엇 때문일까요? 악 자체를 즐기는 사람은 없습니다. 악을 택하는 데에는 그만한 사정이 있게 마련입니다. 그것이 자기한테 유리하든지, 혹은 더 큰 악을 막기 위해서라든지 나름대로 사연이 있을 것입니다.

하나님은 항상 선하십니다. 여기에 대해서 그렇지 않다고 할 사람은 없습니다. 그런데 실제로는 이 사실을 믿지 못하는 것 같습니다. 하나님이 항상 선한 분이면 우리 역시 항상 선을 택할 수 있어야 합니다. 하나님은 어떤 경우에도 악을 기뻐하지 않을 것이기 때문에 선을 택하는 것이 우리한테도 유익입니다. 그런데 어떻게 된 영문인지 자기를 위한다면서 악을 택하는 사람이 있습니다. '이런 경우에는 별 수 없다.' '이번 한 번만이다.' 라는 말을 쉽게 내뱉습니다. 하나님이 싫어하는 일 속에서 무슨 유익이 있다는 얘기입니까? 에베소 교회 교인들은 그렇지 않았다는 것이 본문의 내용입니다.

또 거짓 사도를 분별했습니다. 예수님의 열두 제자에서 가룟 유다를 빼고 바울을 넣어서 열두 사도라고 합니다. 하지만 그들만 사도였던 것이 아닙니다. 성경은 가룟 유다 대신 제자가 된 맛디아도 사도라고 하고, 예수님의 동생 야고보와 바나바도 사도라고 합니다. 성경에 직접 '사도'로 표기되지는 않았지만 당시에는 사도로 인정된 사람도 있었을 것입니다. 그들은 상당한 권위를 가졌습니다. 그러다 보니 자기이익을 탐하는 '자칭 사도'도 생겨났습니다.

2세기 초반에 시리아에서 쓰인 《12사도의 교훈》이라는 문서가 있습니다. 거기에 보면, 만일 순회하는 예언자나 교사가 한 교회에 머물러 목회하겠다고 하면 교회는 그를 받아들이고 그의 생활비를 부담하라는 내용이 있습니다. 또 옛날 제사장한테 했던 것처럼 농작물이나 가축의 첫 수확, 심지어는 포도주의 첫 항아리도 목회자에게 바치라고 했습니다. 그러나 예언자나 교사가 주님 말씀에 어긋나게 가르치면 배척하라고 했습니다.

흔히 주의 종한테 순종하라는 말을 합니다. 정확한 표현은 아닙니다. 목회자만 주의 종인 것이 아니라 예수를 믿는 사람은 누구나 주의 종이기 때문입니다. 어쨌든 영적인 지도자한테 순종하는 것은 바람직합니다. 하지만 조건이 있습니다. 목회자가 하는 얘기가 성경에 근거해야 한다는 것입니다. 결국 교인들한테는 두 가지 책임이 있다는 뜻입니다. 목회자한테 순종할 책임과 목회자의 얘기가 성경에 부합하는지 분별할 책임입니다. 이런 점에서 에베소 교회는 상당한 식견이 있는 교회였습니다. 어떤 가르침이 옳은 가르침이고 어떤 가르침이 옳지 않은 가르침인지를 알았습니다.

여기까지만 보면 에베소 교회는 완벽한 교회 같습니다. 열심만 있는 교회가 아니라 실력도 있는 교회였습니다. 그런데 주님은 부족한 점을 책망하십니다.

그러나 너를 책망할 것이 있나니 너의 처음 사랑을 버렸느니라(계 2:4).

예전에 남편이 처음 사랑을 버렸다면서 기도를 부탁하는 사람이 있었습니다. 남편이 요즘 교회를 안 나온다는 것이었습니다. 제 성격에 모가 난 탓이겠습니다만, 저는 그런 표현을 참 싫어합니다. 사순절이나 고난주간이 되면 '주님 고난에 동참한다' 면서 금식을 하는 경우가 있습니다. 경건을 위해서 금식을 하는 것은 바람직한 일입니다. 그런데 그것이 어떻게 해서 주님 고난에 동참씩이나 하는 것이 됩니까? 주님은 십자가에 달리셔서 피 한 방울 남기지 않고 다 쏟으셨는데 겨우 이쑤시개로 손가락 끝을 찌르고는 주님 고난에 동참한다고 하는 것 같아서 송구합니다. 주님 받으신 고난은 감히 우리가 동참할 수 있는 고난이 아닙니다. 그런 경우에는 '주님 고난을 묵상한다' 라고 하는 것이 옳다는 것이 제 생각입니다.

남편이 처음 사랑을 버렸다는 얘기도 그렇습니다. 전에는 그나마 주일낮예배에 참석했는데 요즘은 안 하는 것을 놓고 그렇게 얘기했는데, 성경에 나온 말씀과 달라도 너무 다릅니다. 에베소 교회 교인들은 예배에 불참하는 교인들이 아니었습니다. 주님을 위한 행위와 수고와 인내가 몸에 밴 교인들이었습니다. 악한 자들을 용납하지 않을 선한 양심도 있었고 거짓 사도들을 분별하는 안목도 있었습니다. 주님의 이름을 위하여 견디고 게으르지 않았습니다. 대부분의 교회에서 열심 있다고 하는 신자들보다 오히려 나은 모습입니다. 요즘 말로 바꾸면, 새벽 기도도 안 빠지고 교회 봉사도 열심히 하고 헌금도 제대로 하고 전도도 하고 성경도 열심히 읽는데, 처음 사랑을 버렸다고 책망 받는 격입니다.

앞에서 예수님의 눈은 불꽃 같다고 했습니다. 예수님 앞에서는 모든 것이 다 드러납니다. 숨길 수 있는 것이 아무것도 없습니다. 예수님은 우리의 행위만 아시는 것이 아닙니다. 행위의 동기도 아십니다. 사람들 눈에는 어떤 일을 했는지, 안 했는지만 보입니다. 그런데 예수님 눈에는 왜 했는지, 왜 안 했는지도 보입니다.

에베소 교회 교인들은 적어도 겉으로는 나무랄 데 없는 교인들이었습니다. 그들의 신앙 행위는 완벽해 보였습니다. 그런데 타성에 젖어 있었습니다. 형식은 있었는데 그 안에 내용이 없었습니다. 어쩌다 보니 그렇게 된 것이 아닙니다. 성경은 '처음 사랑을 버렸다'고 지적하고 있습니다. 어떤 물건을 잃어버린 것은 자기 의사와 관계없을 수 있습니다. 하지만 버렸다는 것은 자기 의사가 개입되었다는 뜻입니다.

그러므로 어디서 떨어졌는지를 생각하고 회개하여 처음 행위를 가지라 만일 그리하지 아니하고 회개하지 아니하면 내가 네게 가서 네 촛대를 그 자리에서 옮기리라(계 2:5).

어디서부터 잘못되었는지 처음부터 확인하라는 것이 주님의 처방입니다. 그렇지 않으면 촛대를 옮겨버리겠다고 했습니다. 요컨대 에베소 교회는 처음 행위, 즉 처음 사랑이 있는 행위를 회복해야 했습니다. 에베소 교회에는 분명히 신앙적으로 보이는 행위들이 있었습니다. 하지만 처음 사랑이 빠진 행위는 주님 앞에서는 아무 의미가 없습니다.

에베소 교회 교인들이 어떻게 타성에 젖었는지는 모릅니다만 짐작은 할 수 있습니다. 에베소 교회가 시작할 때 마술하던 사람들이 책을 불태운 것이 무려 은 오만이나 되었습니다. 그때 그들이 어떤 마음이었겠습니까? 바울은 두란노 서원에서 2년 동안 매일 다섯 시간씩 성경을 가르쳤습니다. 바울도 대단합니다만 배우는 사람들도 대단합니다. 그들이 어떤 마음으로 말씀을 받았겠습니까?

그랬던 것이 옛날이야기가 되고 말았습니다. '한때 그런 시절이 있었지.'로 끝입니다. 에베소 교회 교인들은 그것을 어쩔 수 없는 일로 여길지라도 주님은 그렇게 여기지 않습니다. 오죽하면 '내가 네게 가서 네 촛대를 그 자리에서 옮기리라'고 하실 만큼 심각하게 말씀하십니다. 에베소 교회의 문을 닫아버리겠다는 뜻입니다.

여기서 한 가지 알아야 할 사실이 있습니다. 하나님과 우리 사이를 끊을 수 있는 것은 아무것도 없다는 사실입니다. "내가 확신하노니 사망이나 생명이나 천사들이나 권세자들이나 현재 일이나 장래 일이나 능력이나 높음이나 깊음이나 다른 어떤 피조물이라도 우리를 우리 주 그리스도 예수 안에 있는 하나님의 사랑에서 끊을 수 없으리라"(롬 8:38-39)는 말씀을 우리는 다 알고 있습니다. 그러면 촛대를 옮긴다는 얘기는 무슨 영문입니까? 마치 부모가 아이한테 "너, 그렇게 할 거면 당장 나가!"라고 하는 말과 같습니다. 그런 일만큼은 제발 하지 말라는 뜻입니다.

그러면 이제 에베소 교회가 응답할 차례입니다. 에베소 교회만 응답하면 안 됩니다. 서머나, 버가모, 두아디라, 사데, 빌라델비아, 라오디게아 교회가 다 응답해야 합니다. 그들도 이 내용을 같이 보고 있기 때문입니다. 그리고 우리도 응답해야 합니다. 에베소 교회 교인들이 예수님을 주님으로 고백했던 것처럼 우리도 예수님을 주님으로 고백하기 때문입니다. 그들이 믿는 예수님과 우리가 믿는 예수님이 같은 분입니다. 요한계시록은 촛대가 옮겨지지 않은 사람들만 읽을 자격이 있는 책입니다.

CHAPTER 05

니골라를 이겨라

오직 네게 이것이 있으니 네가 니골라 당의 행위를 미워하는도다 나도
이것을 미워하노라 귀 있는 자는 성령이 교회들에게 하시는 말씀을 들을
지어다 이기는 그에게는 내가 하나님의 낙원에 있는 생명나무의 열매를
주어 먹게 하리라(계 2:6-7)

자기와 가까운 사람이 개업을 하면 화환을 보냅니다. 전에는 화환에
쓰이는 문구가 '축 개업'이나 '무궁한 발전을 기원합니다.' 하는 식이
었습니다. 그런데 언제부터인지 장난스런 문구가 보이기도 합니다. 얼
마 전에 유난히 자극적인 문구를 보았습니다. 화환에 '돈 세다 뒈져
라' 라고 쓰여 있었습니다. '뒈지다' 는 '죽다' 를 속되게 이르는 말입니
다. 그런 험한 표현을 축하의 의미로 쓸 수 있는 이유는 그 앞에 '돈
세다' 라는 말이 있기 때문입니다. 돈을 세다 죽으려면 장사가 얼마나
잘 되어야 할까요? 만 원짜리로 100만 원을 세는데 40초쯤 걸린다고
하십시다. 하루에 8시간만 세도 7억 2천만 원입니다. 세상 사람들은

뒈졌다는 말을 듣는 한이 있어도 돈을 세다가 뒈질 수만 있으면 그것을 복으로 여기는 모양입니다.

문득 다른 생각이 들었습니다. '돈 세다 죽어라' 라는 말과 '예수 믿다 죽어라' 라는 말 사이에 어떤 차이가 있을까 하는 것이었습니다. 우리는 전부 다 예수를 믿습니다. 그러니 죽기만 하면 전부 다 예수 믿다 죽은 것이 되는 겁니까? 돈을 세어본 경험이 없는 사람은 거의 없습니다. 만 원짜리로 백만 원 다발을 세어본 경험은 그리 특별한 경험이 아닙니다. 하지만 돈 세다 죽으라는 얘기는 죽기 전에 돈을 세어보는 경험을 하라는 얘기가 아닙니다. 돈을 세는 것이 주요 일과여야 하고, 죽는 순간까지 계속 돈을 세고 있어야 합니다. 그러면 예수 믿다 죽는 것도 그렇습니다. 교회 다닌 경험만 있으면 되는 것이 아닙니다. 죽는 순간까지 예수를 믿고 있어야 합니다. 죽을 때까지 단 한 순간도 세상과 타협하지 않고 신자로 살고 있어야 합니다.

신자로 산다는 얘기는 모든 가치기준이 하나님 사랑이라는 뜻입니다. 하나님만 사랑하는 것이 하나님 사랑이 아닙니다. 하나님께서 사랑하시는 것을 사랑하는 것도 하나님 사랑에 포함됩니다. 또 있습니다. 하나님께서 미워하시는 것을 미워해야 합니다.

본문에서는 주님이 니골라 당의 행위를 미워한다는 얘기가 나옵니다. 그러면 니골라 당의 행위를 미워하는 것이 신앙입니다. 신앙이 좋으면 좋을수록 하나님을 더 사랑하는 것처럼 신앙이 좋으면 좋을수록 니골라 당의 행위를 더 미워할 것입니다.

사도행전 6장에 일곱 집사를 세우는 내용이 나옵니다. 스데반, 빌립, 브로고로, 니가노르, 디몬, 바메나, 니골라입니다. 그 니골라와 본문에 나온 니골라가 같은 사람인지 아닌지는 모릅니다. 초대교회에서 집사로 선임된 니골라가 나중에 타락해서 교회에 해악을 끼쳤을 수도 있고 혹은 동명이인일 수도 있습니다. 우리가 할 일은 니골라 당의 뿌리를 캐는 일이 아니라 그로 인한 폐해가 어떤 것인지를 알아서 조심하는 일입니다. 성경이 말하고 있지 않은 것을 억지로 추측할 필요는 없습니다.

요한계시록은 소아시아에 있는 일곱 교회에 보낸 편지입니다. 그 중세 교회에 니골라 당을 경계하라는 내용이 나옵니다. 니골라 당으로 인한 폐해가 그만큼 심각했다는 뜻입니다. 본문에는 니골라 당의 구체적인 행위가 나와 있지 않습니다. "네가 니골라 당의 행위를 미워하는도다 나도 이것을 미워하노라"가 전부입니다. 하지만 버가모 교회와 두아디라 교회에 보낸 내용에는 나와 있습니다.

> 그러나 네게 두어 가지 책망할 것이 있나니 거기 네게 발람의 교훈을 지키는 자들이 있도다 발람이 발락을 가르쳐 이스라엘 자손 앞에 걸림돌을 놓아 우상의 제물을 먹게 하였고 또 행음하게 하였느니라 이와 같이 네게도 니골라 당의 교훈을 지키는 자들이 있도다(계 2:14-15).

출애굽한 이스라엘이 모압 평지에 이르렀습니다. 모압 왕 발락이 주술을 써서 이스라엘을 물리칠 생각으로 발람한테 도움을 청합니다. 발람은 금은보화에 눈이 멀어서 이스라엘을 저주할 마음을 먹습니다. 그런데 번번이 하나님이 막으셨습니다. 이스라엘은 복을 받은 민족이니 저주하지 말라는 것입니다. 그러면서 오히려 축복의 메시지를 선언하게 하십니다. 지켜보던 발락이 노발대발할 것은 당연합니다만 발람도 애가 탔습니다. 얼른 이스라엘을 저주하고 한몫 챙겨야 하는데 그 일이 마음대로 안 되기 때문입니다. 그래서 은밀히 묘책을 얘기합니다. "내가 직접 이스라엘을 저주할 수는 없지만 이스라엘이 하나님 눈 밖에 나게 할 방도는 있소. 하나님이 가장 싫어하는 것이 다른 신을 섬기는 거요. 그러니 이스라엘을 초대해서 여인들과 어울리게 하시오. 그러면 이스라엘은 하나님께 심판받게 될 거요." 구약시대에는 음행과 우상 숭배가 항상 연결되어 나옵니다. 이방 신을 섬기는 예법 중의 하나가 성전에 있는 창기들과 관계를 맺는 것이기 때문입니다.

니골라 당의 행위가 바로 그와 같다고 합니다. 니골라에 해당하는 헬라어 '니콜라이톤'은 '이기다'라는 '니카오'와 '백성'이라는 '라오스'의 합성어입니다. 백성을 이기는 것이 니골라입니다. '이긴다'는 표현은 요한계시록에 특히 자주 나옵니다. "이기는 그에게는 내가 하나님의 낙원에 있는 생명나무의 열매를 주어 먹게 하리라" "이기는 자는 둘째 사망의 해를 받지 아니하리라" "이기는 자는 이와 같이 흰 옷을 입을 것이요" "이기는 자는 내 하나님 성전에 기둥이 되게 하리니" "이기는 그에게는 내가 내 보좌에 함께 앉게 하여 주기를 내가 이기고 아버지 보좌에 함께 앉은 것과 같이 하리라" 같은 말씀이 계속 나옵니다. 요한계시록이 기록된 이유가 우리로 하여금 이기는 삶을 살게 하기 위한 것입니다. 그런데 '백성을 이긴다'는 니골라 당의 승리는 하나님의 자녀의 승리가 아닙니다. 오히려 사탄의 승리입니다.

그들에게 왕이 있으니 무저갱의 사자라 히브리어로는 그 이름이
아바돈이요 헬라어로는 그 이름이 아볼루온이더라(계 9:11).

아바돈은 히브리어로 '파괴' 라는 뜻입니다. 헬라어로는 '아볼루온'
입니다. 니골라와 발람도 그렇습니다. 히브리어 '발람' 은 '발라(삼키
다)' 와 '암(백성)' 의 합성어입니다. 백성을 이기는 것이 '니골라' 인 것
처럼 백성을 삼키는 것이 '발람' 입니다. 사탄의 요망사항을 그대로 보
여주는 이름입니다. 구약시대 발람이 한 일을 당시 니골라 당이 하고
있었습니다.

그러나 네게 책망할 일이 있노라 자칭 선지자라 하는 여자 이세
벨을 네가 용납함이니 그가 내 종들을 가르쳐 꾀어 행음하게 하
고 우상의 제물을 먹게 하는도다(계 2:20).

두아디라 교회에 하신 말씀입니다. '니골라' 라는 이름은 안 나오고
이세벨이라는 여자 이름이 나옵니다만 내용은 똑같습니다. 그 역시 이
스라엘을 행음하게 하고 우상 제물을 먹게 했습니다.

이세벨은 성경에 나오는 대표적인 악녀입니다. 이스라엘 왕 중에 가
장 악한 왕으로 아합을 꼽는데, 성경은 아합이 그렇게 된 이유가 아내
이세벨 때문이라고 합니다. 이세벨은 시돈 왕 엣바알의 딸입니다. 엣
바알은 '바알의 증인', '바알의 사람' 이라는 뜻입니다. 이세벨이 아합
한테 시집오면서 '혼수' 로 바알 종교를 들여왔습니다. 본격적으로 여
호와 신앙을 탄압하고 바알 종교를 퍼뜨렸습니다.

본문에도 이세벨이 나옵니다. 실제로 이름이 이세벨이었을 것 같지는 않습니다. 딸 이름을 이세벨로 지을 부모는 없기 때문입니다. 주님이 '저 여자는 자칭 선지자라고 한다만 실상은 이세벨이다'라고 한 것입니다. 이름이 이세벨이 아니고 행위가 이세벨이라는 뜻입니다.

모압 여인들이 발람의 계교에 따라 이스라엘에게 접근할 때 어떤 말로 접근했겠습니까? "하나님과 우리 사이에서 양자택일을 해라. 어느 쪽이냐? 우리를 가까이 한다는 얘기는 곧 하나님을 버린다는 뜻이다. 그럴 마음의 준비가 되어 있느냐?"라고 했을 리는 만무합니다. "누가 하나님을 섬기지 말라고 했느냐? 너희끼리 있을 때는 하나님 섬기고 우리와 같이 있을 때는 우리와 어울리면 되는 것 아니냐?"라고 했을 것입니다. 요즘 말로 바꾸면 "신앙은 물론 중요하다. 하지만 세상을 사는 것은 별개 문제 아니냐?"라고 했다는 뜻입니다.

그런데 두아디라 교회에는 자칭 선지자라 하는 여자 이세벨이 있었습니다. 그 여자가 누구인지는 모릅니다만 자기 스스로를 선지자라고 했습니다. 하나님의 이름을 빙자했다는 뜻입니다. 세상과 타협하는 것이 신앙적으로 무방하다고 한 것이 아니라 신앙적으로 옳다고 했습니다. 하나님이 그렇게 말씀했다는 것입니다. 행음을 하고 우상 제물을 먹는 것은 가증한 일입니다. 하물며 그렇게 하는 것이 하나님 보시기에 옳은 일이라고 하면 뭐라고 해야 합니까?

어떤 사람이 사업을 합니다. 남들은 수단, 방법을 가리지 않는데 혼자 신앙을 지키려니 힘든 점이 한둘이 아닙니다. 그러면 슬그머니 타협을 합니다. "신앙은 신앙이고 사업은 사업이다. 사업을 하면서 신앙을 내세우다가는 죽도 밥도 안 되겠다." 그렇게 하다 보면 한 발자국 더 진도가 나갑니다. "나는 사업을 하는 사람이다. 돈을 많이 벌어서 헌금으로 하나님께 영광 돌리는 것이 내 본분이다." 처음에는 세속적인 방법으로 사업하는 것을 별 수 없는 일로 여기다가 나중에는 그것이 하나님이 주신 지혜인 양 합리화합니다.

다행히 에베소 교회는 니골라 당의 행위를 미워했습니다. 그들은 '신앙 따로 생활 따로' 가 아니었습니다. 신앙은 교회에서 통용되는 원칙이라는 생각도 하지 않았고, 세상을 살려면 세상 법칙을 따라야 한다는 생각도 하지 않았습니다.

어떤 책에서 권투 선수는 나이트클럽에서 승리를 잃어버린다는 내용을 읽은 기억이 있습니다. 챔피언의 자리에 오를 때까지는 매일 훈련에 몰두합니다. 다른 일에 신경 쓸 틈도 없고 여유도 없습니다. 그런데 챔피언이 되어서 인기를 누리고 돈을 만지게 되면 나이트클럽에 들락거리기 시작합니다. 밤새 술을 마시고 낮에는 잠이 덜 깬 상태로 빈둥거립니다. 그렇게 시간을 보내는 사이에 다음 시합 날짜가 정해집니다. 급히 훈련에 들어가지만 이미 나이트클럽에서 보낸 시간이 너무 깁니다. 링에 올라가서는 제대로 힘 한 번 못 써보고 무너지고 맙니다. 심판이 KO를 선언해서 진 것이 아닙니다. 나이트클럽에서 밤을 새다시피 하며 술을 마실 때 이미 진 것입니다. 나이트클럽에 가는 것이 잘못이 아닐 수는 있습니다. 하지만 권투 선수로는 잘못입니다. 권투 선수는 링 위에 올라갔을 때만 권투 선수가 아닙니다. 평소에 링 아래에서 보내는 시간도 권투 선수로 보내야 합니다.

하나님의 백성은 성전에서만 하나님의 백성이 아닙니다. 모압 평지에서도 하나님의 백성입니다. 모압 평지에서 하나님의 백성으로 서 있지 않은 사람은 성전에서도 하나님의 백성으로 서있을 수 없습니다.

7b절에서 "이기는 그에게는 내가 하나님의 낙원에 있는 생명나무의 열매를 주어 먹게 하리라"라고 했습니다. 이겨야 하는 장소가 어디입니까? 성전이 아니라 세상입니다. 우리의 신앙을 나타내야 할 곳이 교회가 아니라 세상이라는 뜻입니다.

우선 7a절의 "귀 있는 자는 성령이 교회들에게 하시는 말씀을 들을지어다"라는 말씀을 생각해 보십시다. '귀 있는 자는 들을지어다' 라는 것은 '귀 있는 자는 사용할지어다' 라는 뜻입니다. 귀는 귀걸이 때문에 있는 것이 아닙니다. 귀가 있으면 사용해야 합니다. 눈도 감을 수 있고 입도 다물 수 있습니다만 귀는 닫을 수 없습니다. 그런데 참 잘 닫습니다. 도무지 들을 줄 모르는 사람이 얼마든지 있습니다. 중학교 선생님 중에 야단을 칠 때마다 "머리는 장식품으로 달고 다니는 거냐?"라고 하셨던 선생님이 계셨습니다. 머리가 장식품이 아닌 것처럼 귀 역시 장식품이 아닙니다. 마지막으로 청력 검사를 했던 것이 언제입니까? 하나님이 우리를 마지막으로 소유했던 것이 언제입니까? 하나님의 음성을 듣기 위해서 방해 받지 않는 시간을 가졌던 것이 언제입니까? 이 질문에 답을 해야 "이기는 그에게는 내가 하나님의 낙원에 있는 생명나무의 열매를 주어 먹게 하리라"라는 말씀을 묵상할 수 있습니다.

하나님이 범죄한 아담, 하와를 에덴동산에서 쫓아내신 이유는 생명나무의 열매를 먹지 못하도록 하기 위해서입니다. 아담에게 속한 사람은 생명나무의 열매를 먹을 수 없습니다. 그리스도에게 속한 사람이라야 생명나무의 열매를 먹을 수 있습니다.

이기는 자에게 생명나무의 열매를 주어 먹게 한다는 말씀을 건성으로 들으면 오해의 소지가 있습니다. '정신 바짝 차리고 신앙생활 해라. 제대로 하면 생명나무의 열매를 주지만 행여 세상에 지기라도 하면 국물도 없다.'라는 뜻으로 생각할 수 있기 때문입니다. 만일 그런 뜻이라면 이상하게 됩니다. 신자 중에 생명나무의 열매를 먹는 신자도 있고, 먹지 못하는 신자도 있게 되기 때문입니다. 생명나무 열매를 먹지 못하는 신자한테는 영생이 있습니까, 없습니까? 그런 신자는 아담에게 속한 자와 어떤 차이가 있습니까?

크리스천을 가리키는 말은 '신자, 성도, 제자, 그리스도의 신부, 십자가 군병' 등 한두 가지가 아닙니다. '이기는 자'도 그 중의 하나입니다. "그런 법이 어디 있느냐? 예수를 믿는 사람은 누구나 다 이기는 사람이냐?"라는 의문이 들 수도 있습니다만 사실이 그렇습니다. 신자(信者)가 어떤 사람입니까? 믿는 사람입니까, 믿어야 하는 책임이 있는 사람입니까? 성도(聖徒)는 거룩한 사람입니까, 거룩해야 하는 사람입니까? 제자(弟子)는 주님을 따르는 사람입니까, 주님을 따라야 하는 사람입니까?

이기는 자도 마찬가지입니다. 세상을 상대로 승리를 거둔 자가 아닙니다. 이겨야 할 책임이 있는 자, 이기기로 작정된 자를 말합니다. 신자, 성도, 제자, 이기는 자, 그리스도의 신부, 십자가 군병은 전부 우리의 조건이 아니라 우리의 신분과 지위에 대한 말씀입니다. 예수 안에 있는 사람은 그렇지 않은 사람들과 어떻게 다른가에 초점이 있습니다.

긍휼이 풍성하신 하나님이 우리를 사랑하신 그 큰 사랑을 인하여
허물로 죽은 우리를 그리스도와 함께 살리셨고 너희는 은혜로 구

원을 받은 것이라 또 함께 일으키사 그리스도 예수 안에서 함께 하늘에 앉히시니 이는 그리스도 예수 안에서 우리에게 자비하심 으로써 그 은혜의 지극히 풍성함을 오는 여러 세대에 나타내려 하심이라(엡 2:4-7).

하나님이 허물로 죽은 우리를 그리스도와 함께 살리셨고 또 그리스도 예수 안에서 함께 하늘에 앉히셨다고 합니다. 아직 우리에게 이루어지지 않은 내용을 이루어진 것으로 말씀합니다. 성경에는 이런 식의 표현이 참 많습니다. 하나님께서 하시는 일이기 때문입니다.

사람이 세운 계획은 이루어진다고 장담을 못합니다. 애초부터 잘못된 계획일 수도 있고 예상하지 못한 장애물을 만날 수도 있습니다. 경우에 따라서는 마음이 변하기도 합니다. 하지만 하나님이 뜻을 정하시면 그 뜻은 이루어진 것이나 마찬가지입니다. 하나님의 뜻을 방해할 수 있는 것은 아무것도 없습니다. 결국 성경이 우리한테 하는 말씀은 "이기면 생명나무의 열매를 준다. 하지만 지면 별 수 없다. 너희 운명은 너희가 개척하는 거다."가 아닙니다. "너희는 이기도록 되어 있고, 생명나무의 열매를 먹도록 되어 있다. 너희한테는 승리가 보장되어 있다. 그러니 그 신분에 어울리게 살아라! 제발 이기면서 좀 살아라!"라는 확신의 말씀입니다. 남자한테 '남자답게 살아라'고 하고, 여자한테 '여자답게 살아라'고 하는 것과 같습니다.

얼마 전 상영한 〈타워〉라는 영화가 있습니다. 신임 소방관이 인사를 하면서 결의에 찬 표정으로 좋은 소방관이 되겠다는 포부를 밝힙니다. 서장이 좋은 소방관이 어떤 소방관인지를 묻습니다. 소파에 앉아 있던 고참 소방관이 시큰둥한 말투로 대신 대답합니다. "중간에 관두지 않고 끝까지 버티는 소방관이 좋은 소방관이죠."

이기는 것이 그런 것입니다. 자기가 알고 있는 신앙 원칙을 포기하지 않고 끝까지 지키는 것입니다. 세상을 자기 앞에 무릎 꿇리는 것이 아니라 세상의 도도한 흐름 앞에 굴하지 않고 버티는 것이 이기는 것입니다.

세상에서는 승리자의 모습이 화려하게 겉으로 드러납니다. 모두의 부러움을 사며 부귀와 명예를 누립니다. 우리는 그렇지 않습니다. 우리가 사는 세상은 신앙을 지키면 고지식하다고 하고 주님을 위해 희생하면 어리석다고 합니다. 우리의 승리를 세상에서는 아무도 부러워하지 않습니다. 그런 세상에서 우리는 이기는 자, 이길 수밖에 없는 자로 부름 받았습니다.

지난 2009년 10월에 캐나다의 한 헬리콥터 조종사가 갑작스럽게 마을 야구장에 헬리콥터를 착륙시키는 일이 있었습니다. 이유가 황당했습니다. 햄버거가 먹고 싶어서 그랬다는 것입니다. 햄버거 가게 점원은 "군인 한 명이 들어와 햄버거 4개와 치즈 콤보 세트를 사갔다."고 하면서 "마치 자동차를 운전하다 멈춰서 햄버거를 테이크아웃 해가는 것처럼 자연스러웠다."고 증언했습니다.

헬리콥터를 착륙 시켜서 그 자리에서 평생 햄버거만 먹다 죽은 것이 아닙니다. 잠깐 착륙해서 햄버거를 구입하고는 다시 원래 행선지로 출발했습니다. 그래도 그를 정신 나간 조종사로 생각합니다. 그러면 신자가 정상 신앙 행로를 이탈하는 것은 어떻습니까? 자기가 세상을 이

기도록 되어 있는 것을 뻔히 알면서 오히려 세상의 눈치를 보는 것은 어떻습니까?

헬리콥터를 조정하다 말고 햄버거를 샀는지, 떡볶이를 샀는지는 알 바 아닙니다. 하나님도 관심 없을 것입니다. 하지만 신앙을 지키다 말고 세상을 기웃거리는 일은 없어야 합니다. 주님은 우리를 이겼던 경험이 있는 자로 부르시지 않고 이기는 자로 부르셨습니다. 우리는 주님을 만날 때까지 계속 이기고 있어야 합니다. 어제도 이겨야 하고 오늘도 이겨야 하고 내일도 이겨야 합니다. 단 한순간도 세상 풍조와 타협하면 안 됩니다. 그것이 우리가 이 세상을 사는 모습입니다.

죽도록 충성하라

서머나 교회의 사자에게 편지하라 처음이며 마지막이요 죽었다가 살아
나신 이가 이르시되 내가 네 환난과 궁핍을 알거니와 실상은 네가 부요
한 자니라 자칭 유대인이라 하는 자들의 비방도 알거니와 실상은 유대인
이 아니요 사탄의 회당이라 너는 장차 받을 고난을 두려워하지 말라 볼
지어다 마귀가 장차 너희 가운데에서 몇 사람을 옥에 던져 시험을 받게
하리니 너희가 십 일 동안 환난을 받으리라 네가 죽도록 충성하라 그리
하면 내가 생명의 관을 네게 주리라 귀 있는 자는 성령이 교회들에게 하
시는 말씀을 들을지어다 이기는 자는 둘째 사망의 해를 받지 아니하리라
(계 2:8-11).

본문은 서머나 교회에 주신 내용입니다. 특별히 주님 자신을 "처음이
며 마지막이요 죽었다가 살아나신 이"라고 합니다. 처음이며 마지막
이라는 말씀은 앞에서도 나왔습니다. 역사의 주인이라는 뜻입니다. 이
세상 역사가 주님 손 안에 있는 것처럼 서머나 교회의 모든 상황 역시

주님 손 안에 있습니다. 그러면 '죽었다가 살아나신 이'라는 말이 나오는 이유는 무엇 때문입니까? 주님이 부활하신 분인 것은 맞습니다. 그렇다고 해서 유독 부활을 얘기해야 할 이유가 있습니까?

서머나는 주전 1,200년에 건설된 도시입니다. 그런데 주전 6세기 초에 아디아의 알리아테스 왕에 의해 파괴되었습니다. 그것으로 끝나지 않았습니다. 주전 3세기에 알렉산더의 후계자인 안티노쿠스 리시마쿠스에 의해 재건되었습니다. 도시가 죽었다가 살아난 셈입니다. 서머나 교회 교인들은 죽었다가 살아났다는 말이 무슨 뜻인지 누구보다도 잘 알고 있었습니다. 그런 서머나 교회의 상황에 맞게 주님을 소개한 것입니다.

> 내가 네 환난과 궁핍을 알거니와 실상은 네가 부요한 자니라 자칭 유대인이라 하는 자들의 비방도 알거니와 실상은 유대인이 아니요 사탄의 회당이라(계 2:9).

주님은 어차피 전지전능하신 분입니다. 모르는 것이 있으면 말이 안됩니다. 서머나 교회에 있는 환난과 궁핍을 아신다는 얘기도 아무렇지 않게 넘길 수 있습니다. 하지만 성경 다른 곳과 비교하면 그렇지 않습니다.

> 우리에게 있는 대제사장은 우리의 연약함을 동정하지 못하실 이가 아니요 모든 일에 우리와 똑같이 시험을 받으신 이로되 죄는 없으시니라(히 4:15).

예수님은 우리의 연약함을 동정하지 못하실 이가 아니라고 합니다. '동정하다' 에 해당하는 헬라어 '쉼파테스' 는 '함께' 라는 '쉰' 과 '고통당하다' 라는 '파스코' 의 합성어입니다. 함께 고통당하는 것이 '쉼파테스' 입니다. 전에 보던 《개역한글판 성경》에는 "우리에게 있는 대제사장은 우리 연약함을 체휼하지 아니하는 자가 아니요"라고 되어 있었습니다. '체휼(體恤)' 은 체험(體驗)이라고 할 때의 체(體)와 긍휼(矜恤)히 여긴다고 할 때의 휼(恤)을 합한 말입니다. '체휼' 이 잘 안 쓰이는 말이라서 개역개정판에서는 '동정' 으로 바꾼 것 같은데, 오히려 원문의 의미를 퇴색시켜 버렸습니다. 주님은 우리 연약함을 체휼하지 않는 자가 아닙니다.

저는 해산의 고통을 제대로 모릅니다. 제 경험과 관계없는 일이기 때문입니다. 해산의 고통에 대해서 저는 '아프더라' 는 말을 못합니다. '아프다고 하더라' 가 고작입니다. 주님은 그렇지 않다는 말씀입니다. 주님은 이 세상에서 우리보다 더한 고통을 실제로 겪으신 분입니다. 그런 주님이 서머나 교회를 향해서 "내가 네 환난과 궁핍을 알거니와 실상은 네가 부요한 자니라"고 말씀하십니다.

우리가 서머나 교회와 같은 상황이라고 가정해 보십시다. 주님이 "나도 다 겪어봤다. 너희가 얼마나 어려운지 내가 다 안다."라고 하면, 그 말이 위로가 될까요? 아버지가 아들한테 "힘들지? 나도 다 해봤어. 그게 너한테 복이야."라고 하면, 아들이 어떤 반응을 보일까요? "아버지는 다 지났으니까 그렇지. 복은 무슨 복이야? 차라리 안 받고 말지." 하고 속으로 투덜거릴 수 있지 않겠습니까?

서머나 교회도 마찬가지입니다. 주님이 아무리 다 안다고 하면서 실상은 그것이 부요한 것이라고 해도 그 말이 귀에 들어오지 않을 수 있습니다. "주님은 다 지난 일 아닙니까? 저희는 발등에 떨어진 불입니다. 이것이 어떻게 해서 부요한 것입니까? 부요하지 않아도 좋으니 일단 숨통 좀 트이게 해주십시오."라고 할 수 있습니다.

환난과 궁핍이 다 끝난 다음에 그것을 부요함으로 인식하는 것은 누구나 할 수 있습니다. 하지만 환난과 궁핍 중에 있는 사람이 그것을 부요함으로 인식하는 것은 아무나 못합니다. 당장 힘들어 죽겠는데 부요함은 무슨 부요함입니까? 온전하고 정직하여 하나님을 경외하며 악에서 떠난 욥도 그렇게 하지 못했습니다. 그러면 이어지는 내용, "자칭 유대인이라 하는 자들의 비방도 알거니와 실상은 유대인이 아니요 사탄의 회당이라"를 확인해야 합니다.

주후 90년에 얌니아회의가 있었습니다. 유대인들이 팔레스타인에 있는 도시 얌니아에 모여서 유대교의 결속을 도모한 회의입니다. 그 회의에서 그때까지 낱권으로 있던 구약성경 39권을 정경으로 채택했습니다. 또 예수를 믿는 유대인은 아브라함의 자손이 아니라고 선언했습니다. 회당 출입도 못하게 했습니다. 기도문에는 '나사렛 사람들과 이교도들을 순식간에 파괴하소서. 생명책에서 그들의 이름을 지우시고 의로운 자들과 함께 기록되지 않게 하소서.' 라는 문구를 집어넣었습니다. 그런 내용을 가리켜서 주님은 "자칭 유대인이라 하는 자들의 비방도 알거니와 실상은 유대인이 아니요 사탄의 회당이라"고 했던 것입니다.

이 말을 듣는 서머나 교인들의 마음이 어떻겠습니까? 여태껏 유대인들로부터 받은 박해가 주마등처럼 지나갈 것입니다. 그리고 그 모든 것이 자기들이 옳기 때문이라는 사실에 가슴 뿌듯한 희열을 느낄 것입니다.

그러면 서머나 교회를 비방하는 자칭 유대인들은 이 말씀에 뭐라고 하겠습니까? 보나마나 말도 안 되는 얘기라고 할 것입니다. 누가 뭐라고 해도 자기들은 유대인입니다. 아브라함의 후손으로 태어나서 할례도 받았고 율법도 지키고 있습니다. 그런데 왜 유대인이 아니란 말입니까? 자기들을 사탄의 회당이라고 하는 나사렛 예수야말로 이단 괴수라고 주장했을 것입니다.

서머나 교회에는 환난과 궁핍이 있습니다. 그런데 주님은 그것이 부요한 것이라고 합니다. 혹시 주님이 '조금만 참으면 곧 끝난다.' 라고 하면 수긍이 될지 모릅니다만 부요한 것이라는 말은 수긍하기 힘들 것입니다. 하지만 말씀하시는 분이 주님입니다. 아브라함의 자손으로 태어나서 할례를 받고 율법을 지켜도 주님이 사탄의 회당이라고 하면 사탄의 회당입니다. 마찬가지입니다. 서머나 교회에 그 어떤 환난과 궁핍이 있어도 주님이 부요하다고 하면 부요한 것입니다.

자칭 유대인들이 자기네가 사탄의 회당인 것을 인정하지 않는 것은 별 수 없습니다. 하지만 우리는 주님 말씀에 동의할 수 있어야 합니다. 얌니아회의에서 예수 믿는 유대인은 아브라함의 자손이 아니라고 결정하거나 말거나 관계없습니다. 환난이나 궁핍을 어느 만큼 피부로 느끼느냐 하는 것도 중요하지 않습니다. 주님이 뭐라고 하셨느냐가 중요합니다. 판단은 우리가 하는 것이 아니라 주님이 하십니다.

자칭 유대인들이 실상은 사탄의 회당인 이유가 무엇입니까? 땅에 속한 시선으로는 유대인이 분명합니다. 하지만 하늘에서 보면 사탄의 회당입니다. 서머나 교회에 있는 환난과 궁핍이 실상은 부요함인 이유도 마찬가지입니다. 땅에 발을 딛고 살아가는 현실에서는 환난과 궁핍이 맞습니다. 주님도 인정했습니다. 그런데 그것이 하늘의 시선으로는 오히려 부요함입니다.

리처드 범브란트가 창설한 VOM(the Voice of the Martyrs, 순교자의 소리)이라는 선교 기관이 있습니다. VOM에서 박해받는 지역에 사는 기독교인을 위해 후원하고 기도하라는 취지로 펴낸 책이 있습니다. 1권은 《주를 위해 죽다》, 2권은 《주를 위해 살다》입니다. 제목 그대로 주를 위해 죽는 사람, 주를 위해 사는 사람들의 사례를 모아놓은 책입니다. 주를 위해 죽는 사람이나 주를 위해 사는 사람이나 마찬가지입니다. 아마 분량 때문에 두 권으로 편집한 것 같습니다. 거기에 사우디아라비아의 박해받는 기독교인을 소개한 내용이 나옵니다.

무타와(사우디의 종교경찰)가 '프라브 이삭'의 집을 급습해서 그 지역 기독교인의 정보가 담긴 컴퓨터를 압수해 갔습니다. 그렇게 해서 체포된 사람이 '에스킨더 멩기스'입니다. 컴퓨터에 그의 이름이 있었기 때문입니다. 그 다음에는 '윌프레도 칼리우악'이 체포됩니다. '칼리우악'은 체포 직후에 일사병 때문에 병원에 후송되었는데, 몸 곳곳이 부어 있었고 시퍼렇게 멍이 들어있었다고 합니다. 고문을 당한 흔적입니다.

이런 경우에 그 지역 사람들은 무엇을 염려해야 합니까? 자기 이름이 종교경찰의 블랙리스트에 올라있으면 어떻게 할지 염려해야 합니까, 올라있지 않으면 어떻게 할지 염려해야 합니까? 블랙리스트에 이름이 있으면 낭패입니다. 조만간 크게 곤욕을 치를 것입니다. 하지만 이름이 없으면 정말 낭패입니다. 이름이 있어서 겪는 낭패와 비교할 바가 아닙니다. 그처럼 블랙리스트에 이름이 있는 것을 가리켜서 '부요하다'고 하는 것입니다. 결국 본문은 "너희는 세상 풍조에 굴하지 않고 기꺼이 환난과 궁핍을 겪고 있구나. 참 잘하고 있다. 내가 그렇게 했다. 그 길이 하나님께 인정받는 길이다."를 말하는 셈입니다.

지금 우리가 믿는 기독교는 우리의 신앙 선배들이 믿었던 기독교와 같은 것이 아닌 것 같다는 생각이 들 때가 있습니다. 예전에는 예수를 믿으려면 죽음을 각오했습니다. 집에서 쫓겨나기도 하고 사회에서 매장당하기도 했습니다. 그 모든 것을 감수하고 예수를 믿었습니다. 그런데 언제부터인지 '예수를 믿으니까 문제를 해결해 주십시오.'가 되었습니다. 자기한테 있는 신앙을 세상에서 보상받으려고 합니다.

두 사람이 있습니다. 한 사람은 '하나님, 저는 예수를 위해서라면 죽어도 좋습니다.'라고 하는데 다른 사람은 '하나님, 예수 믿으니까 더 잘 살게 해주십시오.'라고 합니다. 두 사람이 믿는 종교를 같은 종교라고 할 수 있을까요?

성경은 "너는 장차 받을 고난을 두려워하지 말라 볼지어다 마귀가 장차 너희 가운데서 몇 사람을 옥에 던져 시험을 받게 하리니 너희가 십 일 동안 환난을 받으리라"(10절)고 합니다. 환난을 받지 않게 해준다고 약속하지 않습니다. 오히려 환난이 있다고 합니다. 환난은 우리가 신앙을 정당하게 지키고 있다는 징표입니다. 늘 세상과 타협하며 살면 환난이 있을 이유가 없습니다.

그러면 우리가 환난 중에 있을 때, 이 세상 역사의 주인이신 주님은 무엇을 하고 계십니까? "나는 처음이며 마지막이다. 모든 일의 시작도 나한테 달렸고 마지막도 나한테 달렸다."라고 하면서 우리가 환난 중에 있거나 말거나 구경만 하십니까? 그렇지 않습니다. 십 일이라는 기한이 있는 것이 그 증거입니다.

여기에서 말하는 '십 일'은 하루를 24시간으로 계산한 열흘이 아닙니다. 제한된 기간을 말합니다. 그것도 얼마 되지 않는 짧은 기간입니다. 뒤에 가면 신자들이 천 년 동안 왕 노릇한다는 말씀이 나옵니다. 왕 노릇은 천 년 동안 하는데 환난은 십 일이면 끝납니다. 얼마나 남는 장사입니까? 세상에는 이렇게 남는 장사가 없습니다. 물론 그 십 일을 보내는 중에는 길게 느껴질 수 있습니다. 하지만 조금만 참고 기다리면 금방 십일 일째 날이 옵니다.

《미드라쉬》라는 책이 있습니다. 랍비들이 성서를 해석한 유대인판 성서 주석입니다. 하나님이 아브라함을 시험한 이유를 이렇게 설명했습니다.

아브라함이 묻습니다. "제가 왜 그 일을 겪어야 했습니까? 제 충성심을 알아보기 위해서 저를 시험했습니까?"

"아니다. 나는 너를 시험할 필요가 없었다."

"그렇다면 제 자신의 충성심을 검증하기 위해서 저한테 시험이 필요했습니까?"

"아니다."

"그러면 무엇 때문에 제가 그 일을 겪어야 했습니까?"

하나님이 대답하십니다. "열방에 증거하기 위해서다."

서머나 교회 교인들은 끊임없이 "왜?"라고 물었을 것입니다. 자기들이 왜 환난을 겪어야 합니까? 왜 궁핍에 시달려야 하고, 왜 유대인들의 박해를 받아야 합니까? 왜 옥에 갇히는 고난을 겪어야 합니까? 그때마다 주님이 답하십니다. "열방에 증거하기 위해서다."

주님은 우리를 통하여 주님의 이름이 땅 끝까지 증거 되기를 원하십니다. 주님이 제자들을 부르실 때 "나를 따라 오너라 내가 너희로 사람을 낚는 어부가 되게 하리라"라고 했습니다. 그것이 전부입니다. "나를 따라 오너라. 내가 너희를 세상에서 출세하게 해주마." "원하는 것은 무엇이든지 다 이루어지게 해주마." 같은 세속적인 약속은 하지 않았습니다. 그리고 그 일을 위하여 죽도록 충성할 것을 말씀하십니다. 죽도록 충성할 각오가 되어 있어야 한다는 얘기가 아닙니다. 정말로 죽을 수도 있다는 뜻입니다. 우리가 주님께 바쳐야 할 충성의 범주에는 죽음도 포함됩니다. 그런 사람한테 생명의 관을 주십니다.

혹시 '일단 먹고 살아야 예수도 믿을 것 아니냐?' 라는 말을 들어보셨습니까? 그것은 신자도 할 수 없고 불신자도 할 수 없는 말입니다. 불신자는 '예수도 믿을 것 아니냐?' 라는 말을 하지 않습니다. 신자는 '일단 먹고 살아야' 라는 말을 하지 않습니다. 신자는 먹고 사는 문제보다 예수 믿는 문제를 앞세우는 사람입니다. 그런데 신자도 아니고 불신자도 아닌 이상한 사람들이 더러 있는 모양입니다.

목사 안수를 받을 때나 장로, 권사로 임직할 때 교회에서 기념패를 선물하는 경우가 있습니다. 그런 기념패에 가장 많이 인용되는 구절이 본문 10절입니다. 목사나 장로, 권사가 죽도록 충성해야 하는 것은 맞습니다. 그러면 목사나 장로, 권사가 아닌 다른 교인들은 어떻습니까?

본문의 수신자는 서머나 교회 교인들입니다. 어쩌면 아직 세례를 받지 않은 교인도 있을 것입니다. 교인 중에는 죽도록 충성해야 하는 교인이 따로 있고 그렇지 않아도 되는 교인이 따로 있는 것이 아닙니다. 죽도록 충성하는 것은 모든 교인이 갖춰야 할 기본 소양입니다.

예전에 "죽도록 충성하다가 정말로 죽으면 어떻게 합니까?"라는 질문을 받은 적이 있습니다. 어떻게 하기는 무엇을 어떻게 합니까? 주님은 이 세상에서만 주님이 아니라 다음 세상에서도 주님입니다. 우리가 걱정할 문제는 '죽도록 충성하다 정말로 죽으면 어떻게 하나?' 가 아니라 '죽도록 충성하지 못하면 어떻게 하나?' 입니다. 죽도록 충성하다 죽으면 주님이 책임지실 것입니다. 책임을 못 지면 주님이 아닙니다.

사람들이 죽음을 두려워하는 이유가 무엇입니까? 죽으면 모든 것이 끝난다고 생각하기 때문입니다. 모든 소망이 이 세상에 있으면 이 세상을 떠나는 것이 두려울 수밖에 없습니다.

직업군인한테 "당장 옷 벗으라"는 말은 가장 듣기 싫은 말입니다. 그들한테는 군대가 전부인데, 그것을 박탈하는 말이 "당장 옷 벗어!" 입니다. 하지만 사병한테는 제대하는 것만큼 반가운 일이 없습니다. 그때부터 진짜 자기 인생이 시작되는 것입니다. 세상 사람들의 죽음은 직업군인이 제대하는 것과 같을 수 있습니다. 하지만 우리한테는 사병이 만기 제대해서 사회에 복귀하는 격입니다. 두려워할 하등의 이유가 없습니다.

정작 무서운 것은 '둘째 사망' 입니다. 주님이 주신다는 생명의 관이 실재하는 것처럼 둘째 사망도 실재합니다. 두 번 태어난 사람은 한 번 죽으면 되지만 한 번 태어난 사람은 두 번 죽어야 합니다. 거듭난 사람한테는 둘째 사망이 없습니다. 하지만 거듭나지 못한 사람은 육체의 죽음을 맞은 다음에 또 영원한 죽음을 맞이해야 합니다.

> 바스훌아 너와 네 집에 사는 모든 사람이 포로 되어 옮겨지리니 네가 바벨론에 이르러 거기서 죽어 거기 묻힐 것이라 너와 너의 거짓 예언을 들은 네 모든 친구도 그와 같으리라 하셨느니라(렘 20:6).

바스훌은 예레미야를 대적하던 거짓 선지자입니다. 거짓 예언을 일삼던 그가 저주의 메시지를 듣습니다. 랍비들은 이 구절을 두 번 죽는 것으로 해석합니다. 바벨론에서 한 번 죽고, 죽은 다음에는 계속 거기에 묻혀있는 것으로 두 번 죽는다는 것입니다. 하지만 이스라엘 땅에 묻힌 사람들은 그렇지 않습니다. 그들은 한 번만 죽으면 됩니다. 영원히 무덤에 남아있는 것이 아니라 메시야의 날에 부활할 것이기 때문입니다. 유대인다운 발상이기는 합니다만 일리는 있습니다. 정작 중요한 문제는 '죽느냐, 죽지 않느냐?' 가 아닙니다. '죽은 다음에 어떻게 되느냐? 영원한 생명이 있느냐, 없느냐?' 입니다. 주님은 이런 부활 생명을 예비해두시고서 우리한테 죽도록 충성하라고 하십니다.

조조의 장남 조비와 삼남 조식 사이에 왕위를 둘러싼 암투가 있었습니다. 조조가 죽은 다음에 조비가 왕위에 오릅니다. 왕권 경쟁에서 밀리면 남은 것은 죽음뿐입니다. 조비가 조식을 호출합니다. 조식의 측근들이 만류합니다. 가면 죽는다는 것입니다. 그러나 조식은 호기롭게 얘기합니다. "하루를 더 산다고 행복한 것도 아니고 하루를 덜 산다고 불행한 것도 아니다. 하루하루를 즐기면 그뿐이다."

세상 경쟁에서 밀린 사람이 할 수 있는 말은 그런 말뿐입니다. 지금 세상이 있는 것만 알고 다음 세상이 있는 것을 모르면 별 수 없습니다. 어쩌면 그런 얘기를 하는 것이 스스로 멋있게 보일 수도 있습니다.

우리는 하루하루를 즐기는 것으로 낙을 삼지 않습니다. 오히려 죽도록 충성하는 것으로 낙을 삼습니다. 하루하루 죽도록 충성하면 그뿐입니다. 우리의 충성을 받는 주님이 처음이며 마지막이요 죽었다가 살아나신 분이기 때문입니다. 주님은 이 세상과 다음 세상의 주인입니다. 그 분이 우리를 위하여 생명의 관을 예비하고 계십니다.

CHAPTER 07

니골라 vs 발람

버가모 교회의 사자에게 편지하라 좌우에 날선 검을 가지신 이가 이르시되 네가 어디에 사는지를 내가 아노니 거기는 사탄의 권좌가 있는 데라 네가 내 이름을 굳게 잡아서 내 충성된 증인 안디바가 너희 가운데 곧 사탄이 사는 곳에서 죽임을 당할 때에도 나를 믿는 믿음을 저버리지 아니하였도다 그러나 네게 두어 가지 책망할 것이 있나니 거기 네게 발람의 교훈을 지키는 자들이 있도다 발람이 발락을 가르쳐 이스라엘 자손 앞에 걸림돌을 놓아 우상의 제물을 먹게 하였고 또 행음하게 하였느니라 이와 같이 네게도 니골라 당의 교훈을 지키는 자들이 있도다 그러므로 회개하라 그리하지 아니하면 내가 네게 속히 가서 내 입의 검으로 그들과 싸우리라 귀 있는 자는 성령이 교회들에게 하시는 말씀을 들을지어다 이기는 그에게는 내가 감추었던 만나를 주고 또 흰 돌을 줄 터인데 그 돌 위에 새 이름을 기록한 것이 있나니 받는 자 밖에는 그 이름을 알 사람이 없느니라(계 2:12-17).

'판테온'이라는 건물이 있습니다. 만신전(萬神殿)으로 번역합니다. 로마에서 섬기는 모든 신을 다 모아놓은 신전입니다. 다신교에서는 신이 많을수록 좋습니다. 이런 신, 저런 신 다 섬기면 어쨌든 그 신이 한 가지라도 도움이 되지 않겠느냐는 것입니다. 로마는 다른 나라를 정복하면 그 나라의 신도 자기네 신으로 받아들였습니다. 알렉산더 세베루스 황제 때는 예수님을 모신 자리도 있었습니다. 나중에 밀라노의 감독 암브로시우스의 투쟁으로 철거될 때까지 예수님도 그곳의 잡신들 중의 한 신으로 안치되었던 것입니다.

황제가 죽으면 가장 먼저 하는 일 중의 하나가 그 황제를 신으로 모시는 일입니다. 살아서 로마제국을 위해 애썼던 것처럼 죽어서도 로마를 보살펴달라는 뜻입니다. 물론 폭군으로 내몰린 황제는 예외입니다만 대부분은 죽으면 신으로 추대되었습니다. 베스파시아누스 황제는 임종을 앞두고 "내가 지금 신이 되어가는 것 같소?"라고 묻기도 했습니다. 죽는 순간까지 위트가 있었던 모양입니다. 그의 아들 도미티아누스는 살아생전에 신으로 숭배 받기를 원했습니다. 자기를 신으로 섬기라고 강요했으니 기독교가 박해를 받을 수밖에 없습니다. 그 도미티아누스 황제 때 요한계시록이 기록되었습니다.

버가모에는 로마 제국 행정부가 있었습니다. 황제를 위한 신전을 가장 먼저 지은 도시도 버가모입니다. 아우구스투스를 위한 신전입니다. 두 번째 신전인 트라야누스 신전도 버가모가 지었습니다. 나중에는 세베루스 신전도 지었습니다. 이 모든 신전들은 정부의 후원을 받았습니다. 버가모는 말 그대로 황제 숭배의 중심지였습니다. 주님이 "네가 어디에 사는지를 내가 아노니 거기는 사탄의 권좌가 있는 데라"는 말을 할 만합니다.

서머나 교회에서는 사탄의 술책이 유대인들의 비방을 통해서 나타 났습니다. 사탄이 항상 그런 식으로 활동하는 것은 아닙니다. 사탄은 예수님이 말씀하신 것처럼 이 세상 임금입니다(요 14:30). 실제로 힘 을 가지고 있습니다. 유대인들의 비방은 한 쪽 귀로 듣고 한 쪽 귀로 흘리면 됩니다. 하지만 사탄의 권좌에서 나오는 힘은 외면한다고 해서 외면되는 것이 아닙니다. 황제 숭배를 거부하면 국가에 대한 반역자가 됩니다. 남은 것은 심판뿐입니다.

황제를 숭배하는 법도는 상당히 간단했습니다. 일 년에 한 번 신전 에 가서 향을 피우고 '가이사는 주님이시다'라고 한 마디만 하면 되었 습니다. 그러면 증명서를 발급받았고, 그 증명서가 있으면 어떤 신을 섬기든지 자유입니다. 얼마나 간편합니까?

제 아내는 무남 10녀의 큰딸입니다. 저는 처남은 한 명도 없고 처제 만 아홉 명이 있습니다. 오래 전에 처제를 소개시켜 달라는 후배가 있 었습니다. 싫다고 했더니 그 후배가 말했습니다.

"형, 진짜 너무한다."

"뭐가?"

"내가 언제 하나밖에 없는 처제 소개시켜 달래? 아홉 명씩이나 있는 처제 중에서 한 명만 소개시켜 달라는데 그게 뭐 힘들어?"

그 후배가 한 얘기는 물론 농담입니다. 하지만 로마의 기독교 박해 는 농담이 아닙니다. 다른 신은 일체 섬기지 말고 평생 로마 황제만 섬 기라는 것이 아니시 않습니까? 일 년에 한 번 향을 피우고 딱 한 마디 만 하면 됩니다. 그렇게 하면 자기들의 종교를 보장해줍니다. 그것이 뭐 그리 어렵다고 거부한단 말입니까? 로마 영토에 살면서 로마를 위하여 향 하나도 피우지 못하는 것이 말이 됩니까? 그런 악질분자를 그냥 둘 수는 없었습니다. 그래서 당시 기독교인들은 화형을 당하기도 하고 사자 밥이 되기도 했습니다.

전해오는 얘기에 의하면 도미티아누스 황제가 버가모의 통치자한테 '글라비'라고 하는 검을 하사했다고 합니다. 또 죄인을 임의대로 사형시킬 수 있는 권한도 주었다고 합니다. 황제 숭배에 가장 모범인 도시니까 그럴 만합니다. 소아시아에서 유일하게 황제로부터 사형 집행권을 위임받은 도시가 버가모입니다. '글라비'가 그 권한의 상징인 셈입니다.

12절에서 주님이 "좌우에 날선 검을 가지신 이가 이르시되"라고 하신 이유가 여기에 있습니다. 실제로 세상을 심판할 권세가 누구한테 있는지 보자는 것입니다. 지금 당장은 사탄의 권좌에서 나오는 세속적인 힘이 버가모를 지배하는 것 같습니다. '글라비'의 권세를 거스를 수 있는 것은 아무것도 없습니다. 하지만 진짜 심판의 주인이 누구인지 곧 알게 됩니다. 우리가 옳은지 그른지를 세상이 심판하는 것이 아닙니다. 세상이 우리를 옳다고 판정하면 우리가 옳게 되고, 세상이 우리를 그르다고 판정하면 우리가 그르게 되는 것이 아닙니다. 세상이 옳은지 그른지를 주님이 심판하십니다.

어쨌든 지금은 사탄의 권좌가 있는 곳에 자리한 버가모 교회에 박해가 없을 수 없습니다. 하지만 버가모 교회 교인들은 주님의 이름을 굳게 잡았습니다. 충성된 증인 안디바가 죽임을 당할 때도 주님을 믿는 믿음을 저버리지 않았습니다.

터툴리안이라는 교부가 있습니다. 북아프리카 카르타고 출신으로 그리스도인들이 기꺼이 순교를 택하는 것에 감명을 받아 예수를 영접했습니다. 삼위일체라는 단어를 처음 썼고, 교회는 순교자의 피를 먹고 자란다는 유명한 말을 남기기도 했습니다. 터툴리안에 따르면 안디바는 놋쇠 가마에서 구워져서 죽었다고 합니다.

성경은 그 안디바를 가리켜서 '충성된 증인'이라고 합니다. 본래 '충성된 증인'은 예수님에 대한 호칭입니다(계 1:5, 3:14). 그 호칭을 안디바한테 붙여주고 있습니다. 예수님의 호칭을 공유하는 것은 피조물인 사람이 누릴 수 있는 최고의 영광일 것입니다.

'진실한 크리스천'이라는 말을 생각해 보십시다. 진실하지 않은 사람을 크리스천이라고 할 수는 없습니다. 크리스천이라는 말에 이미 '진실'이 포함되어 있습니다. 그런데도 누군가를 가리켜서 '진실한 크리스천'이라고 한다는 얘기는 그의 진실이 그만큼 두드러진다는 뜻입니다. '충성된 증인'도 마찬가지입니다. 증인은 충성되기 마련입니다. 그런데도 유난히 충성하는 사람이 있는 법입니다. 안디바가 그런 사람이었습니다.

증인을 헬라어로 '마르튀스'라고 합니다. 영어로 순교자(martyr)가 여기에서 파생했습니다. 순교는 아무나 할 수 있는 것이 아닙니다. 증인이어야 할 수 있습니다. 뒤집어서 말하면, 증인은 순교의 책임이 있는 사람이기도 합니다. 자기가 본 것을 목숨을 걸고 증거해야 합니다.

어쩌면 주님은 세상 모든 교회를 향해서 "안디바는 나의 충성된 증인이었다. 너희는 어떤 증인이냐?"라고 묻고 있는지도 모릅니다. '실천적 무신론자'라는 말이 있습니다. 공공연하게 무신론을 얘기하지는 않습니다. 말로는 신의 존재를 믿는다고 합니다. 그런데 살아가는 모습을 보면 신이 없는 것처럼 살아갑니다. 그런 사람이 실천적 무신론자입니다. 누군가 그를 본받으며 살아가면 주님을 만나게 되는 것이 아니라 세상을 만나게 됩니다. 주변 사람들로부터 '저 사람이 살아가는 모습을 보니 하나님이 정말로 계신 것 같다'는 말을 듣는 것이 아니라 '저 사람이 살아가는 모습을 보니 아무래도 하나님이 안 계신 것 같다'는 말을 듣습니다. 주님의 증인이 아니라 세상의 증인인 셈입니다.

안디바가 죽었습니다. 놋쇠 가마에 구워져서 참혹하게 죽었습니다. 그 사실을 전해들은 버가모 교회 교인들은 공포에 떨었을 것입니다. 그리고 주일이 되었습니다. 주일예배 참석 인원이 얼마나 되었을까요? 안디바가 죽기 전과 비교해서 어떤 차이가 생겼을까요? 다행히 버가모 교회는 별 차이가 없었습니다. 주님이 "안디바가 죽임을 당할 때에도 너희는 나를 믿는 믿음을 저버리지 아니하였도다"라고 인정했습니다.

어떤 교회가 있습니다. 여름수련회에 참석했던 고3 학생들이 전원 대학에 떨어졌습니다. 그 다음 해 여름수련회에 참석하는 고3이 몇 명이나 될까요? 혹시 부모가 나서서 만류하지 않을까요? 그리고 그 부모 중에는 초신자만 있는 것이 아니라 장로나 권사도 있을 것입니다. 어쩌면 제직회 때 고3은 수련회에 참가하지 못하게 하자는 안건이 나올지도 모릅니다.

다행히 버가모 교회에는 그런 일이 없었습니다. 안디바가 죽임을 당한 것에 관계없이 사람들은 여전히 믿음을 지켰습니다. 대학 입학에서 불이익을 받을 우려가 있는 정도가 아닙니다. 목숨이 위태로운

지경이 되어도 신앙을 포기하는 사람이 없었습니다. 참으로 대단한 교회입니다.

그런데 이어지는 내용은 의외입니다. 그런 버가모 교회에 발람의 교훈을 지키는 자들이 있었다는 것입니다. 발람은 이스라엘 자손을 꼬드겨서 우상 제물을 먹게 하고 행음하게 한 사람입니다. "이와 같이 네게도 니골라 당의 교훈을 지키는 자들이 있도다"라고 했으니, 니골라 당의 교훈도 발람의 교훈과 같은 교훈입니다. 충성된 증인 안디바가 순교한 곳에 니골라 당의 교훈을 따르는 사람이 같이 있었습니다.

13절에서 버가모 교회를 칭찬하면서 "네가 내 이름을 굳게 잡아서"라고 했습니다. '굳게 잡다'에 해당하는 헬라어가 '크라테오'입니다. 14, 15절에서 발람의 교훈을 지킨다, 니골라 당의 교훈을 지킨다고 할 때 '지키다'에도 마찬가지로 '크라테오'가 쓰였습니다. 목숨을 아랑곳하지 않고 주님의 이름을 굳게 잡는 것과 같은 정도의 열심으로 니골라 당의 교훈을 굳게 잡는 사람들이 있었습니다.

버가모 교회 교인들은 안디바가 죽는 것을 보면서도 황제 숭배에 굴하지 않은 사람들입니다. 그런데 그 중에는 발람의 교훈을 지키는 사람들이 있었습니다. 발람의 교훈을 지킨다는 것은 우상 제물을 먹고 행음한다는 것입니다. 이런 일이 어떻게 가능합니까? 로마 황제만 섬기지 않으면 다른 우상은 섬겨도 무방한 것입니까? 어딘가 단단히 잘못된 것 같습니다.

주님이 "그러나 네게 두어 가지 책망할 것이 있나니 거기 네게 발람의 교훈을 지키는 자들이 있도다"라고 했을 때, 버가모 교회 교인들은 펄쩍 뛰었을 것입니다. "주님, 그럴 리가 있습니까? 발람은 옛날 우리

조상들을 우상 숭배와 음행에 빠지게 한 사람입니다. 저희는 죽음을 각오하고 황제 숭배를 거부하는 사람인데 어떻게 발람의 교훈을 따른다는 말입니까?"라고 할 만합니다. 그래서 "이와 같이 네게도 니골라 당의 교훈을 지키는 자들이 있도다"라고 말씀하십니다. "너희가 지키는 니골라 당의 교훈이나 너희 조상들이 지켰던 발람의 교훈이나 결국 마찬가지 아니냐?"라는 말씀입니다.

버가모 교회 교인들은 출애굽 당시의 이스라엘처럼 이방 여인들과 더불어 음행하고 그들의 신을 같이 섬기지는 않았습니다. 단지 니골라 당의 교훈을 지켰을 뿐입니다. 그 교훈이 구체적으로 어떤 것인지는 성경에 나와 있지 않습니다. 하여간 형태는 달라도 그 안에 담긴 내용은 발람의 교훈과 같은 것이었습니다.

발람의 교훈을 따른 사람들이 어떤 마음으로 그렇게 했겠는지 상상해 보십시다. 그들이라고 해서 하나님을 노골적으로 대적했겠습니까? 그럴 리는 만무합니다. "우리가 이렇게 한다고 해서, 이것이 하나님을 섬기는 것과 무슨 상관이 있느냐?"라고 했을 것입니다. 자기들이 세상 신을 섬긴다는 생각은 절대 하지 않았을 것입니다. 출애굽 시대에 있었던 그런 일이 요한이 계시록을 쓸 때도 있었습니다. 그러면 지금도 있을 것입니다. 사람의 본성은 그때나 지금이나 똑같습니다.

교인의 기본 의무로는 단연 주일예배 참석과 십일조를 꼽습니다. 그렇다고 해서 모든 교인이 다 십일조를 하는 것은 아닙니다. 세상을 사는 힘이 하나님이 아니고 돈이면 별 수 없습니다. 십일조를 한다는 것은 물질에 대한 하나님의 주권을 인정한다는 뜻입니다. 그러면 십일조를 하는 교인은 세금도 다 정상적으로 낼까요? 그렇다고 장담하기는 어렵습니다. 그렇지 않은 교인도 있을 수 있습니다. 그러면 그가 세상을 사는 힘이 하나님입니까, 돈입니까? 그런 교인한테 십일조를 하지 말라고 얘기해보십시오. 당장 '사탄아, 물러가라!'고 할 것입니다. 어떻게 하나님의 것을 도둑질하느냐며 목에 칼이 들어와도 십일조는 해야 한다고 할 것입니다. 세금을 제대로 내지 않는 사람한테 있는 마음이나 십일조를 하지 않는 사람한테 있는 마음이나 같은 마음이라는 사실은 전혀 모릅니다.

종교적인 명분이 잘못된 것은 누구나 압니다. 로마 황제를 섬기라는 명령은 거부할 수 있습니다. 기준이 명백하게 드러나기 때문입니다. 하지만 니골라 당의 교훈은 그렇지 않습니다. 오죽하면 죽음의 위협 앞에서도 황제 숭배를 거부한 버가모 교회 교인들조차 자기들이 무슨 잘못을 하고 있는지 분간하지 못했습니다. 신앙을 위해서라면 죽어도 별 수 없다고 하는 사람들이 자기들이 지키는 니골라 당의 교훈이 사실은 발람의 교훈과 같은 것인 줄 모를 수 있다는 말씀입니다.

예배 시간 중의 일부를 외국어 예배로 편성하는 교회가 더러 있습니다. 주로 영어 예배이고 중국어나 일본어 예배도 있습니다. 외국에서 오래 살아서 우리말보다 외국어가 편한 사람도 있고, 우리나라에 체류하는 외국인도 있으니 외국어 예배는 당연히 필요합니다. 그런데 부작용도 있습니다. '요즘은 영어가 중요하다'라는 생각으로 예배를 이용하여 과외를 받으려는 사람도 있기 때문입니다.

그 사람들을 모아놓고 "하나님이 중요합니까, 세상이 중요합니까?"라고 물으면 당연히 하나님이 중요하다고 할 것입니다. "하나님을 예배하는 시간에 영어에 관심을 두는 것이 옳습니까?"라고 물어도 자기들이 무엇을 잘못하고 있는지 모를 것입니다. "뭐가 문제입니까? 예배를 빼먹는 것도 아니고, 하나님도 예배하고 영어 공부도 하면 더 좋은 것 아닙니까?"라고 할 것입니다. 예배를 빼먹으면 잘못인 것은 알면서 그런 마음으로 드리는 예배는 예배가 아닌 것을 모릅니다.

하나님은 우리가 다른 것을 하면서 겸하여 섬길 수 있는 분이 아닙니다. 계명 중에 가장 큰 계명이 "네 마음을 다하고 목숨을 다하고 뜻을 다하여 주 너의 하나님을 사랑하라"입니다. 하나님을 섬기는데 마음을 다해야 합니다. 5만 원 있는 사람이 슈퍼에 가서 5만 원을 쓰면 얼마 남습니까? 10만 원 있는 사람이 슈퍼에 가서 10만 원을 쓰면 얼마 남습니까? 마음을 다하여 하나님을 섬긴다는 것은 그런 말입니다. 마음이 남아있으면 안 됩니다. 하물며 영어 공부 하고 남는 마음으로 하나님을 예배하는 것이 예배일 수 없습니다.

그런 사람들한테 성경이 경고합니다. "그러므로 회개하라 그리하지 아니하면 내가 네게 속히 가서 내 입의 검으로 그들과 싸우리라." 참으로 다행인 것은 주님이 '너희와 싸우리라'고 하지 않고 '그들과 싸우리라'고 했다는 사실입니다. 그들의 무리에 섞여 있으면 안 됩니다. 얼른 나와야 합니다. 신앙생활에 필요한 것은 자기가 속한 단체의 결단이 아니라 자기 개인의 결단입니다. 주변 사람들 눈치를 볼 이유가 없습니다.

이런 경고만 있는 것이 아닙니다. 이기는 자에게는 감추었던 만나와 흰 돌을 준다는 복 된 약속도 있습니다. 전설에 의하면 바벨론에 의해 예루살렘 성전이 파괴될 적에 예레미야가 언약궤 안에 있던 만나 항아리를 시내산 절벽에 감추었다고 합니다. 메시야가 오면 그것을 찾아내게 됩니다. 이기는 자에게는 감추었던 만나를 준다는 말씀은 그 전설을 배경으로 합니다. 이기는 자는 메시야 시대의 복을 누리게 됩니다. 행음을 한 사람은 우상 제물을 먹지만 우리는 만나를 먹습니다. 물론 만나는 하늘에서 내려온 생명의 떡이신 주님 자신을 말합니다.

또 흰 돌을 준다고 했습니다. 흰 돌은 공식 연회에 참석할 수 있는 일종의 초대권입니다. 우리는 주님이 베푸시는 천국 잔치에 참여할 사람들입니다. 그 흰 돌에는 새 이름을 기록한 것이 있습니다.

성경에는 하나님이 이름을 바꿔주시는 예가 종종 나옵니다. 아브람이 아브라함이 되었고, 사래는 사라, 야곱은 이스라엘이 되었습니다. 하지만 본문은 그런 의미가 아닙니다. 아브라함, 사라, 이스라엘은 공개된 이름입니다. 누구나 부를 수 있습니다. 그런데 본문이 말하는 이름은 공개되지 않은 이름입니다.

연애를 하는 사이라면 상대방을 특별한 이름으로 부를 수 있습니다. 남자가 여자를 '나의 천사' 라고 부른다고 하십시다. 그 '나의 천사' 라는 이름은 아무나 부를 수 없는 이름입니다. 그렇게 불린다는 사실도 둘밖에 모릅니다. 하나님과 우리 사이가 그렇게 됩니다. 하나님이 우리한테 새 이름을 주시는데, 받는 자 밖에는 그 이름을 알 사람이 없습니다. 하나님 전용 이름인 셈입니다. 하나님과 우리는 이 세상 누구도 개입할 수 없는 아주 각별한 사이가 됩니다. 우리는 그 날을 기다리는 사람들입니다. 우리의 모든 소망과 삶의 이유가 그 날에 있습니다.

CHAPTER 08

이세벨이 없습니까?

두아디라 교회의 사자에게 편지하라 그 눈이 불꽃 같고 그 발이 빛난 주석과 같은 하나님의 아들이 이르시되 내가 네 사업과 사랑과 믿음과 섬김과 인내를 아노니 네 나중 행위가 처음 것보다 많도다 그러나 네게 책망할 일이 있노라 자칭 선지자라 하는 여자 이세벨을 네가 용납함이니 그가 내 종들을 가르쳐 꾀어 행음하게 하고 우상의 제물을 먹게 하는도다 또 내가 그에게 회개할 기회를 주었으되 자기의 음행을 회개하고자 하지 아니하는도다 볼지어다 내가 그를 침상에 던질 터이요 또 그와 더불어 간음하는 자들도 만일 그의 행위를 회개하지 아니하면 큰 환난 가운데에 던지고 또 내가 사망으로 그의 자녀를 죽이리니 모든 교회가 나는 사람의 뜻과 마음을 살피는 자인 줄 알지라 내가 너희 각 사람의 행위대로 갚아 주리라 두아디라에 남아 있어 이 교훈을 받지 아니하고 소위 사탄의 깊은 것을 알지 못하는 너희에게 말하노니 다른 짐으로 너희에게 지울 것은 없노라 다만 너희에게 있는 것을 내가 올 때까지 굳게 잡으라 이기는 자와 끝까지 내 일을 지키는 그에게 만국을 다스리는 권세를 주리니 그가 철장을 가지고 그들을 다스려 질그릇 깨뜨리는 것과 같이 하리라 나도 내 아버지께 받은 것이 그러하니라 내가 또 그에게 새벽 별을 주리라 귀 있는 자는 성령이 교회들에게 하시는 말씀을 들을지어다(계 2:18-29).

주님이 두아디라 교회에 대해서 "내가 네 사업과 사랑과 믿음과 섬김과 인내를 아노니 네 나중 행위가 처음 것보다 많도다"라고 했습니다. 두아디라 교회는 여러 측면에서 점점 더 나아지는 중입니다. 참으로 바람직한 모습입니다. 그런데 책망할 일도 있습니다. 자칭 선지자라 하는 여자 이세벨을 용납한 일입니다. 그는 사람들을 꾀어 행음하게 하고 우상 제물을 먹게 했습니다.

버가모 교회에는 니골라 당의 교훈을 지키는 자들이 있었습니다. 니골라 당의 교훈도 우상 제물을 먹게 하고 행음하게 하는 것이었습니다. 니골라와 이세벨이 무슨 관계가 있을까요?

마귀가 예수님을 시험한 적이 있습니다. 물론 예수님은 시험에 넘어가지 않았습니다만 만일 시험에 넘어갔으면 어떻게 되었을까요? 마귀가 원하는 것은 메시야 사역을 무너뜨리는 것이었습니다. 시험은 세 가지였지만 노리는 것은 한 가지였습니다. 몇 번째 시험에 걸려 넘어지나 결과는 마찬가지입니다.

니골라와 이세벨이 그렇습니다. 성경에서 가장 자주 언급하는 범죄가 간음입니다. 우리가 그리스도의 신부이기 때문입니다. 또 우상 제물을 먹는다는 것은 하나님이 아닌 다른 신을 섬긴다는 뜻입니다. 즉 신앙을 버린 대표적인 모습으로 행음과 우상 제물을 얘기하는 것입니다.

니골라한테 미혹되든지, 이세벨한테 미혹되든지 결론은 똑같습니다.

본문에 나오는 행음은 육체에 대한 얘기가 아닙니다. 다분히 영적인 것입니다. 17장에 '큰 음녀'가 나오는데 이름이 바벨론입니다. 바벨론은 로마를 말합니다. "땅의 임금들도 그와 더불어 음행하였고 땅에 사는 자들도 그 음행의 포도주에 취하였다"는 구절도 있습니다. 로마의 세속 문화에 물든 것을 음행의 포도주에 취했다고 하는 것입니다. 그리스도의 신부인 우리가 세상에 마음을 빼앗긴다면 그것이 영적인 간음입니다.

에베소, 서머나는 항구도시였지만 두아디라는 내륙에 있는 상업도시였습니다. 상인들의 동업 조합이 상당히 활성화되어 있었습니다. 중세시대에는 길드라고 했습니다. 기록에 따르면 양털, 제빵, 염색, 피혁, 의복, 요업, 구리 세공업, 노예 거래 같은 동업 조합이 있었다고 합니다. 조합원으로 가입해야 상업 활동을 할 수 있습니다. 문제는 조합마다 섬기는 신이 있다는 사실입니다. 조합원 모임에 참가하면 그것이 곧 우상 숭배입니다. 조합에 가입하지 않으면 생업에 지장이 있습니다. 요즘 상황으로 바꾸면, 취직을 하면 자동적으로 노조에 가입이 되는데, 노조에서는 정기적으로 고사를 지냅니다. 고사를 지내지 않으면 노조원 자격이 박탈되고 근로계약은 무효가 됩니다. 이런 경우에는 대체 어떻게 해야 합니까?

술을 안 마시면 사회생활이 힘들다고 하는 사람이 있습니다. 그 고민이 얼마나 심각한 고민인지는 모르겠습니다만 두아디라 교회 교인들이 들으면 팔자 좋은 소리 하지 말라고 할 것입니다. 두아디라 교회 교인들은 생계가 위협받는 상황에서 신앙과 불신앙을 선택해야 했습니다.

이런 배경에서 자칭 선지자라 하는 여자 이세벨이 등장합니다. 하나님이 인정한 선지자가 아니라 자기 스스로 선지자 행세를 하는 사람입니다. 그가 구체적으로 어떤 말을 했는지는 모릅니다. 어쩌면 "주님은 우리를 세상의 빛과 소금으로 부르셨습니다. 우리는 마땅히 세상 속으로 들어가야 합니다. 동업 조합으로 들어가는 것이 하나님의 뜻입니다. 바울도 유대인을 만나면 유대인처럼 행하고 이방인을 만나면 이방인처럼 행했습니다."라는 말을 했을 수도 있습니다. 그리고 중간, 중간에 "하나님이 이렇게 말씀하라고 하십니다.", "하나님께서 이런 감동을 주십니다."라는 말도 했을 것입니다.

부교역자 시절의 일입니다. 혼기가 찬 자매가 있었습니다. 집에서는 고집 그만부리고 적당한 사람 찾아서 결혼하라고 성화였습니다. 그 자매가 한사코 신앙 있는 남자를 고집했기 때문입니다. 누군가 조언을 했습니다. "안 믿는 남자하고 결혼해서 그 가정을 구원시키면 하나님이 더 기뻐하실 거 아냐? 그런 선교사 사명을 가져야지, 왜 신앙생활을 그렇게 편하게만 하려고 해?"

그런 얘기는 참 곤란합니다. 옳고 그른 가치가 뒤바뀌었기 때문입니다. 말로는 선교사 사명을 가지라고 하는데, 그 사명이 가난한 집안에 대해서는 거론되지 않습니다. 다행히 그 자매는 그런 말에 속지 않았습니다만 두아디라 교회에는 속은 사람이 있었습니다. 그러면 그 사람들은 어떤 사람들입니까? 이세벨의 유혹에 넘어간 순진한 사람들입니까?

이세벨이 나쁜 사람인 것은 누구나 다 압니다. 이세벨은 주님이 회개할 기회를 주어도 회개하려 하지 않았습니다. 급기야 주님이 조만간 그를 침상에 던지겠다고 했습니다. 병들어 눕게 하겠다는 뜻 같은데, 아니어도 별 상관은 없습니다. 어쨌든 하나님의 뜻을 왜곡한 벌을 받을 것입니다. 이세벨은 그렇다 치고, 그에게 속은 사람들은 어떻게 됩니까? 성경은 "또 그와 더불어 간음하는 자들도 만일 그의 행위를 회개하지 아니하면 큰 환난 가운데 던지고 또 내가 사망으로 그의 자녀를 죽이리니"라고 합니다. 그들 역시 회개해야 할 잘못이 있는 사람들입니다. 무엇을 회개해야 합니까?

김유정이 쓴 《금 따는 콩밭》이라는 단편소설이 있습니다. 성실하게 농사를 지으며 살아가는 영식에게 친구 수재가 찾아옵니다. 수재의 꼬드김에 빠진 영식은 금을 찾기 위해 같이 콩밭을 파헤칩니다. 동네 어른들이 나무랐지만 금에 마음을 빼앗긴 영식은 아랑곳하지 않습니다. 그런데 아무리 파헤쳐도 금이 안 나옵니다. 수재는 금맥만 잡으면 큰 돈을 벌 수 있다며 여전히 큰소리를 칩니다. 가을이 되었습니다. 영식의 아내가 불만을 얘기합니다. 생활은 점점 궁핍해지고 영식도 슬슬 불안해집니다. 그러던 어느 날, 황토가 나왔습니다. 수재는 그것을 금맥이라고 했습니다. 조금만 더 파면 금이 나온다는 것입니다. 그리고 그 날 밤 수재는 그만 달아나야겠다고 혼자 중얼거립니다.

영식은 수재 때문에 농사를 망쳤습니다. 이런 경우에 무엇을 회개해야 합니까? 수재의 말을 듣지 말았어야 했는데 들은 것이 잘못입니까? 더 큰 잘못이 따로 있습니다. 허황된 욕심을 부린 것입니다. 동네 어른들 얘기는 귀담아듣지 않았으면서 수재의 말을 귀담아들은 이유가 무엇입니까? 사람은 아무 말이나 듣지 않습니다. 자기가 듣고 싶은 말을 듣습니다.

두아디라 교회 교인들도 마찬가지입니다. 이세벨한테 미혹된 것은 마음이 거기 있었기 때문입니다. 그들은 '아차! 내가 이세벨한테 속았구나.' 하고, 자기 머리를 치면 되는 사람들이 아닙니다. 욕심에 밴 자기들 마음을 꺼내놓고 통회 자복해야 하는 사람들입니다.

그런데 이세벨이 회개하지 않은 것처럼 그들 중에도 회개하지 않는 사람들이 있었습니다. 23절에 "또 내가 사망으로 그의 자녀를 죽이리니 모든 교회가 나는 사람의 뜻과 마음을 살피는 자인 줄 알지라"고 했습니다. '그의 자녀'는 이세벨의 실제 자녀가 아니라 이세벨의 추종자를 말합니다. 이세벨을 추종하는 무리라면 당연히 회개하지 않을 것입니다.

주님 말씀이 상당히 준엄합니다. 이세벨과 더불어 간음하는 자들이 그의 행위를 회개하지 않으면 큰 환난 가운데 던진다고 했습니다. 또 이세벨의 추종자들을 사망으로 다스리겠다고 했습니다. 그런데 그 다음에 나오는 말이 이상합니다. "모든 교회가 나는 사람의 뜻과 마음을 살피는 자인 줄 알지라"고 했습니다. '모든 교회가 나는 그들의 죄 된 행위를 미워하는 자인 줄 알지라'가 아닙니다. 유진 피터슨의 《메시지 성경》에는 이 부분이 "내가 겉모습에 감동받지 않는다는 것을 온 교회가 알게 될 것이다"라고 되어 있습니다. 주님은 이세벨을 용납한 그들의 행위를 벌하지 않습니다. 이세벨을 용납한 그들의 뜻과 마음을 벌하십니다. 그들 역시 겉으로는 주님을 섬겼습니다만 주님은 거기에 속지 않으십니다.

주님은 두아디라 교회에 대해서 "그 눈이 불꽃 같고 그 발이 빛난 주석 같은 하나님의 아들"이라고 자신을 소개했습니다. 눈이 불꽃 같다는 것은 주님 앞에서는 모든 것이 다 드러난다는 뜻이고, 발이 빛난 주석 같다는 것은 심판을 상징합니다. 주님께는 감출 수 있는 것이 아무것도 없습니다. 사람 눈에 보이지 않는 것이라고 해서 심판 대상에서 예외는 아닙니다.

사람 눈에는 겉모습밖에 보이지 않습니다. 겉으로 나타난 모양이 같으면 같은 평가를 받습니다. 하지만 주님 앞에서는 얘기가 달라집니다. 주님은 똑같은 행위라도 다르게 평가하십니다.

요즘은 맞벌이를 하는 가정이 많습니다만 예전에는 그렇지 않았습니다. 전업주부가 오히려 일반적이었습니다. 그리고 대부분의 교회는 여자가 많습니다. 돈은 남자가 벌어오는데 교회는 여자만 다닙니다. 그러면 십일조를 하는 것이 굉장히 어렵습니다. 자기가 벌어온 돈의 1/10을 꼬박꼬박 교회에 갖다 바치는 것을 용납할 불신자 남편이 얼마나 될까요? 괜히 십일조 얘기를 꺼냈다가 "교회 다니지 마!" 소리 듣기 십상입니다. 남편 때문에 십일조를 못한다는 얘기를 저도 한두 번 들은 것이 아닙니다. 하지만 그 사실을 얼마나 안타까워하는지는 사람마다 다릅니다. 정말로 안타까워하는 사람도 있고, 대충 안타까워하는 사람도 있고, 말로만 안타까워하는 사람도 있습니다. 어쩌면 그 사실을 은근히 즐기는 사람도 있을 수 있습니다. 나타난 행위는 같아도 내용은 다릅니다.

토저 목사가 한 얘기가 있습니다. "우리는 우리가 한 일에 대해서만 심판 받는 것이 아니다. 우리가 무엇을 할 수 있었는지에 대해서도 심판 받는다." 용서할 수 있었는데 용서하지 않은 것, 기도할 수 있었는데 기도하지 않은 것, 희생할 수 있었는데 희생하지 않은 것, 한 영혼을 더 인도할 수 있었는데 인도하지 않은 것이 다 심판 대상이 된다는 것입니다. 주님은 사람의 뜻과 마음을 살피신다는 말씀이 그런 뜻입니다. 그리고 그 사실을 모든 교회에 알게 하십니다.

그러면 이어지는 24절에서 "내가 너희 각 사람의 행위대로 갚아 주리라"고 한 것은 무슨 영문입니까? 흔히 구원은 행위로 얻지 않는다고 합니다. 그때의 행위는 우리의 노력이나 선행을 말합니다. 구원은 어떤 일을 했느냐, 안 했느냐로 결정되지 않습니다. 그런데 본문에서는 각 사람의 행위대로 갚아준다고 했습니다. 이때의 행위는 내적 수준에 대한 외적 표현입니다. 어떤 일을 했느냐, 안 했느냐가 전부가 아니라 왜 했고 왜 안 했는지를 포함하는 개념입니다.

스무 살 무렵의 일입니다. 친구 집에서 모여 노는데 한 친구가 먼저 일어서게 되었습니다. 같이 놀다가 중간에 혼자 일어서는 것은 그리 내키지 않는 일입니다. 게다가 한밤중입니다. 시골 밤길은 서울 밤길과 다릅니다. 가기 싫어서 미적거리자, 한 친구가 얘기했습니다. "왜? 처녀 귀신이라도 나올까봐 걱정이냐?" 그 친구가 답을 했습니다. "처녀 귀신 나오는 게 뭐가 걱정이냐? 처녀 귀신이 안 나올까봐 걱정이지."

각 사람의 행위대로 갚아주신다는 주님 말씀을 들으면 어떤 생각이 드십니까? 기대가 되십니까, 걱정이 되십니까? 그 말씀이 걱정되면 안 됩니다. 행여 주님이 각 사람의 행위대로 갚아주시지 않을까봐 걱정해야 합니다. 그런 사람한테 해당되는 말씀이 24-25절입니다.

두아디라에 남아 있어 이 교훈을 받지 아니하고 소위 사탄의 깊은 것을 알지 못하는 너희에게 말하노니 다른 짐으로 너희에게 지울 것은 없노라 다만 너희에게 있는 것을 내가 올 때까지 굳게 잡으라(계 2:24-25).

두아디라 교회 교인 중에 이세벨의 교훈을 받지 않은 사람들이 있습니다. 그 사람들은 사탄의 깊은 것을 알지 못하는 사람들입니다. 성경에서 '안다'고 하는 말은 주로 체험에 근거해서 아는 것을 말합니다. 사탄의 깊은 것은 우리가 알아야 하는 것이 아니라 알지 말아야 하는 것입니다.

아마 이세벨과 그 추종자들은 자기들이 남다른 신앙 경지를 구가하는 것처럼 말을 했을 것입니다. 그들 입으로 "우리는 사탄의 깊은 것을 안다."라고 했을 리는 만무합니다. 그렇게 대놓고 정체를 밝히면 아무도 거기에 미혹되지 않습니다. "우리는 신앙의 깊은 비밀을 안다.", "우리는 하나님의 숨겨진 뜻을 안다."라고 하면서, 신앙의 이름으로 불신앙을 부추겼을 것입니다. 불신자와의 결혼을 권하면서 선교사 사명을 얘기하는 것이 그런 경우입니다. 그렇게 하면 결혼 조건으로 신앙을 얘기하는 사람보다 세속적인 조건을 따지는 사람이 더 신앙좋은 사람처럼 됩니다.

간혹 호랑이를 잡으려면 호랑이 굴에 들어가야 한다면서 불신자들과 똑같이 어울리는 사람도 있습니다. 예수님도 죄인들과 어울렸다는 것입니다. 그런데 예수님은 죄를 짓지는 않았습니다. 호랑이굴에 들어가서 호랑이를 잡고 싶은 것인지, 호랑이와 놀고 싶은 것인지는 구분해야 합니다. 주님은 그들을 신앙의 깊은 비밀을 아는 사람으로 인정하지 않고 사탄과 깊은 교제를 나누는 사람이라고 했습니다.

사탄의 깊은 것을 알지 못하는 사람들한테 다른 짐으로는 지울 것이 없다고 했습니다. 이미 지고 있는 짐이 있다는 뜻입니다. 그 짐이 어떤 짐입니까? "사탄의 깊은 것을 알지 못하는 것"입니다. 이세벨의 교훈을 거부하는 것 자체를 짐을 지고 있는 것으로 말씀합니다.

모두 '예'라고 할 때 혼자 '아니오'라고 하는 것은 쉬운 일이 아닙니다. 두아디라 교회에 그런 사람들이 있었습니다. 그러면 그것으로 족하다는 것입니다. 우리가 이 세상에서 해야 할 단 한 가지 일이 있다면 불신앙과 타협하지 않는 것입니다. 주님은 더 이상 다른 것을 요구하지 않으십니다.

"너희에게 있는 것을 내가 올 때까지 굳게 잡으라"고 하는 것이 주님의 당부입니다. 우리한테 없는 것을 잡을 생각 말고 있는 것을 잡고 있으면 됩니다. 우리는 우리가 모르는 것을 새롭게 알아야 하는 사람들이 아닙니다. 우리가 알고 있는 것을 굳게 잡아야 하는 사람들입니다. "하나님을 사랑해야 한다. 세상 풍조를 따르지 말아야 한다."를 모르는 사람이 어디 있습니까? 신앙생활을 잘하기 위해서 필요한 것은 남들이 모르는 오묘한 비밀을 아는 것이 아닙니다. 누군가 그런 얘기를 하면 그것이 사탄의 깊은 것임을 알아야 한다는 얘기입니다.

26절에서는 "이기는 자와 끝까지 내 일을 지키는 그에게 만국을 다스리는 권세를 주리니"라고 했습니다. 이기는 자가 따로 있고 끝까지 주님의 일을 지키는 자가 따로 있는 것이 아닙니다. 같은 내용을 다른 말로 반복하는 것은 히브리인들이 즐기는 표현법입니다. 특히 '내 일을 지킨다'는 말은 '이세벨의 일을 지키는 자'들을 염두에 둔 표현입니다. 이세벨의 일을 지키는 자들은 이기는 자들이 아닙니다. 주님의 일을 지키는 자가 이기는 자입니다. 그런 자는 철장을 가지고 그들을 다스려 질그릇 깨뜨리는 것과 같이 할 것입니다. 지금은 이세벨을 용납하지 않는 일이 버겁습니다. 겨우겨우 그 짐을 감당합니다. 하지만 조만간 쇠몽둥이로 질그릇을 부수는 것처럼 시원하게 그들을 부술 날이 올 것입니다. 상상만 해도 통쾌합니다.

그것이 전부가 아닙니다. 주님이 새벽 별을 주신다고 합니다. 22:16에 의하면 새벽 별은 예수님입니다. 예수님이 우리에게 주기를 원하는 것은 예수님 자신입니다.

이스라엘이 가나안에 들어갈 때 각 지파 별로 땅을 제비뽑았습니다. 그때 레위지파는 땅을 분배받지 않았습니다. 하나님이 그들의 분깃이기 때문입니다. 다른 지파는 양도 기르고 포도도 재배해서 먹고 살지만 레위인들은 그런 일 하지 말고 거룩한 일만 하면서 살라는 뜻이 아닙니다. 하나님이 이스라엘의 분깃이라는 사실을 레위지파를 통해서 보여주신 것입니다. 할례는 몸의 일부에 행합니다만 할례의 표지가 있는 사람은 하나님의 백성인 것과 같습니다. 이스라엘은 레위지파를 보면서 자기들의 기업이 오직 하나님임을 알아야 했습니다.

우리가 이 세상에서 신앙을 지킨 유일한 보상은 예수님입니다. 다른 보상이 있을 수 없습니다. 찬송가 94장을 같이 부르는 것으로 설교를 마칩니다. 가사 한 소절, 한 소절이 곧 우리의 신앙고백입니다.

주 예수보다 더 귀한 것은 없네 이 세상 부귀와 바꿀 수 없네
영 죽은 내 대신 돌아가신 그 놀라운 사랑 잊지 못해
세상 즐거움 다 버리고 세상 자랑 다 버렸네

주 예수보다 더 귀한 것은 없네 예수밖에는 없네

주 예수보다 더 귀한 것은 없네 이 세상 명예와 바꿀 수 없네
이전에 즐기던 세상 일도 주 사랑하는 맘 뺏지 못해
세상 즐거움 다 버리고 세상 자랑 다 버렸네
주 예수보다 더 귀한 것은 없네 예수밖에는 없네

주 예수보다 더 귀한 것은 없네 이 세상 행복과 바꿀 수 없네
유혹과 핍박이 몰려와도 주 섬기는 내 맘 변치 않아
세상 즐거움 다 버리고 세상 자랑 다 버렸네
주 예수보다 더 귀한 것은 없네 예수밖에는 없네

CHAPTER 09

흰 옷을 입을 사람들

사데 교회의 사자에게 편지하라 하나님의 일곱 영과 일곱 별을 가지신 이가 이르시되 내가 네 행위를 아노니 네가 살았다 하는 이름은 가졌으나 죽은 자로다 너는 일깨어 그 남은 바 죽게 된 것을 굳건하게 하라 내 하나님 앞에 네 행위의 온전한 것을 찾지 못하였노니 그러므로 네가 어떻게 받았으며 어떻게 들었는지 생각하고 지켜 회개하라 만일 일깨지 아니하면 내가 도둑 같이 이르리니 어느 때에 네게 이를는지 네가 알지 못하리라 그러나 사데에 그 옷을 더럽히지 아니한 자 몇 명이 네게 있어 흰 옷을 입고 나와 함께 다니리니 그들은 합당한 자인 연고라 이기는 자는 이와 같이 흰 옷을 입을 것이요 내가 그 이름을 생명책에서 결코 지우지 아니하고 그 이름을 내 아버지 앞과 그의 천사들 앞에서 시인하리라 귀 있는 자는 성령이 교회들에게 하시는 말씀을 들을지어다(계 3:1-6).

지금까지 나온 에베소, 서머나, 버가모, 두아디라 교회에는 저마다 어려움이 있었습니다. 니골라 당의 행위나 자칭 선지자로 인한 미혹이 있기도 했고, 혹은 자칭 유대인이라 하는 자들의 비방도 있었습니다. 공권력에 의한 박해도 있었습니다. 그런데 사데 교회에는 아무런 어려움도 없었습니다. 그래서 어떻게 되었느냐 하면, 유복한 환경에서 신앙을 만발하게 꽃피운 것이 아니라 살았다 하는 이름은 가졌으나 죽은 자가 되었습니다. 환경이 좋다고 해서 신앙도 좋아지는 것은 아닌가 봅니다.

송솔나무가 쓴 《하나님의 연주자》라는 책이 있습니다. 그 책에 신앙 선배들한테 안부를 묻는 글이 나옵니다.

> 돌에 맞아 천국에 가신 스데반 집사님, 안녕하세요? 복음을 전하다 매 맞고 감옥에 갇혔던 사도 바울 선생님은 어떻게 지내시나요? 십자가에 거꾸로 매달려 순교하신 베드로 형님도 잘 계시죠? 그 외에 사자 밥으로 먹혀야 했던 집사님들, 한때 로마를 밝히는 등불로 사용되었던 많은 예수님의 제자들과 지금도 인도를 비롯한 여러 지역에서 순교를 당해서 천국에 가신 분들, 모두 잘 지내고 계시나요?
>
> (중략)
>
> 다행히 한국에서는 이제 복음을 전할 때 돌을 맞지 않아요. 돌을 던지면 오히려 그 사람이 경찰에 잡혀가지요. 요즘은 길거리에서 복음을 전하면 예수님을 믿는 사람들도 싫어해요. 지금 같은 시대에 '예수 천당 불신 지옥!' 하면 촌스럽다고 손가락질을 받아요.
>
> 요즘은 교회에 인테리어가 잘 된 카페도 있어야 하고, 교통이

좋은 자리에 건물도 멋져야 하고, 음향과 조명 시설도 최고여야 돼요. 목사님들이 설교도 조리 있게 잘 하셔야 하고, 찬양과 반주도 멋져야 해요. 여러분들 때와는 비교가 안 된다고요. 그런데 천국은 어떤가요?

어떤 교회가 있습니다. 성경공부 프로그램도 다양하게 마련되어 있고 지역 주민을 위해서 문화 교실도 운영 중입니다. 오케스트라를 방불하게 하는 찬양대의 찬양은 특히 유명합니다. 조만간 공원묘지도 마련한다고 합니다. 주일마다 새 신자로 등록하는 사람이 줄을 잇습니다. 그 교회 교인이 친구한테 열심히 교회 자랑을 합니다. 주님이 그 모습을 내려다보시면서 말씀하십니다. "저 교회는 살았다 하는 이름은 가졌지만 실상은 죽은 교회로구나."

사데 교회가 그런 얘기를 들었습니다. 그런 말씀을 하시는 주님은 하나님의 일곱 영과 일곱 별을 가지신 분입니다. 하나님의 일곱 영은 성령이고, 일곱 별은 일곱 교회의 사자라는 사실을 앞에서 확인했습니다. 교회는 성령의 능력으로 세워지고 유지됩니다. 또 교회의 주인은 주님입니다. 결국 사데 교회가 살았다 하는 이름은 가졌으나 죽은 자라는 말씀은 사데 교회에서 이루어지는 모든 일이 성령으로 말미암은 일이 아니었다는 뜻입니다. 주님 역시 관심을 거두셨습니다.

교회에 모이는 사람들은 늘 주님의 이름을 얘기합니다. 그렇다고 해서 주님이 자동으로 그 자리에 계셔야 하는 것은 아니지 않습니까? 과연 무엇을 위해서 모였는지 확인해야 합니다. 주님의 이름으로 모인 자리에서 주님을 기쁘시게 해드리는 것보다 사람을 기쁘게 하는 것에 신경 쓰는 경우가 얼마든지 있습니다.

사데 교회는 사람들이 보기에는 살아있는 교회였습니다. 겉으로 보기에는 생동감이 넘쳤습니다. 하지만 그 교회에서 진행되는 모든 일은 사람을 위한 일이었습니다. 오죽하면 주님이 '죽었다'고 판정했겠습니까? 예배당 가득 시체들만 있더라는 것입니다. 시체가 설교하고 시체가 찬양하고 시체가 '아멘' 하고 시체가 봉사합니다.

그래서 주님이 "너는 일깨어 그 남은 바 죽게 된 것을 굳건하게 하라 내 하나님 앞에 네 행위의 온전한 것을 찾지 못하였노니"라고 말씀하십니다.

'꺼진 불도 다시 보자'라는 말이 있습니다. 꺼진 불을 왜 다시 봐야 합니까? 확실하게 꺼졌으면 다시 볼 필요가 없습니다. 꺼진 것 같지만 그 속에 불씨가 있을 수 있으니 다시 보자고 하는 것입니다. 그런 불씨는 그냥 두어도 거의 저절로 꺼집니다. 그런데 간혹 다시 살아날 수도 있습니다. 입으로 바람을 불어주면 더 잘 살아납니다.

"너는 일깨어 그 남은 바 죽게 된 것을 굳건하게 하라"가 그런 말씀입니다. 사데 교회는 살았다 하는 이름만 있는 교회입니다. 그렇다고 해서 완전하게 죽은 것은 아닙니다. 그냥 두면 죽겠지만 아직 남은 것이 있습니다. 그것을 굳건하게 하라고 합니다. 불쏘시개를 갖다 넣고 부채질을 해서 죽어가는 불을 살리라는 말입니다. 다른 말로 하면 하나님 앞에서 행위가 온전해지라는 것입니다. "너는 일깨어 그 남은 바 죽게 된 것을 굳건하게 하라"가 하나님 앞에 온전하지 못한 것에 대한 처방인 셈입니다.

'일깨어'는 일어나라(awake)는 것입니다. 그러면 사데 교회가 하나님 앞에 온전하지 못한 이유가 나옵니다. 그들은 잠에 빠져 있었습니다.

1720~1740년대에 미국에서 대각성 운동(Great Awakening)이 있었습니다. 조지 휫필드, 조나단 에드워즈가 그때 활동했습니다. '각성'은 잠들어 있는 상태를 전제로 합니다. 도덕성은 잠들어 있으면서도 육체는 깨어있을 수 있습니다. 장사도 할 수 있고 농사도 지을 수 있고 공장도 돌릴 수 있습니다. 여행도 할 수 있고 글도 쓸 수 있고 등산도 할 수 있습니다. 도덕성이 잠들어도 일상생활에 아무 지장 없습니다. 영이 잠들어도 마찬가지입니다. 영이 잠들었다고 해서 못할 일은 없습니다. 세상을 사는 것은 물론이고 종교행위도 가능합니다. 사데 교회가 그런 교회였습니다. 몸은 깨어있었지만 영은 잠들어 있었습니다.

사람들은 영이 잠든 상태를 인정받으려고 합니다. "그런 경우에는 별 수 없습니다. 남들도 그렇게 살아갑니다. 하나님도 다 아시죠."라는 말을 듣고 싶어 합니다. 사람들이 듣고 싶어 하는 말은 진실보다 오히려 달콤한 거짓말입니다. 그런데 성경은 일어나라고 합니다. 일어나는 것이 아무리 괴로워도 살아있는 사람이 죽어있는 사람처럼 살 수는 없지 않습니까?

일어날 수 있는 방법이 있습니다. "그러므로 네가 어떻게 받았으며 어떻게 들었는지 생각하고 지켜 회개하라"가 그것입니다.

예수를 믿다 보면 중간에 한 번씩 신앙 결단을 할 기회가 있습니다. 수련회나 부흥회 때 특히 그렇습니다. 그런데 막상 어려움을 만나면 마음이 달라집니다. 주변 상황과 타협하고 싶은 생각이 듭니다. 그럴 때 하나님 말씀을 어떻게 받았으며, 하나님 말씀을 받을 때 어떤 마음이었는지 생각하라는 것입니다. 좋은 게 좋은 것이라는 식으로는 절대 신앙을 지킬 수 없습니다. 하나님 말씀을 받았으면 그 말씀을 지키기 위해서 온몸으로 몸부림을 쳐야 합니다.

시험이 끝나고 성적표를 받았는데 성적이 엉망입니다. 오늘부터 마음잡고 공부 열심히 하기로 결심합니다. 그 결심이 다음 시험 때까지 유지되면 누구나 우등생이 될 수 있습니다. 그런데 그런 학생은 거의 없습니다. 차일피일 미루는 사이에 또 시험 때가 다가옵니다. "만일 일깨지 아니하면 내가 도둑 같이 이르리니 어느 때에 네게 임하는지 네가 알지 못하리라"가 그런 내용입니다.

저는 주님이 도둑 같이 임한다는 말씀을 지난 2006년 8월에 실감했습니다. 그때는 교회와 집이 같은 건물에 있었습니다. 교회는 지하였고 집은 4층이었습니다. 교회에 있다가 잠깐 집에 갔다 왔습니다. 보통은 문을 잠그고 다니지만 그때처럼 잠깐 나갈 때는 그렇지 않습니다. 그냥 갔다 왔습니다. 이상하게 교회 문이 열려 있었습니다. '내가 문을 안 닫고 갔나…?' 하는 생각을 하며 들어갔는데, 뭔가 이상했습니다. 확인해보니 키보드와 기타가 없어졌습니다. 불과 5분도 안 되는 사이에 일어난 일입니다. 제가 언제 교회를 비우는지 지켜보기라도 한 것 같았습니다.

사데는 고대 리디아 왕국의 수도였습니다. 남쪽을 제외한 삼면이 모두 450m 높이의 벼랑으로 둘러싸인 난공불락의 도성입니다. 그런데 그런 천혜의 조건 때문에 두 번이나 함락당한 적이 있습니다. 벼랑만 믿고 방비를 게을리 했다가 벌어진 일입니다. 한 번은 주전 546년에 페르시아의 고레스가 침공했을 때였고, 또 한 번은 주전 218년에 시리아의 안티오쿠스 3세가 침공했을 때였습니다. 사데 교회 교인들은 그런 아픈 역사를 잘 알고 있었을 것입니다. 그래서 주님이 "내가 도둑 같이 이르리니"라고 말씀하는 것입니다. 한 번 경험했으면서도 정신을 차리지 못해서 두 번 당했습니다. 같은 일을 또 당할 수는 없지 않습니까?

요즘은 학생들의 소지품 검사를 못하는 것으로 알고 있습니다만 제가 학생 때는 불시에 소지품 검사를 하곤 했습니다. 원래 소지품 검사는 하거나 말거나 신경 쓰지 않아야 정상입니다. 그런데 그렇지 않은 학생도 있었습니다. 주로 담배가 있는 학생입니다. 소지품 검사를 대비하는 가장 좋은 방법은 담배를 안 피우는 것입니다. 소지품을 검사하는 날짜와 시간을 미리 알려고 교무실 눈치 볼 것 없습니다. 주님이 도둑 같이 온다는 말씀에 불안해하지 않으려면 늘 깨어 있으면 됩니다. 하나님 앞에 행위가 온전하면 됩니다. 그런 사람들은 흰 옷을 입고 주님과 함께 다니게 됩니다.

> 그러나 사데에 그 옷을 더럽히지 아니한 자 몇 명이 네게 있어 흰
> 옷을 입고 나와 함께 다니리니 그들은 합당한 자인 연고라(계 3:4).

사데는 직물업과 염색업이 발달한 도시였습니다. 그런 도시 상황에 맞게 흰 옷을 얘기합니다. 옷을 더럽히지 않은 자는 흰 옷을 입고 주님과 함께 다닙니다. 주님과 함께 다니는 영광을 맛보려면 최소한 옷을 더럽히지 않는 정도의 성의는 있어야 합니다.

사데 교회에 대한 메시지는 살았다 하는 이름은 가졌으나 죽은 자라는 질책으로 시작했습니다. 그리고 '죽은 자'의 반대 개념으로 '옷을 더럽히지 않은 자'가 등장합니다. 옷을 더럽힌 자는 죽은 자입니다. 그런 자는 주님과 함께 다니지 못합니다.

청설모라는 다람쥣과에 속한 동물이 있습니다. 청설모의 '모'는 털 모(毛)입니다. 짐승 이름에 '털 모(毛)' 자가 왜 들어갑니까? 청설모의 본래 이름은 청서(靑鼠)입니다. 청설모는 청서의 털입니다. 그런데 청서라고 하면 알아듣는 사람이 없고 청설모라고 하면 다 알아듣습니다. 청서의 털이 청서의 정체성이 된 것입니다.

저는 청설모만 보면 "누구든지 그리스도와 합하여 세례를 받은 자는 그리스도로 옷 입었느니라"는 구절이 생각납니다. 옷이 곧 사람을 보여주는 단적인 예입니다. 우리는 그리스도로 옷 입은 사람입니다. 그리스도가 우리의 정체성입니다. 그런데 우리가 입고 있는 그리스도를 더럽히는 사람이 있다면 그 사람은 죽은 사람이 맞습니다. 그 옷을 더럽히지 않아야 흰 옷을 입고 주님과 함께 다닐 수 있습니다. 본문은 그런 사람들을 합당한 사람이라고 합니다.

대체 어느 만큼 옷이 깨끗해야 주님께 합당하다는 말을 들을 수 있을까요? 신부가 입기에 합당한 웨딩드레스라면 어떻습니까? 어느 만한 얼룩까지는 용인 될까요? 지름이 1mm인 얼룩 정도는 그냥 넘어갈 수 있습니까? 0.5mm는 어떻습니까?

2절에서 "네 행위의 온전한 것을 찾지 못하였다"는 말이 나왔습니다. 행위가 온전한 사람이면 옷을 더럽히지 않은 사람이고, 그런 사람이면 합당한 사람입니다. '온전하다'는 '플레로오'를 번역한 말인데,

본래 '가득하다' '완성하다' 라는 뜻입니다.

컵에 물이 가득하면 조금만 움직여도 물이 넘칩니다. 그것이 온전한 것입니다. '플레로오'에서 파생한 단어가 충만으로 번역하는 '플레로마'입니다. 하나님은 우리가 하나님으로만 충만하기를 바라십니다. 하나님이 안 계신 공백이 조금이라도 있으면 안 됩니다.

사데 교회가 죽은 교회라고 해서 하나님을 등진 적은 없습니다. 자기들 생각으로는 하나님을 섬겼는데 하나님 보시기에는 함량미달이었습니다. 자기들은 분명히 컵에 물을 채워서 하나님께 드렸습니다. 그런데 하나님은 물이 없다고 하십니다. 컵을 움직였는데도 물이 넘치지 않으면 '플레로오' 하지 않은 것이고, '플레로오' 하지 않으면 물이 없는 것입니다.

유진 피터슨 목사가 쓴 자서전에 이런 대목이 있습니다. "……물론 나는 설교자들을 좋아했다. 그들은 결코 지루하지 않았고, 무척 대단해 보였다. 하지만 그들을 정말로 존경한 적은 없다. 청소년기로 접어들면서 나는 그들이 주일예배 시간에 하나님에 대해서 얘기할 때를 제외하고는 하나님에 대한 관심이 별로 없는 것 같다는 생각이 들기 시작했다. 그들은 자기 자신에게만 몰두하는 사람들 같았다."

이런 구절을 보면 어떤 생각이 드십니까? "말도 안 된다. 목사가 그러면 정말 문제다."라는 생각을 할 것입니다. 저는 팔이 안으로 굽는 탓인지 다른 생각을 해보았습니다. "목사가 이렇다면 목사 아닌 사람들은 어떨까?" 목사 중에도 주일예배 때만 하나님께 관심 있는 목사가 있다면, 목사 아닌 사람들 중에는 말할 것도 없습니다. 그러면 하나님으로만 충만하기는 애초에 틀린 노릇입니다.

유진 피터슨 목사가 목회를 하게 된 다음에 느낀 첫 소감을 이렇게 썼습니다. "내가 예상하지 못한 것은 교인들이 하나님과 성경, 기도와 자신들의 영혼에 대해서 별로 관심이 없다는 사실이었다. 그것을 믿지 않거나 소중하게 여기지 않는 것이 아니었다. 그냥 관심이 없었다. 나는 그들이 하나님과 성경, 기도와 자신들의 영혼에 관심이 있어서 교회에 온다고 생각했다. 그리고 그들이 내가 그 문제에 대해서 인도해 줄 것을 기대하리라 생각했다. 그런데 그렇지 않았다. 그보다 더 큰 오해는 없을 정도로 심각하게 오해하고 있었다."

교회에 모여서까지 신앙에 관심이 없으면 무엇에 관심이 있을까요? 그들의 관심에 서열을 매기면 하나님은 몇 번째쯤 될까요?

어떤 사람이 "하나님, 하나님은 무조건 제 인생의 1순위입니다. 저는 하나님이 제일 좋습니다. 하나님보다 앞서는 것은 아무것도 없습니다."라고 합니다. 하나님이 뭐라고 하시겠습니까? "참으로 장하구나. 세상 모든 사람이 다 너 같았으면 좋겠구나."라고 칭찬하실까요?

어떤 남자가 여자한테 사랑을 고백합니다.

"난 자기가 제일 좋아."

"정말?"

"응, 그래서 자기를 열 번 만나면 영숙이는 다섯 번 만나고, 미숙이는 세 번 만나고, 은숙이는 한 번밖에 안 만나."

그러면 둘 사이는 그것으로 끝입니다. 우리는 하나님을 제일 좋아하면 안 됩니다. 하나님뿐이어야 합니다. 하나님은 비교 대상이 아닙니다. 하나님을 다른 것과 비교하는 것 자체가 이미 합당하지 못한 행위입니다.

"그러나 사데에 그 옷을 더럽히지 아니한 자 몇 명이 네게 있어 흰 옷을 입고 나와 함께 다니리니"라고 할 때의 '몇 명'을 원문 그대로 번역하면 '몇 이름'입니다. 주님은 우리를 뭉뚱그려 알지 않으십니다. 한 사람, 한 사람을 개별적이고 인격적으로 아십니다. 총 인원이 몇 명인지를 아시는 것이 아니라 누구누구인지를 아십니다. 그리고 그 이름을 생명책에서 결코 지우지 않으십니다. 그 이름을 하나님 앞과 하나님의 천사들 앞에서 시인하십니다.

사데 교회는 살았다 하는 이름은 가졌으나 죽은 자라는 말을 들었습니다. '죽은 자'라는 말은 잠시 덮어두고 '살았다 하는 이름을 가졌다'는 말을 생각해 보십시다. "저 교회는 정말 살아있는 교회다"라는 말을 듣는 것은 저절로 되는 것이 아닙니다. 그만큼 열심이 있었습니다. 그런데 사람을 의식하는 열심이었습니다. 사람들로부터 좋은 반응을 얻는 것을 중요하게 생각했습니다. 주님이 "내가 그 이름을 생명책에서 결코 지우지 아니하고"라고 강조하는 이유가 무엇이겠습니까? 사데 교회에는 주님의 이름을 지우는 사람이 있었다는 뜻입니다. 아마 "물론 성경에는 그렇게 되어 있다. 하지만 이런 경우에는 별 수 없다."라고 했을 것입니다. 사람을 의식하고 세상을 시인하려면 주님은 잠시 잊어야 합니다.

성경은 이상한 책입니다. 세상에서 가장 따뜻한 위안을 주기도 하고 가장 심각한 불안을 주기도 합니다. 비천한 자를 낮은 곳에서 들어올리기도 하지만, 교만한 자를 높은 곳에서 떨어뜨리기도 합니다. 멀쩡하게 살아있는 사람한테 죽었다고 하고 그리스도 안에서 죽은 사람한테는 살았다고 합니다. 그 이상한 책 앞에 사데 교회가 서있습니다. 조만간 우리도 설 것입니다.

우리는 예수 믿는 문제를 좀 더 진지하게 고민해야 합니다. 성령이 교회들에게 하시는 말씀을 귀담아들어야 합니다. 세상 눈치를 살피면서 하나님께 잘 보이는 방법은 없습니다. 우리는 하나님으로만 가득한 사람들입니다.

CHAPTER 10

작은 능력, 큰 권세

빌라델비아 교회의 사자에게 편지하라 거룩하고 진실하사 다윗의 열쇠를 가지신 이 곧 열면 닫을 사람이 없고 닫으면 열 사람이 없는 그가 이르시되 볼지어다 내가 네 앞에 열린 문을 두었으되 능히 닫을 사람이 없으리라 내가 네 행위를 아노니 네가 작은 능력을 가지고서도 내 말을 지키며 내 이름을 배반하지 아니하였도다 보라 사탄의 회당 곧 자칭 유대인이라 하나 그렇지 아니하고 거짓말 하는 자들 중에서 몇을 네게 주어 그들로 와서 네 발 앞에 절하게 하고 내가 너를 사랑하는 줄을 알게 하리라 네가 나의 인내의 말씀을 지켰은즉 내가 또한 너를 지켜 시험의 때를 면하게 하리니 이는 장차 온 세상에 임하여 땅에 거하는 자들을 시험할 때라 내가 속히 오리니 네가 가진 것을 굳게 잡아 아무도 네 면류관을 빼앗지 못하게 하라 이기는 자는 내 하나님 성전에 기둥이 되게 하리니 그가 결코 다시 나가지 아니하리라 내가 하나님의 이름과 하나님의 성 곧 하늘에서 내 하나님께로부터 내려오는 새 예루살렘의 이름과 나의 새 이름을 그이 위에 기록하리라 귀 있는 자는 성령이 교회들에게 하시는 말씀을 들을지어다(계 3:7-13).

《이사야서》에 셉나라고 하는 사람이 나옵니다(사 22:15-25). 왕궁의 국고를 맡은 사람입니다. 그런데 맡은 일에 성실하지 않았습니다. 자기를 위하여 묘실을 만들고, 자기 안위에만 급급했습니다. 그래서 그를 파직시키고 엘리아김을 대신 등용합니다. 셉나한테 있던 왕궁 열쇠를 빼앗아 충성된 종 엘리아김한테 맡긴 것입니다.

'다윗의 열쇠'라는 말은 그런 내용을 배경으로 합니다. 한때 엘리아김이 다윗의 열쇠를 맡았던 것처럼 지금은 예수님이 다윗의 열쇠를 맡고 있습니다. 차이는 있습니다. 엘리아김의 지위는 단단한 곳에 박힌 못 같다고 했습니다(사 22:23). 단단한 곳에 박힌 못은 견고함의 상징일 수 있습니다. 절대 흔들리지 않습니다. 하지만 영원하지는 않습니다. 언젠가 그 못이 삭습니다. 못이 삭으면 거기 걸렸던 물건도 같이 떨어질 것입니다(사 22:25). 엘리아김한테 있던 다윗의 열쇠가 이와 같습니다.

예수님께 있는 다윗의 열쇠는 그렇지 않습니다. 예수님은 거룩하고 진실하신 분입니다. 원문에는 '호 하기오스 호 알레티노스'라고 되어 있습니다. 문자 그대로 하면 '거룩한 자, 진실한 자'인데, 둘 다 하나님을 가리키는 말입니다. "이스라엘의 거룩하신 이"(사 1:4), "진리의 하나님"(사 65:16)이라고 할 때 같은 말이 쓰였습니다.

어떤 사람이 있습니다. 그 사람을 설명하기 위해서 빌 게이츠를 가난한 사람으로 묘사합니다. "빌 게이츠는 돈이 그것밖에 없어서 어떻게 살아?"라고 하는 사람이 있으면 그 사람이 어떤 사람이겠습니까?

빌 게이츠의 재산을 우습게 볼 수 있는 사람은 세상에 아무도 없습니다. 마찬가지로 견고한 곳에 박힌 못을 흔들 수 있는 사람도 없습니다. 견고한 곳에 박힌 못은 안전함의 대명사라야 합니다. 그런데 예수님의 권세에 비하면 조만간 없어질 권세에 불과합니다. 그러면 예수님의 권세는 대체 어떤 권세입니까? 그래서 예수님은 '호 하기오스 호 알레티노스' 입니다.

다윗은 유대인들의 자존심 자체입니다. 유대인들은 자기네가 다윗 왕국의 후계자라고 강조합니다. 그런데 성경은 다윗의 열쇠가 예수님께 있다고 선언합니다.

그런 예수님이 빌라델비아 교회 앞에 열린 문을 두었다고 합니다. 예수님이 열린 문을 두었으니 아무도 닫을 수 없습니다. 그 열린 문이 무엇을 뜻하는지 정확한 것은 모릅니다. 성경 다른 곳에서는 주로 '기회' 라는 뜻으로 문이 열렸다는 표현을 썼습니다.

그들이 이르러 교회를 모아 하나님이 함께 행하신 모든 일과 이방인들에게 믿음의 문을 여신 것을 보고하고(행 14:27).

내가 오순절까지 에베소에 머물려 함은 내게 광대하고 유효한 문이 열렸으나 대적하는 자가 많음이라(고전 16:8-9).

내가 그리스도의 복음을 위하여 드로아에 이르매 주 안에서 문이 내게 열렸으되(고후 2:12).

또한 우리를 위하여 기도하되 하나님이 전도할 문을 우리에게 열
어 주사 그리스도의 비밀을 말하게 하시기를 구하라 내가 이 일
때문에 매임을 당하였노라(골 4:3).

거룩한 것을 개한테 주지 않고, 돼지 앞에 진주를 던지지 않는 법입
니다. 열린 문을 아무 앞에나 두지 않습니다. 빌라델비아 교회 앞에는
열린 문이 있을 만한 이유가 있습니다. "내가 네 행위를 아노니 네가
작은 능력을 가지고서도 내 말을 지키며 내 이름을 배반하지 아니하였
도다"가 그렇습니다.

앞에서는 에베소 교회의 행위를 안다는 말이 있었습니다. 두아디라
교회의 행위도 알고 사데 교회의 행위도 안다고 했습니다. 사실 이런
얘기는 무의미합니다. 서머나 교회나 버가모 교회에 대해서는 행위를
안다는 표현이 없습니다만, 그렇다고 해서 모르시겠습니까? 주님은
우리의 모든 행위를 다 아십니다. 우리 눈에 주님이 안 보인다고 해서
주님 눈에도 우리가 안 보이는 것이 아닙니다. 주님이 열린 문을 두는
것은 열린 문을 둘 만한 행위가 있기 때문이고, 혹시 열린 문을 두지
않으면 그 또한 그럴 만한 행위가 있기 때문입니다.

큰 것을 나타낼 때 '메가'라는 접두어를 씁니다. 인구가 100만이 넘
는 큰 도시를 메가시티라고 합니다. 컴퓨터 기억 용량을 나타내는 단
위가 비트인데, 100만 비트를 메가비트라고 합니다. 음성을 전달하는
전화를 폰이라고 하는데 음성을 크게 해서 전달하는 확성기를 메가폰
이라고 합니다. 1톤의 100만 배는 1메가톤입니다.

'메가'의 반대말은 '마이크로(미크로)'입니다. 전자 회로를 싣고 있

는 실리콘의 작은 조각을 마이크로칩이라고 합니다. 저울을 balance 라고 합니다. 미세저울은 microbalance입니다. electronics가 전자공학입니다. microelectronics라고 하면 미세전자공학입니다. 1mm의 1/1,000은 1μ(마이크론, 미크론)입니다.

노벨이 다이너마이트를 발명했습니다. 다이너마이트는 헬라어 '뒤나미스'에서 파생한 단어입니다. '능력, 권능'으로 번역됩니다. 행 1:8에서 "오직 성령이 너희에게 임하시면 너희가 권능을 받고…"라고 할 때, 권능이 '뒤나미스'입니다. 성령이 임하면 예루살렘과 온 유대와 사마리아와 땅 끝까지 다이너마이트를 짊어지고 가게 됩니다.

빌라델비아 교회는 작은 능력을 가지고도 주님 말씀을 지킨 교회라고 했습니다. 이때 능력이 '뒤나미스'입니다. 그런데 작은 능력(마이크로 뒤나미스)입니다. 지갑에 달랑 천 원짜리 한 장 있으면, 돈이 있다고 해야 합니까, 없다고 해야 합니까? 능력은 있는데 '마이크로' 한 능력이 있습니다. 능력이 있다고 해야 합니까, 없다고 해야 합니까? 하지만 그런 것은 문제가 되지 않습니다. 주님 말씀을 지키느냐, 지키지 않느냐가 문제일 뿐입니다.

안데스 산맥 원주민들한테 전해오는 이야기가 있습니다. '세상에서 가장 작은 새'에 대한 이야기입니다.

숲이 타고 있습니다.
동물들은 앞을 다투며 도망을 갑니다.
하지만 크리킨디라는 이름의 벌새는 왔다 갔다 하며,
작은 주둥이로 물고 온 단 한 방울의 물로 불을 끄느라 분주했습니다.

다른 동물들이 그를 비웃었습니다.

그것이 무슨 소용이 있느냐는 것입니다.

크리킨디가 대답합니다.

"나는 내가 할 수 있는 일을 할 뿐이야."

빌라델비아 교회가 그런 교회였습니다. 그들은 자기들이 할 수 있는 일을 했습니다. 그 일이 대단한 일이냐, 보잘것없는 일이냐는 고려할 필요가 없습니다.

이어지는 9절에서 "보라 사탄의 회당 곧 자칭 유대인이라 하나 그렇지 아니하고 거짓말 하는 자들 중에서 몇을 네게 주어 그들로 와서 네 발 앞에 절하게 하고 내가 너를 사랑하는 줄을 알게 하리라"고 했습니다. '마이크로' 한 능력을 가지고도 할 수 있는 일을 한 빌라델비아 교회에 주시는 선물인 셈입니다. 주님은 우리가 할 수 없는 일을 요구하지 않으십니다. 주님이 원하시는 일은 언제나 우리가 할 수 있는 일입니다. 전에 청년들 성경공부를 인도하면서 한 얘기가 있습니다. "주님이 제일 좋아하는 메뉴는 벼룩의 간이다. 혹시 여러분한테 있는 것이 벼룩의 간이라고 생각되거든 얼른 주님께 드려라. 벼룩의 간으로는 할 수 있는 것도 없다. 주님께 드리는 것이 최고다." 빌라델비아 교회가 사탄의 회당을 굴복시키는 일을 할 수는 없습니다. 그들이 할 수 있는 일은 주님 말씀을 지키며 주님의 이름을 배반하지 않는 일입니다. 사탄의 회당을 굴복시키는 일은 주님이 해주십니다.

너를 괴롭히던 자의 자손이 몸을 굽혀 네게 나아오며 너를 멸시
하던 모든 자가 네 발 아래에 엎드려 너를 일컬어 여호와의 성읍
이라, 이스라엘의 거룩한 이의 시온이라 하리라(사 60:14).

유대인들은 언젠가 열방이 자기들 앞에 무릎을 꿇을 것이라고 합니
다. 그런 날에 대한 소망이 있습니다. 그런데 주님은 그 유대인들을 무
릎 꿇리겠다고 하십니다. 유대인들한테는 상당한 충격일 것입니다. 다
윗의 왕통을 잇는 자기들이 누구한테 무릎을 꿇는단 말입니까? 하지
만 우리는 놀라지 않습니다. 유대인이 참 이스라엘이 아니라 그리스도
안에 있는 우리가 참 이스라엘인 것을 알기 때문입니다.

한 가지 아쉬운 점이 있습니다. "자칭 유대인이라 하나 그렇지 아니
하고 거짓말 하는 자들 전부를 네게 주어 그들로 와서 네 발 앞에 절하
게 하고"라고 되어 있으면 좋겠는데, 그게 아닙니다. 유대인들 전부가
아니라 유대인들 몇 명만 굴복시킵니다. 이왕 굴복시키는 김에 전부
굴복시켜서 그들을 쩔쩔매게 만들면 그야말로 예수 믿는 보람이 느껴
지지 않겠습니까? 우리한테 있는 신앙을 세상을 무릎 꿇리는 것으로
확인하고 싶은 것이 솔직한 심정입니다.

주님 생각은 다릅니다. 주님의 관심은 "내가 너를 사랑하는 줄을
알게 하리라"에 있습니다. 이 세상은 우리의 신앙을 보상받는 곳이 아
닙니다. 우리한테 신앙이 있다는 이유로 세상을 사는 어려움을 면제
받을 수는 없습니다. 우리의 신앙은 세상에서 얼마나 남다른 대접을
받느냐로 확인하는 것이 아니라 주님의 사랑을 아는 것으로 확인해야
합니다.

우리가 이 세상을 살면서 해야 할 일은 인내의 말씀을 지키는 일입니다. 세상을 굴복시키는 것은 나중 문제입니다. 주님 말씀을 지키는 일은 저절로 되지 않습니다. 인내가 필요합니다. 그래서 인내의 말씀입니다. 주님이 우리를 사랑하는 줄 바로 알기만 하면 인내의 말씀을 지키는 것은 어려운 일이 아닙니다. 우리가 인내로 주님 말씀을 지키면 주님 또한 우리를 지키십니다.

예수님 시대에 이스라엘은 로마의 지배 아래 있었습니다. 그러다가 주후 66년에 반란을 일으킵니다. 하지만 당시 이스라엘의 군사력으로 로마를 감당할 수는 없었습니다. 주후 70년에 예루살렘이 함락되었습니다. 성벽은 무너지고 성전은 불탔습니다. 남은 사람들은 마사다 요새로 옮겨서 끝까지 저항했습니다만 그 역시 주후 73년에 함락 당했습니다. 이스라엘에 대한 로마의 분노는 상당했습니다. 이스라엘을 철저하게 탄압했습니다. 그렇게 사라진 줄 알았던 이스라엘이 1948년에 나라를 재건합니다.

혹시 거란족이나 여진족이 자기들끼리 나라를 세우는 일이 가능하겠습니까? 거란족이 세운 요나라가 금나라한테 망한 것이 1126년입니다. 아직 900년도 안 지났습니다. 이스라엘이 나라 없이 지낸 기간에 비하면 절반도 안 됩니다. 여진족은 어떻습니까? 1115년에 금나라를 세웠다가 1234년에 몽골한테 망했습니다. 그 후 만주 지방에 부족 단위로 지냈는데, 그때부터 만주족이라고 했습니다. 1616년에 후금을 세웠고, 나중에 청으로 나라 이름을 바꿉니다. 그리고 1912년에 망했습니다. 이제 겨우(?) 100년 지났습니다. 이들이 다시 나라를 세우는 일이 가능할까요?

이스라엘은 나라를 잃고 흩어진지 1875년 만에 다시 나라를 세웠습니다. 그렇게 오랜 기간을 떠돌아다니면서도 유대인이라는 정체성을 잃지 않았던 것입니다. 중세시대에는 모든 나라가 기독교 국가였습니다. 유대인들은 발붙일 곳이 없었습니다. 예수님을 죽인 민족이라는 이유로 공공연히 학대를 받았기 때문입니다. 땅을 소유하지 못하게 했고, 직업도 갖지 못하게 했습니다. 대체 무엇을 해서 먹고 살라는 말입니까? 그런데도 그 민족은 없어지지 않고 살아남았습니다. 그 비결이 안식일을 지킨 것이라고 합니다. 안식일을 지키는 것이 곧 그들의 정체성입니다. 유대인이 안식일을 지킨 것이 아니라 안식일이 유대인을 지켰다는 유명한 말이 있을 정도입니다.

하나님이 노아한테 방주를 만들라고 했습니다. 그래서 그 다음에 어떻게 되었습니까? 노아가 하나님 말씀을 지켰습니까, 하나님 말씀이 노아를 지켰습니까? 흔히 신앙을 지킨다는 말을 합니다. 우리 생각에는 우리가 하루하루 신앙을 지키는 것 같습니다. 하지만 어느 정도 시간이 지난 다음에 뒤돌아보면, 우리가 신앙을 지킨 것이 아니라 신앙이 우리를 지킨 것을 알게 됩니다. 반대의 경우도 성립합니다. 우리가 지금 신앙을 지키지 않으면, 신앙 또한 우리를 지킬 수 없게 됩니다.

"내가 속히 오리니 네가 가진 것을 굳게 잡아 아무도 네 면류관을 빼앗지 못하게 하라"가 그런 말씀입니다. 우리한테는 면류관이 예약되어 있습니다. 아직 주어지지는 않았지만 조만간 주어질 것입니다. 하지만 조건이 있습니다. 주님이 오실 때까지 우리가 가진 것을 굳게 잡는 것입니다. 그렇지 않으면 면류관을 빼앗기게 됩니다. 주님이 우리에게 면류관을 주실 근거가 없어지기 때문입니다. 성경은 면류관을 빼앗기지 않는 자를 이기는 자라고 합니다.

"네가 가진 것을 굳게 잡는 것"이 어떤 것인지는 사람마다 다를 수 있습니다. 빌라델비아 교회 교인들로 얘기하면 인내의 말씀을 지키는 것입니다. 어쨌든 우리는 각자의 자리에서 신앙을 지키고 있어야 합니다. 우리가 할 수 있는 일을 하고 있어야 합니다.

12a절에서 "이기는 자는 내 하나님 성전에 기둥이 되게 하리니 그가 결코 다시 나가지 아니하리라"라고 했는데, 이 말씀을 이해하려면 빌라델비아의 상황을 알아야 합니다. 빌라델비아는 지진이 빈번한 도시였습니다. 주후 17년에는 사데와 빌라델비아를 포함한 12개 도시가 파괴된 적도 있습니다. 지진이 일어나면 숱한 건물이 무너져 폐허가 됩니다. 그때 유일하게 남는 것이 신전에 있는 돌기둥입니다. "내 하나님 성전에 기둥이 되게 한다"가 그런 의미입니다. 다른 것은 다 부서져도 그것만은 보존됩니다. "그가 결코 다시 나가지 아니하리라"는 말씀도 잦은 지진을 배경으로 합니다. 지진이 일어나면 도시 밖으로 대피해야 합니다. 그런 일이 몇 차례 반복되면 나중에는 조금 이상한 낌새만 있어도 대피하게 됩니다. 하지만 하나님 성전 기둥이 되면 그럴 염려가 없습니다. 지진이 있거나 말거나 그냥 제자리에 있으면 됩니다. 아무리 큰 지진도 성전 기둥을 삼키지는 못합니다. 결국 "이기는 자는 내 하나님 성전에 기둥이 되게 하리니 그가 결코 다시 나가지 아니하리라"는 말씀은 이 세상의 모든 근심, 걱정, 환난에서부터 자유롭게 된다는 뜻입니다. 세상이 아무리 삼키려고 해도 그 모든 것을 초월하게 됩니다.

그런 사람한테는 3중으로 서명을 한다고 합니다. 하나님의 이름과 새 예루살렘의 이름과 주님의 새 이름입니다. 주후 17년에 일어난 지진 때의 일입니다. 당시 티베리우스(눅 3:1의 디베료) 황제가 피해 복구에 상당한 도움을 줬습니다. 세금도 면제해주었습니다. 빌라델비아는 그에 대한 보답으로 도시 이름을 네오카이사르(새로운 황제)로 바꿨습니다. 나중에 빌라델비아로 환원되었는데, 베스파시아누스 황제 때 또 지진이 일어났습니다. 그때도 베스파시아누스 황제의 도움이 컸습니다. 베스파시아누스 황제의 본명이 '티투스 플라비우스 베스파시아누스'입니다. 이런 그의 이름을 따서 도시 이름을 '플라비아'로 고쳤습니다. 또 빌라델비아에는 도시에 공헌이 큰 사람의 이름을 그가 좋아하는 신전 기둥에 새겨주는 관습도 있었습니다.

이기는 자에게는 이름을 3중으로 기록한다는 말씀은 그런 내용을 배경으로 합니다. 하나님의 이름을 기록하면 하나님의 백성이 됩니다. 자칭 유대인들은 자기들이 하나님의 백성인 줄 알지만 그렇지 않습니다. 그들은 사탄의 회당에 불과하고, 우리가 하나님의 백성입니다. 또 새 예루살렘의 이름을 기록하는 것은 천국 시민권을 인정하는 것입니다. 지금 있는 빌라델비아 시민권과는 차원이 다릅니다. 티베리우스 황제나 베스파시아누스 황제의 도움을 우습게 여길 수 있습니다. 주님의 새 이름을 기록한다는 말씀은 주님 재림하실 때 영광을 같이 나눈다는 뜻입니다. 왜 그런가 하면, 주님께 새 이름이 있으면 옛 이름도 있을 것입니다. 이 세상의 구세주로 오신 주님께 속한 사람들은 주님의 옛 이름이 기록된 셈입니다. 그들은 인내의 말씀을 지켜야 했습니다. 하지만 재림주로 오시는 주님께 속하면 같이 영광을 누리게 됩니다. 그들이 주님의 새 이름이 기록된 사람들입니다. 하나님의 이름, 새 예루살렘의 이름, 주님의 새 이름이 전부 같은 뜻입니다. 같은 내용을 반복하는 것은 우리의 신분이 그만큼 견고하기 때문입니다. 우리는 그 날을 소망하는 사람들입니다.

옛날 선비들은 동짓날이 되면 구구소한도(九九消寒圖)를 그렸습니다. 여든한 송이의 하얀 매화를 그려 창문에 붙이는 것입니다. 하루에 한 송이씩 붉은 칠을 해서 홍매(紅梅)를 만들어 갑니다. 아무리 춥고, 눈보라가 몰아치고, 삭풍에 문풍지가 울어도 매화꽃 송이, 송이를 붉게 칠하며 봄을 기다립니다. 마지막 한 송이 매화가 붉은 색으로 칠해지면 봄이 옵니다. 그림 속의 매화가 아니라 봄을 알리는 매화가 정말로 활짝 피어 있는 것을 볼 수 있습니다.

옛날 겨울은 그만큼 힘든 계절이었습니다. 그래도 견딜 수 있는 것은 언젠가 봄이 오는 것을 알기 때문입니다. 춥다고 바짝 웅크려 지내는 것보다 매화에 붉은 칠을 하며 지내는 것이 얼마나 멋있습니까? 우리한테는 옛날 선비들과 비교할 수 없는 소망이 있습니다. 그 소망을 위해서 오늘도 마이크로한 능력으로 인내의 말씀을 지킵니다. 그 모든 인내가 조만간 면류관으로 귀결될 것입니다. 아무도 빼앗을 수 없는, 오직 우리만을 위한 면류관입니다.

CHAPTER 11

주님이 없는 교회

라오디게아 교회의 사자에게 편지하라 아멘이시요 충성되고 참된 증인이시요 하나님의 창조의 근본이신 이가 이르시되 내가 네 행위를 아노니 네가 차지도 아니하고 뜨겁지도 아니하도다 네가 차든지 뜨겁든지 하기를 원하노라 네가 이같이 미지근하여 뜨겁지도 아니하고 차지도 아니하니 내 입에서 너를 토하여 버리리라 네가 말하기를 나는 부자라 부요하여 부족한 것이 없다 하나 네 곤고한 것과 가련한 것과 가난한 것과 눈먼 것과 벌거벗은 것을 알지 못하는도다 내가 너를 권하노니 내게서 불로 연단한 금을 사서 부요하게 하고 흰 옷을 사서 입어 벌거벗은 수치를 보이지 않게 하고 안약을 사서 눈에 발라 보게 하라 무릇 내가 사랑하는 자를 책망하여 징계하노니 그러므로 네가 열심을 내라 회개하라 볼지어다 내가 문 밖에 서서 두드리노니 누구든지 내 음성을 듣고 문을 열면 내가 그에게로 들어가 그와 더불어 먹고 그는 나와 더불어 먹으리라 이기는 그에게는 내가 내 보좌에 함께 앉게 하여 주기를 내가 이기고 아버지 보좌에 함께 앉은 것과 같이 하리라 귀 있는 자는 성령이 교회들에게 하시는 말씀을 들을지어다(계 3:14-22).

어떤 맹인이 있었습니다. 외출할 때마다 등불을 들고 다닙니다. 자기가 등불을 들고 있으면 마주 오는 사람이 피해갈 것이라고 생각한 것입니다. 그러던 어느 날, 밤길을 걷다가 그만 다른 사람과 부딪치고 말았습니다. 맹인이 버럭 소리를 질렀습니다. "이보시오, 나야 앞이 안 보이니까 별 수 없다 치고 당신은 눈이 있는 거요, 없는 거요?" 마주 오던 사람이 대답합니다. "이 양반아, 등불을 들고 다니려면 불이나 제대로 켜고 들고 다녀야지, 불 꺼진 등불은 들고 다녀서 뭐 할 거요?" 애초에 그 맹인은 자기가 등불을 들고 다니면 다른 사람이 자기를 피할 것으로 생각했습니다. 그런데 불도 켜지 않은 등불을 들고 다닌 것입니다. 그래서 맹인입니다. 빛만 보지 못해서 맹인이 아니라 어두움도 보지 못합니다. 소망이 없어서 문제가 아니라 절망도 없습니다. 어떤 것을 제대로 못하기만 하는 것이 아니라 제대로 못하고 있으면서도 제대로 되고 있는 줄 알아서 문제입니다. 라오디게아 교회가 바로 그런 교회였습니다.

라오디게아 교회는 차지도 않고 뜨겁지도 않은 교회였습니다. 그래서 차든지 뜨겁든지 하라는 책망을 들었습니다. 모름지기 예수는 뜨겁게 믿어야 합니다. 냉랭하게 믿으면 안 됩니다. 그런 생각이 있으면 "네가 차든지 뜨겁든지 하기를 원하노라"는 말이 이해가 안 될 수 있습니다. 신앙생활을 뜨겁게 하라는 것은 말이 됩니다만 차갑게 하라는 것은 어떻게 하라는 말입니까? 신앙생활을 제대로 하지 않을 바에는 차라리 불신자가 낫다는 말입니까?

라오디게아는 물 사정이 좋지 않았습니다. 16km 정도 떨어진 골로새에서 물을 공급받았습니다. 골로새는 차갑고 깨끗한 물로 유명했습니다. 그런데 그 물이 라오디게아에 오면 상쾌한 맛이 전혀 없는 미지근한 물이 됩니다. 또 10km 정도 떨어진 히에라볼리는 온천으로 유명한 도시였습니다. 많은 사람들이 그 온천에서 치료를 받았습니다. 그 물은 수도관을 통해서 라오디게아까지 공급되었습니다. 하지만 온천수로서의 효능은 이미 없어진 상태입니다. "내가 네 행위를 아노니 네가 차지도 아니하고 뜨겁지도 아니하도다 네가 차든지 뜨겁든지 하기를 원하노라 네가 이같이 미지근하여 뜨겁지도 아니하고 차지도 아니하니 내 입에서 너를 토하여 버리리라"는 이런 상황을 배경으로 한 말씀입니다. 신앙생활을 차갑게 하거나 뜨겁게 하라는 말씀이 아니라 "너희는 왜 아무짝에도 쓸모가 없는 삶을 살고 있느냐?"라는 질책입니다.

17절에 따르면, 라오디게아 교회는 스스로 생각하는 모습과 주님이 생각하는 모습이 전혀 다른 교회입니다. 라오디게아 교회는 자기들을 부자라고 생각했습니다. 부요하여 부족한 것이 없다고 생각했습니다. 그런데 주님 말씀은 다릅니다. 주님이 보는 라오디게아 교회는 곤고하고 가련하고 가난하고 눈멀고 벌거벗었는데도 그것을 모르는 교회입니다.

라오디게아는 상당히 부유한 도시였습니다. 은행 거래의 중심지였고 직물과 안약도 유명했습니다. 교인들 역시 부유했을 것입니다. 하지만 신앙이 부유한 것은 아닙니다. 라오디게아 교회는 이 사실을 오해했습니다.

아브라함과 롯이 헤어질 때의 일입니다. 아브라함이 롯한데 "네가 좌하면 나는 우하고 네가 우하면 나는 좌하리라"고 했습니다. 이렇게 해서 롯은 소돔으로 가게 됩니다. 그 내용이 성경에는 "이에 롯이 눈을 들어 요단 지역을 바라본즉 소알까지 온 땅에 물이 넉넉하니 여호와께서 소돔과 고모라를 멸하시기 전이었으므로 여호와의 동산 같고 애굽 땅과 같았더라"라고 기록되어 있습니다. 롯이 보기에는 요단 지역이 여호와의 동산처럼 보였습니다. 여호와의 동산처럼 보인 이유는 딱 하나, 물이 넉넉했기 때문입니다. 요즘 말로 바꾸면 "저 사람은 하나님께서 사랑하시는 사람이다. 어떻게 알 수 있느냐? 저 사람 사는 집을 봐라. 집이 그렇게 좋을 수 없다."라고 하는 격입니다.

기복신앙을 질타하는 목소리가 제법 높습니다. 실제로 저도 "하나님이 이 세상의 주인인데 예수 믿은 지 3년에 부자 못되면 신앙생활 제대로 안 한 거다.", "예수만 잘 믿으면 부자가 될 수 있는데 왜 가난하게 사는지 모르겠다."라는 말을 들은 적이 있습니다. 그런 말이 사실이면 하나님만 잘 섬기면 세상에서도 부자로 살 수 있습니다. 뒤집어서 생각하면, 부자로 사는 것이 하나님을 잘 섬긴 증거가 되기도 합니다. 그런 생각이 라오디게아 교회에도 있었던 모양입니다. 그러면 신앙을 지키다 순교한 사람들, 세상에서 손해 보면서도 신앙을 놓지 않는 사람들은 전부 바보가 됩니다. 주님이 오죽 답답하면 "내 입에서 너를 토하여 버리리라"라고 했겠습니까.

구토를 하는 것은 사람마다 다릅니다. 비위가 약한 사람은 조금만 이상해도 구토를 합니다만 속이 든든한 사람은 하루나 이틀 날짜가 지난 우유를 먹어도 끄떡없습니다. 그런데 라오디게아 교회는 어느 만큼 그 행위가 역겨웠는지 일흔 번씩 일곱 번도 용서하시는 주님이 차마 용납하지 못하시고 토하여 버리겠다고 하십니다. 뜨겁지도 않고 차지도 않고 미지근하기 때문입니다.

여기서 안타까운 것이 있습니다. 미지근하다는 것이 대체 어떤 사랑에 대한 반응입니까? 미지근한 사랑을 받으면 미지근한 반응을 보이는 것이 맞습니다. 그런데 라오디게아 교회가 받고 있는 사랑은 그런 사랑이 아닙니다.

주님이 우리를 사랑하신 사랑이 어떤 사랑입니까? 주님은 우리를 위하여 십자가에 달리셨습니다. 그런 사랑을 받았으면 불 속이라도 뛰어들어야 하는 것 아닙니까? 그런데 라오디게아 교회는 마냥 미지근했습니다.

그럴 수밖에 없습니다. 모르는 것을 어떻게 합니까? 라오디게아 교회는 곤고하고 가련하고 가난하고 눈멀고 벌거벗은 교회였습니다. 그런데 그들은 모릅니다. 오히려 자기들은 부자라서 마냥 부요하고 아무 것도 부족한 것이 없는 줄 압니다. 불편한 것이 없으니 열심을 부릴 이유가 없습니다.

전도를 해보면 이런 예가 잘 나타납니다. 불신자는 자기가 불신자라는 사실이 전혀 불편하지 않습니다. 교회에 대해서 아쉬운 것이 아무 것도 없습니다. 교회에 다니는 사람이 오히려 안쓰럽게 보입니다. 일요일에 가족들과 놀러 가지도 못하고 무슨 청승입니까? 그 정도가 아닙니다. 돈이 하늘에서 떨어지는 것도 아닌데 소득의 1/10을 어떻게 헌금합니까? 교회의 감언이설에 넘어가서 자유를 구속당한 사람들이 불쌍할 뿐입니다.

문제는 이런 식의 생각이 불신자한테만 있는 것이 아니라는 사실입니다. 교회 안에도 있습니다. 학교 친구 여럿이서 교회에 다닙니다. 그중 한 친구가 유난히 열심을 부립니다. 다른 친구들은 가끔 예배를 빼먹고 놀러 가기도 하는데 그 친구는 안 빠집니다. 그러면 신앙에 불성실한 친구들이 신앙에 성실한 친구를 걱정합니다. 저렇게까지 믿을 필요는 없는데 교회에 너무 빠졌다는 것입니다.

불신자가 자기들한테 있는 불신앙이 불편하지 않은 것처럼 신앙에 불성실한 사람들 역시 자기들의 불성실이 불편하지 않습니다. 누가 뭐라고 해도 자기들은 정상입니다. 돈이 없는 것이나 학벌이 안 좋은 것, 건강이 안 좋은 것에는 불편을 느껴도 신앙이 안 좋은 것에는 불편을 느끼지 못합니다. 아마 라오디게아 교회에도 금융시장이 불안정하면 불편을 느낄 사람이 있었을 것입니다.

이런 라오디게아 교회에 대해서 주님이 처방을 말씀하십니다. "내가 너를 권하노니 내게서 불로 연단한 금을 사서 부요하게 하고 흰 옷을 사서 입어 벌거벗은 수치를 보이지 않게 하고 안약을 사서 눈에 발라 보게 하라"가 그것입니다. 라오디게아는 은행 거래의 중심지였고 직물과 안약도 유명한 도시라고 했습니다. 전부 라오디게아 교인들한테는 익숙한 얘기들입니다. 차든지 뜨겁든지 하려면 특정 온도를 만들려고 노력할 것이 아니라 이런 주님 말씀을 새겨들어야 합니다.

불로 연단한 금은 정금을 말합니다. 그런 금은 주님께만 살 수 있습니다. 라오디게아 교인들한테는 불로 연단하지 않은 합금이 있었다는 뜻입니다. 그들은 불로 연단하면 다 녹아 없어질, 금 아닌 것을 금인 줄 알았습니다. 특히 라오디게아는 금융시장이 발달한 도시입니다. 은

행에 돈을 보관한 사람도 많을 것입니다. 돈만 많이 있으면 부요한 줄 알았을 것입니다. 주님 말씀은 다릅니다. 하나님 나라에서 가치를 인정받지 못하는 것들은 다 태워버리라고 말씀합니다. 라오디게아 교회가 자기들을 부자라고 하는 것이 과연 하나님 앞에서도 그런지 확인해보라는 것입니다.

예전에 어떤 분이 "아이들을 잘 키우는 것이 하나님 앞에 가장 중요한 일 아니냐?"라고 하는 말을 들었습니다. 그 말을 듣고는 고개를 끄덕였습니다. 그런데 그 다음 얘기가 이상했습니다. 아이들을 잘 키우기 위해서 고액과외를 비롯해서 온갖 사교육을 다 동원하고 있었습니다. 하루 종일 하는 일이 학원 시간에 맞춰서 아이들을 데려가고 데려오는 일입니다. 아빠의 경제력과 엄마의 정보력이 아이를 일류대학에 보내는 비결이라는 말도 했습니다. 그냥 솔직하게 "제 주변 사람들은 다 그렇게 삽니다. 그래서 저도 그렇게 살기로 했어요. 세상에서 남한테 뒤지기는 싫거든요."라고 하면 차라리 나을 텐데, 왜 하나님 앞에 중요하다고 하는지 모르겠습니다. 그렇게 해서 아이가 서울대학에 가면 정말로 하나님이 영광 받으신다고 생각하는 걸까요?

그 다음에 흰 옷을 사서 입어 벌거벗은 수치를 보이지 않게 하라고 말씀합니다. 라오디게아는 검은 양모가 대량으로 생산되는 곳이었습니다. '트리미타'라고 해서 소매가 짧고 무릎까지 내려오는 튜닉이 특히 유명해서, 라오디게아를 '트리미타리아'라는 별명으로 부르기도 했습니다. 하지만 그런 옷으로는 벌거벗은 수치를 가리지 못합니다. 흰 옷이라야 합니다.

어떤 사람이 아르마니로 치장을 했습니다. 지나가는 사람들마다 한 번씩 눈길을 줍니다. 뿌듯하게 그런 시선을 즐기는데 주님이 말씀하십니다. "넌 대체 언제 옷을 입고 다닐 심산이냐? 내가 널 위해서 흰 옷을 예비한 것이 언제인데 아직까지 그렇게 벌거벗고 다니고 있느냐?"

주님은 불로 연단하지 않은 합금을 인정하지 않는 것처럼 흰 옷이 아니면 인정하지 않습니다. 세상이 인정하는 옷으로 아무리 잘 차려입어도 주님 앞에서는 벌거벗은 수치를 드러낸 것뿐입니다.

또 안약을 사서 눈에 발라 보게 하라고 했습니다. 방금 벌거벗은 수치를 보이지 않게 하라는 말이 있었습니다. 라오디게아 교회 교인들은 벌거벗은 상태입니다. 벌거벗은 사람들끼리 모여서 하나님을 예배합니다. 그래도 부끄러운 줄 모릅니다. 눈이 멀었기 때문입니다.

쪽팔린다는 말이 있습니다. 별의 별 경우에 다 쪽팔린다는 말을 씁니다. 시험 성적이 공개되는 것도 쪽팔린다고 하고, 입고 있는 옷이 이상하다며 쪽팔린다고도 하고, 자기가 사는 아파트 평수가 공개되는 것도 쪽팔린다고 합니다. 그런데 신앙과 관계해서는 쪽팔린다는 말을 거의 들어보지 못했습니다. 신자한테서 신자다운 면모가 안 나오는 것이야말로 쪽팔리는 것 아닙니까? 그런데 오히려 반대의 얘기는 들은 적이 있습니다. '쪽팔리게 어떻게 성경책을 들고 다니느냐?' 는 것입니다. 사람들은 어떤 것이 창피한 것이고 어떤 것이 창피하지 않은 것인지 분간을 못하는 모양입니다. 눈이 멀면 별 수 없습니다.

안약 또한 라오디게아의 특산품이었습니다. 많은 안과 질환자들이 라오디게아에서 치료를 받았습니다. 라오디게아 교회 교인들도 그 사실을 잘 압니다. 세상 사람들이 육체의 시력을 회복하는 것처럼 자기들은 영안을 회복해야 합니다.

이런 내용에 이어서 "무릇 내가 사랑하는 자를 책망하여 징계하노니 그러므로 네가 열심을 내라 회개하라"고 합니다. 우리가 보기에 라오디게아 교회는 형편없는 교회입니다. 소아시아 일곱 교회 중에 주님께 단 한 마디 칭찬도 못 들은 교회는 라오디게아 교회가 유일합니다. 그러면 있는 대로 욕을 먹어도 할 말이 없습니다. 주님께 버림을 받지 않으면 그나마 다행입니다. 그런데 주님은 사랑한다고 하십니다. 라오디게아 교회에 심판을 선언하는 것이 아니라 열심을 촉구합니다. 하지만 열심을 내기 전에 먼저 준비해야 할 것이 있습니다. 불로 연단한 금과 흰 옷, 안약입니다. 그래서 회개가 필요합니다.

불로 연단한 금이나 흰 옷, 안약은 세상에서는 구할 수 없는 것들입니다. 전부 주님께 사야 합니다. 결국 라오디게아의 문제는 주님과 관계없이 자기들끼리 신앙생활을 하고 있다는 사실이었습니다. 주님이 주시는 것이 아닌 세상에 속한 것으로 만족하고 있었습니다. "볼지어다 내가 문 밖에 서서 두드리노니 누구든지 내 음성을 듣고 문을 열면 내가 그에게로 들어가 그와 더불어 먹고 그는 나와 더불어 먹으리라"는 말이 그래서 나옵니다.

이 말씀은 특히 전도지에서 자주 볼 수 있습니다. 주님이 문 밖에서 두드리고 있으니 얼른 문을 열고 주님을 영접하라는 것입니다. 하지만 이 말씀은 불신자한테 하는 말씀이 아닙니다. 라오디게아 교회 교인들한테 하는 말씀입니다. 얼른 예수님을 영접해서 신자가 되라는 뜻이 아니라 신앙생활을 제대로 하라는 의미입니다.

라오디게아 교회는 상당히 문제가 많은 교회였는데, 알고 봤더니 그 이유가 있었습니다. 그들 중에 예수님이 없었던 것입니다. 애초에 라오디게아 교회에 주님을 소개하기를, "아멘이시요 충성되고 참된 증인이시요 하나님의 창조의 근본이신 이"라고 했습니다. 이런 주님의 소개를 뒤집으면 라오디게아 교회의 실상이 그대로 드러납니다. 아멘은 '진실로 그렇습니다.' '저도 그렇게 되기를 바랍니다.' 라는 뜻입니다. 라오디게아 교회는 '아멘'을 모르는 교회였습니다. 주님 말씀에 곧이곧대로 순종하는 것보다 자기들 임의대로 하는 쪽을 즐겼습니다. 그들은 충성되고 참된 증인도 아니었습니다. 주님보다 오히려 세상에 더 마음이 있었습니다. 특히 그들은 주님이 하나님의 창조의 근본이라는 사실을 알아야 했습니다. 주님이 모든 일의 근본입니다. 주님을 통하지 않은 일은 그 어떤 일도 의미가 없습니다.

주님이 라오디게아 교회에 회개를 촉구했습니다. '회개하다' 는 헬라어로 '메타노에오' 인데, '다시' 라는 '메타' 와 '생각하다' 라는 '노에오' 의 합성어입니다. 다시 생각하는 것이 회개입니다. 즉 회개에는 지성이 동원되어야 합니다. 한순간의 감정 변화에 그치면 안 됩니다. "나는 지금까지 이건 이렇게 하고 저건 저렇게 하면 되는 줄 알았는데 그게 아니었구나. 앞으로는 이건 저렇게 하고 저건 이렇게 해야겠구나." 하는 것이 회개입니다.

세상 사람들도 회개를 합니다. 잘못을 뉘우치고 마음을 고치는 일은 누구나 합니다. 하지만 우리의 회개는 그 정도가 아닙니다. 우리는 주님 중심이어야 합니다. 주님을 모시는 것이 회개입니다.

주님을 모시고 무엇을 합니까? 별 것 없습니다. 본문에 나온 내용은 "내가 그에게로 들어가 그와 더불어 먹고 그는 나와 더불어 먹으리라"

가 전부입니다. 라오디게아 교회가 아무리 책망을 들었어도 엄연한 교회입니다. 주일마다 주님을 예배했을 것입니다. 하지만 그것이 면책 사유는 안 됩니다. 주님과 교제가 있어야 합니다. 예배당에 주님을 모셔놓고 일주일에 한 번 안부 인사를 드리는 것이 우리 책임이 아닙니다. 그 주님과 생활을 공유하고 있어야 합니다.

이 부분이 빠지면 신앙이 자칫 종교 유희가 될 수 있습니다. 입술로는 늘 주님을 찬양하면서 주님과 아무 상관이 없을 수 있습니다. 그리고 자기들이 입술로 주님을 높인다는 이유만으로 자기들이 신앙생활을 하고 있는 줄 착각할 수 있습니다.

내일 해가 안 뜨면 어떻게 될까요? 아마 세상이 온통 난리가 날 것입니다. 인류 역사상 가장 큰 재앙이 닥쳤다는 말도 할 테고, 세상 종말이 이르렀다는 말도 할 것입니다. 그러면 내일부터 성령님이 활동하지 않으면 어떻게 될까요? 성령님이 더 이상 우리를 인도하지도 않고 우리 삶에 간섭하지도 않으면 어떻게 될까요? 혹시 아무런 변화도 없지 않을까요? 그러면 우리가 라오디게아 교회이고, 우리는 주님과 아무 상관없이 살고 있는 사람들입니다.

우리는 주님을 높은 곳에 모셔놓고 예배만 하는 사람들이 아닙니다. 주님과 더불어 먹고 마시면서 생활 자체를 공유해야 하는 사람들입니다. 그 주님이 문 밖에서 두드리고 계십니다. 회개한 사람은 그 부르심에 응답해야 합니다. 무조건 문만 열면 되는 것이 아닙니다. 문을 열기 전에 한 가지 결심을 해야 합니다. 지금까지는 주님이 안 계셔도 불편한 것을 몰랐지만 앞으로는 주님이 안 계시면 불편하기로 말입니다. 이 세상 살면서 다른 어떤 것도 불편하지 않아도 그것만큼

은 불편해야 합니다. 주님과 같이 보내는 시간이 아니면 우리한테는
그 어떤 시간도 의미가 없습니다. 우리는 그것을 알아 이 자리에 모인
사람들입니다.

CHAPTER 12

요한이 본 하늘 보좌

이 일 후에 내가 보니 하늘에 열린 문이 있는데 내가 들은 바 처음에 내
게 말하던 나팔 소리 같은 그 음성이 이르되 이리로 올라오라 이 후에 마
땅히 일어날 일들을 내가 네게 보이리라 하시더라 내가 곧 성령에 감동
되었더니 보라 하늘에 보좌를 베풀었고 그 보좌 위에 앉으신 이가 있는
데 앉으신 이의 모양이 벽옥과 홍보석 같고 또 무지개가 있어 보좌에 둘
렸는데 그 모양이 녹보석 같더라 또 보좌에 둘려 이십사 보좌들이 있고
그 보좌들 위에 이십사 장로들이 흰 옷을 입고 머리에 금관을 쓰고 앉았
더라 보좌로부터 번개와 음성과 우렛소리가 나고 보좌 앞에 켠 등불 일
곱이 있으니 이는 하나님의 일곱 영이라(계 4:1-5).

요한계시록은 읽어도 무슨 뜻인지 모르겠다는 말을 많이 합니다. 그렇
다고 해서 전혀 모르는 것은 아닙니다. 세상이 심판 받는 내용인 것은
막연하게 압니다. 그런 내용은 6장부터 나옵니다.

　1장은 서론입니다. 요한이 주님께 계시를 받는 장면이 설명되어 있

습니다. 2장과 3장은 소아시아 일곱 교회에 보낸 편지입니다. 어쩌면 요한계시록에서 가장 중요한 부분일 수 있습니다. 교회에 보낸 편지이니 그 내용이 우리한테 그대로 적용됩니다. 우리한테 주시는 말씀인 셈입니다. 반면에 6장부터 시작하는 심판은 우리와 관계없습니다. "이 세상은 결국 이렇게 끝나는구나. 쌤통이다." 하고, 고개만 끄덕이면 됩니다. 그 중간에 4장과 5장이 있습니다. 4장은 성부 하나님에 대한 내용입니다. 이 세상을 심판하실 권세가 하나님께 있다는 뜻입니다. 5장은 어린양 예수에 대한 내용입니다. 하나님이 어린양 예수를 통해서 세상을 심판하게 하십니다.

3장이 어떻게 끝났는지 기억하십니까? "이기는 그에게는 내가 내 보좌에 함께 앉게 하여 주기를 내가 이기고 아버지 보좌에 함께 앉은 것과 같이 하리라 귀 있는 자는 성령이 교회들에게 하시는 말씀을 들을지어다"로 끝났습니다. 성자 예수님이 성부 하나님과 같은 보좌에 앉아있다고 했습니다. 4장은 그 하나님 보좌에 대한 설명으로 시작합니다.

요한이 하늘에 열린 문이 있는 것을 보았습니다. 그런 환상을 본 것은 요한 혼자만의 체험이 아닙니다. 구약성경에도 비슷한 내용이 더러 나옵니다. 이사야도 환상 중에 보좌에 앉아계신 주님을 뵈었고, 에스겔도 그발 강가에서 하늘이 열리는 것을 보는 체험을 합니다.

이사야나 에스겔은 하나님의 말씀을 맡은 사람들입니다. 그런데 그 일이 만만하지 않습니다. 그들이 하나님 말씀을 전하기만 하면 듣는 사람마다 마음을 열고 청종할 것이 아니기 때문입니다. 그들이 어떤 말씀을 전하든지 백성들은 그들을 무시할 것입니다. 그런 일을 맡으려니 하늘 보좌를 보는 환상이 필요했습니다. 마치 힘든 일을 앞둔 머슴한테 밥을 배불리 먹이는 것과 같습니다.

아무리 그렇다고 해도 실패가 작정된 일을 맡기는 것은 억지처럼 보일 수 있습니다. "열심히 해봐라. 아마 녹녹하지 않을 것이다. 그래서 내가 용기를 잃지 말라는 뜻으로 환상도 보여준다. 너희들이 정작 두려워해야 할 대상은 세상 사람들이 아니라 나 여호와라는 사실을 명심해라. 그런데 문제는 너희는 결국 실패할 것이라는 사실이다. 너희 말을 듣고 나한테 돌이킬 백성은 없을 것이다. 그래도 어쨌든 너희들은 할 일을 해라."라는 것이 말이 됩니까?

우리 생각에는 말이 안 되는 것 같습니다. 하지만 이 얘기는 인간의 패역함과 그런 인간을 향한 하나님의 사랑을 그대로 보여주기도 합니다. 인간이 아무리 거역해도 하나님은 포기하지 않으십니다. 그래서 이사야를 보내고 에스겔을 보냅니다. 그것이 전부가 아닙니다. 나중에는 예수님을 보내십니다.

예수님이 공생애 사역을 시작하면서 먼저 세례를 받았습니다. 그때 하늘이 열렸습니다. 세례를 받은 예수님이 가장 먼저 선포한 메시지가 "회개하라 천국이 가까이 왔느니라"였습니다. 바야흐로 예수님의 메시야 사역이 시작되는 것입니다. 이사야와 에스겔의 사역이 그리스도 안에서 비로소 열매를 맺습니다. 그리고 본문에서는 요한을 통하여 그 일이 어떻게 완성되는지를 보여주십니다. 그러면 이사야와 에스겔은 실패한 사람입니까, 성공한 사람입니까?

석공이 망치질을 합니다. 한 번, 두 번, 세 번… 아무리 망치로 내려쳐도 끄떡없던 바위가 백 번째 만에 드디어 둘로 갈라졌습니다. 그러면 첫 번째부터 아흔아홉 번째까지는 죄다 실패한 망치질입니까? 어쩌면 우리가 하는 망치질이 그럴 수 있습니다. 사람에 따라서 어떤 사람은 열두 번째 망치질을 하는 것일 수도 있고, 어떤 사람은 서른세 번째 망치질을 하는 것일 수도 있습니다. 그 망치질이 의미가 있는지, 없는지는 그때 결정되는 것이 아닙니다.

요한이 들은 음성은 "이리로 올라오라 이 후에 마땅히 일어날 일들을 내가 네게 보이리라"였습니다. 하나님이 우리한테 궁극적으로 알리고 싶은 내용은 '이 후에 마땅히 일어날 일들' 입니다. 열두 번째 망치질을 하는 사람이든지, 서른세 번째 망치질을 하는 사람이든지 거기에만 연연하면 안 됩니다. 그들이 알아야 할 것은 백 번째 망치질을 한 결과입니다. 요컨대 우리는 영원의 관점에서 지금을 볼 수 있어야 합니다. '이 일이 지금 어떤 의미를 갖느냐?' 가 아니라 '이 일이 나중에 어떤 의미를 갖느냐?' 를 생각할 줄 알아야 합니다.

어떤 교인이 예배를 마치고 나가면서 목사한테 말합니다. "목사님, 참으로 은혜로운 말씀입니다. 하지만 우리는 현실 세계로 돌아가야 합니다." 맞는 얘기입니다. 말씀을 받았으면 당연히 현실 세계로 가야 합니다. 하나님이 주인이신 세계, 하나님의 은혜가 선포된 세계, 주님의 십자가 사역이 완성된 세계가 우리가 살고 있는 현실 세계입니다. 그런데 그 교인의 얘기는 그런 뜻이 아닙니다. 하나님이 주인 됨이 드러나지 않는 세계, 하나님의 은혜보다 돈이 더 중요한 세계, 주님의 십자가 사역을 역사가 아니라 설화처럼 얘기하는 세계를 현실 세계라고 한 것입니다. 우리의 진짜 현실이 어느 쪽입니까?

우리 중에 이 세상이 전부가 아니라는 사실을 모르는 사람은 없습니다. 이 세상에 속한 모든 것이 하나님의 심판 대상이라는 사실도 압니다. 그런데도 심판 받을 세상의 시각을 버리지 못하는 경우가 종종 있습니다. 그러면 백 번에 이르기 전에 하는 망치질은 죄다 어리석은 일이 됩니다. 망치질을 할 때마다 당장 얻는 것이 있어야 합니다. 소득도 없이 신앙을 고집하는 것보다는 장자권을 팔아서라도 팥죽으로 배를 불려야 합니다.

요한이 계시록을 쓴 것은 기독교에 대한 박해가 극심했던 도미티아누스 황제 때였습니다. 모든 교회가 어려움 중에 있습니다. 그런 상황이라면 "하나님, 대체 무엇을 하고 계십니까? 하나님이 이 세상을 다스리는 것이 정말 맞습니까?"라는 질문을 할 만합니다. 어쩌면 이 세상을 통치하는 권세가 하나님이 아니라 로마 황제한테 있는 것 같기도 합니다. 그런 즈음에 하늘 보좌를 보여주십니다. 세상의 주인이 로마 황제가 아니라 하나님이라는 뜻입니다.

남 왕국 유다가 바벨론의 느부갓네살한테 망했습니다. 성전은 불에 탔고 백성들은 포로로 끌려갔습니다. 더 이상 가나안 땅에 살 수 없게 되었습니다. 하나님이 약속하신 다윗의 나라는 완전히 끝난 것처럼 보입니다.

그런 상황에서 느부갓네살이 꿈을 꿉니다(단 2장). 머리는 순금, 가슴과 두 팔은 은, 배와 넓적다리는 놋, 종아리는 쇠, 발의 일부는 쇠, 일부는 진흙으로 된 신상이 있는데, 사람의 손으로 움직이지 않은 돌이 신상을 쳐서 부서뜨린 다음에 그 돌이 태산을 이루어 온 세계에 가득하게 되는 꿈입니다. 다니엘이 그 꿈을 해몽합니다. 지금의 바벨론에 이어서 바사, 헬라, 로마가 차례로 등장하는데, 결국에는 하나님의 나라가 선포될 것이라고 합니다. 그러면 당시 세상의 주인은 누구입니까? 느부갓네살입니까, 하나님입니까?

3절에 보면 "앉으신 이의 모양이 벽옥과 홍보석 같고 또 무지개가 있어 보좌에 둘렸는데 그 모양이 녹보석 같더라"고 했습니다. 대체 하나님이 어떻게 생겼다는 것입니까? '모양'은 헬라어 '호라시스'를 번역한 말인데 '보이는 것'이라는 뜻입니다. '그렇게 생겼다'는 것이 아니라 '그렇게 보인다'는 뜻입니다.

하나님은 영이시기 때문에 형상이 없습니다. 요한이 하늘 보좌에서 다이아몬드 목걸이 같고 금팔찌 같고 진주 목걸이 같이 생긴 분을 본 것이 아닙니다. 하나님은 이 세상에 속한 분이 아니기 때문에 이 세상에 속한 언어로 설명할 수 없습니다. 그래도 설명은 해야 합니다. 그래서 벽옥, 홍보석, 녹보석 같이 진귀한 보석을 동원한 것입니다.

벽옥, 홍보석, 녹보석이 어떤 보석인지는 모릅니다. 색깔에 주목하면 사파이어, 루비, 에메랄드일 수 있습니다만 단정할 수는 없습니다. 학자에 따라서는 벽옥은 하나님의 거룩과 순결, 홍보석은 하나님의 진노와 심판, 녹보석은 하나님의 자비와 은혜를 나타낸다고도 합니다. 이 역시 색깔이 갖는 이미지에 착안한 해석입니다. 어쨌든 하나님의 영광을 이 세상에 속한 것으로 설명하려는 시도인 것은 분명합니다. 하나님은 이 세상에서 가장 진귀한 것을 총동원해서 설명할 수밖에 없는 분입니다.

어떤 목사가 설교자로서 갖는 안타까움을 이렇게 말한 적이 있습니다. 자기는 나이아가라 폭포 밑에 가서 흠뻑 젖고 왔는데, 가지고 온 것은 고작 젖은 손바닥뿐이라는 것입니다. 자기가 체험한 감동을 교인들한테 그대로 전달할 방법이 없습니다. 요한도 아마 같은 심정일 것입니다. 환상 중에 엄청난 것을 보았습니다. 그런데 그것을 설명할 말이 고작 벽옥, 홍보석, 녹보석뿐이었습니다. 하나님을 설명할 다른 말이 없는 것을 어떻게 합니까?

어쨌든 본문이 말하고자 하는 내용은 하늘 보좌에 앉아계신 분의 생김새가 아닙니다. 이 세상 주권이 하나님께 있다는 사실입니다. 요한이 계시를 받을 당시로 얘기하면 하나님이 이 세상의 주인인 줄 알아서 로마 황제한테 굴복하지 말라는 뜻이고, 우리한테 적용시키면 세상과 타협하지 말라는 뜻입니다.

예수님은 이 내용을 "한 사람이 두 주인을 섬기지 못할 것이니 혹이를 미워하고 저를 사랑하거나 혹 이를 중히 여기고 저를 경히 여김이라 너희가 하나님과 재물을 겸하여 섬기지 못하느니라"라고 말씀했습니다. 우리의 문제는 하나님을 버리고 대신 돈을 섬기는 데 있지 않습니다. 하나님과 돈을 겸하여 섬기려는 데 있습니다. 예수를 믿는 사람 치고 하나님을 버리고 돈을 섬기는 사람은 없습니다. 하지만 하나님과 돈을 겸하여 섬기려는 사람은 얼마든지 있습니다. 하나님이 이 세상 주인이라고 하면서 돈 욕심을 포기하지 못하는 사람이 한둘이 아닙니다.

로마는 황제 숭배를 강요했습니다. 그렇다고 해서 "앞으로 로마 제국 안에 있는 모든 종교를 철폐하고 황제 숭배만 인정한다. 황제가 아닌 다른 신을 섬기면 사자 밥이 된다."라고 한 것은 아닙니다. 평소에 섬기던 신과 겸하여 로마 황제도 섬기라는 것입니다. 따로 돈이나 노력이 들어가는 것도 아닙니다. 일 년에 한 번, 로마 황제를 모신 신전에 가서 향을 사르고는 가이사가 주님이라고 한 마디만 하면 됩니다. 로마 제국의 울타리에서 로마의 보호를 받고 있다면 일 년에 한 번 정도는 황제한테 경의를 표하라는 것입니다. 별로 어려울 것이 없는 요구입니다. 그런데 이 간단한 요구 때문에 사자 밥이 된 사람이 한둘이 아닙니다.

로마는 상당히 합리적인 나라입니다. 가이사와 그리스도 사이에 양자택일을 하라고 강요한 적은 없습니다. 둘을 같이 섬기라고 했습니다. 이 얘기는 지금도 그대로 적용됩니다. 우리가 받는 요구는 신앙을 버리라는 것이 아닙니다. 신앙을 지키되 세상 사람들과 어울릴 수 있는 선에서 지키면 되는 것 아니냐고 합니다.

그런 요구를 누가 합니까? 간혹 세상이 하기도 합니다. 직장 상사가 술을 권하면서 신앙도 좋지만 너무 고지식하면 세상을 못 산다고 할 수도 있고, 어머니가 조건이 좋은 불신 남자와 결혼하라고 성화를 부리기도 합니다. 하지만 그보다 더욱 자기 스스로 그런 요구를 합니다. "신앙이야 내가 알아서 지키면 되는 건데, 꼭 그렇게까지 해야 하느냐?"라는 생각이 불쑥불쑥 들 수 있습니다. 아무리 신앙도 좋지만 세상에서 낙오될 수는 없는 것 아닙니까?

하나님이 요한한테 하늘 보좌를 보여주셨습니다. "이 세상 통치자는 로마 황제가 아니다. 나 하나님이다."라는 뜻입니다. 하지만 지금 우리한테 같은 환상을 보여주신다면 뜻이 달라집니다. "이 보좌에 누가 앉아야 하느냐? 너냐, 나냐? 이 보좌의 주인이 대체 누구냐? 너는 너의 영광을 위해 살겠느냐, 나의 영광을 위해 살겠느냐?"라는 뜻입니다.

우리는 하나님의 통치를 받아야 하는 하나님의 백성입니다. 마땅히 하나님의 백성으로 살아야 합니다. 스스로 하나님의 자리를 탐하면 종말의 날에 아무런 분깃도 없게 됩니다. 그리스도 안에서 기대할 것이나 소망할 것이 아무것도 없게 됩니다.

본문 4절에 "또 보좌에 둘려 이십사 보좌들이 있고 그 보좌들 위에 이십사 장로들이 흰 옷을 입고 머리에 금관을 쓰고 앉았더라"고 했습니다.

욥기 1장에 하나님과 사탄이 대화를 나누는 장면이 나옵니다. 하나님이 사탄한테 "네가 어디서 왔느냐?" 하고 물으시고, 사탄은 "땅을 두루 돌아 여기저기 다녀왔나이다."라고 대답합니다. 흡사 하나님이 천상에서 어전회의를 베푸는데 사탄이 참석한 것 같은 생각이 듭니다. 하지만 실제로 그런 일이 있을 수는 없습니다. 구체적으로 어떤 일이 있었는지는 모르지만 천상에서 벌어진 일을 우리가 알아듣게 하려니 그렇게 설명한 것입니다.

본문도 마찬가지입니다. 이다음에 우리가 천국에 가면 하늘 보좌 주변에 이십사 장로가 있는 광경을 실제로 보게 된다는 얘기가 아닙니다. 천상의 모습을 우리가 알아들을 수 있는 언어로 서술한 것입니다.

성경에 나오는 이십사는 주로 신구약 교회를 총칭하는 숫자입니다. 21장에 새 예루살렘 얘기가 나옵니다. 거기에 보면 열두 문에 이스라엘 열두 지파의 이름이 있다고 했습니다. 또 열두 기초석에는 열두 사도의 이름이 있다고 했습니다. 구약의 열두 지파와 신약의 열두 사도를 합하면 이십사가 됩니다. 다윗은 성전에서 섬길 제사장들을 이십사 반차로 나누기도 했습니다.

이십사 장로는 하나님의 영광에 참여하면서 하나님을 섬기는 자들입니다. 우선 이들은 모두 보좌에 앉아있습니다. 보좌는 아무나 앉는 자리가 아닙니다. 왕이 앉는 자리입니다. 또 10-11절에는 장로들이 하나님을 예배하는 내용이 나옵니다. 제사장의 성격을 보여줍니다. 장로들은 왕이면서 제사장입니다. 즉 왕 같은 제사장들인 우리를 말합니다.

서머나 교회에 대해서 말씀할 적에 죽도록 충성하면 생명의 관을 준다고 했는데, 이십사 장로는 머리에 금관을 썼습니다. 그들은 죽도록 충성한 자들이라는 뜻입니다. 사데 교회한테 말씀할 적에 이기는 자는 흰 옷을 입는다고 했습니다. 라오디게아 교회한테는 이기는 자는 보좌에 앉게 해주겠다고 했습니다. 이십사 장로들은 흰 옷을 입고 보좌에 앉아있습니다. 이십사 장로는 하나님의 백성 전체를 대표하는 사람들이고, 장차 영광스럽게 변모할 우리의 모습이기도 합니다. 우리는 하늘 보좌를 둘러싸서 세세무궁토록 하나님을 찬양하며 그리스도와 더불어 영원토록 우주를 통치할 것입니다. 그것이 우리에게 약속된 신분입니다.

여기까지만 보면 천상의 분위기는 굉장히 화려하고 장엄합니다. 그런 곳에서 번개와 음성과 우렛소리가 납니다. 모세가 십계명 돌판을 받으러 시내산에 갔을 때도 우레와 번개와 함께 큰 나팔소리가 들렸습니다. 하나님의 임재에 늘 따라오는 것이 번개, 우레, 큰 음성입니다. 군에서 행사가 있을 때 지휘관이 입장하면 군악대가 연주를 하는 것과 같습니다. 하나님이 임재하시면 당연히 그에 맞는 '세리머니'가 있어야 합니다. 하나님께 어울리는 세리머니라면 당연히 웅장해야 할 텐데, 사람들 생각에 가장 웅장한 것이 번개와 우레와 큰 음성인 셈입니다.

6장 이후에 세상이 심판받는 내용이 나온다고 했습니다. 일곱 인을 떼는 얘기가 6장에 나오고, 8장에는 일곱 나팔, 16장에 일곱 대접 얘기가 나옵니다. 인을 떼고 나팔을 불고 대접을 쏟을 때마다 재앙이 펼쳐집니다. 특히 일곱째 인, 일곱째 나팔, 일곱째 대접에서는 우레와 음성, 번개, 지진이 나기도 하고, 혹은 큰 음성이 들리기도 했습니다. "주목해라! 지금부터 시작되는 일은 하나님이 하시는 일이다!"를 선언하는 것입니다.

이 세상 심판은 어차피 하나님의 영역입니다. 하나님 외에 누가 세상을 심판하겠습니까? 번개나 음성, 우렛소리가 없어도 하나님이 하시는 일이 분명합니다. 그런데도 굳이 그것을 강조합니다. 나타난 현상에 정신 팔지 말고 그 현상 뒤에 계신 분을 보라는 뜻입니다. 하나님이 사무엘에게 말씀하신 것을 우리는 다 압니다. 사무엘은 상당히 충격적인 말씀을 들었습니다. 하지만 말씀 내용이 아무리 엄청나도 말씀하신 분이 하나님이라는 사실보다 엄청날 수는 없지 않습니까? 아무리 놀라운 일이 일어나도 하나님보다 놀라울 수는 없습니다.

동구권이 몰락했습니다. 하나님의 섭리일까요, 자본주의의 승리일까요? 자본주의의 승리라면 더욱 자본주의 이념에 착념해야 합니다. 돈이 곧 힘이고, 돈이 곧 능력입니다. 하지만 하나님의 섭리라면 유물사관의 허망함을 알아야 합니다. 과연 하나님이 살아 계시다는 사실을 절감해야 합니다. 동구권 몰락이 아무리 큰 충격이라도 하나님한테서 시선을 떼면 안 됩니다.

두 마리가 한 앗사리온에 팔리는 참새조차도 하나님의 허락이 아니면 땅에 떨어지는 법이 없습니다. 하나님이 이 세상의 주인입니다. 이 세상을 살다 보면 갖은 우여곡절을 겪을 수 있습니다. 깜짝 놀랄 일도 있고, 큰 슬픔에 잠길 일도 있고, 근심에 싸일 일도 있습니다. 때로는 감격이나 희열에 빠질 때도 있습니다. 하지만 그 어떤 일 때문에라도 하나님을 놓치면 안 됩니다. 우리의 시선은 항상 하나님께 고정되어 있어야 합니다. 우리한테 일어나는 일 중에 하나님과 관계없는 일은 아무것도 없습니다. 우리는 하나님이 친히 주인 됨을 선포하시는 세상에 살고 있습니다.

눈 뜬 자의 찬양

보좌 앞에 수정과 같은 유리 바다가 있고 보좌 가운데와 보좌 주위에 네 생물이 있는데 앞뒤에 눈들이 가득하더라 그 첫째 생물은 사자 같고 그 둘째 생물은 송아지 같고 그 셋째 생물은 얼굴이 사람 같고 그 넷째 생물은 날아가는 독수리 같은데 네 생물은 각각 여섯 날개를 가졌고 그 안과 주위에는 눈들이 가득하더라 그들이 밤낮 쉬지 않고 이르기를 거룩하다 거룩하다 거룩하다 주 하나님 곧 전능하신 이여 전에도 계셨고 이제도 계시고 장차 오실 이시라 하고 그 생물들이 보좌에 앉으사 세세토록 살아 계시는 이에게 영광과 존귀와 감사를 돌릴 때에 이십사 장로들이 보좌에 앉으신 이 앞에 엎드려 세세토록 살아 계시는 이에게 경배하고 자기의 관을 보좌 앞에 드리며 이르되 우리 주 하나님이여 영광과 존귀와 권능을 받으시는 것이 합당하오니 주께서 만물을 지으신지라 만물이 주의 뜻대로 있었고 또 지으심을 받았나이다 하더라(계 4:6-11).

요한이 하늘 보좌를 봅니다. 보좌에 앉아 계신 분은 벽옥과 홍보석 같고, 보좌에는 녹보석 같은 무지개가 둘려 있습니다. 보좌 주변에는 흰 옷을 입은 이십사 장로가 금관을 쓰고 앉아 있고, 보좌에서는 번개와 음성과 우렛소리가 납니다. 이것이 지난 시간에 살펴본 내용입니다.

요한이 본 환상은 그것이 전부가 아닙니다. 보좌 앞에는 수정과 같은 유리 바다가 있습니다. 그러면 얘기가 어떻게 되는 것입니까? 요한은 "이리로 올라오라"는 음성을 듣고 올라갔습니다(1절). 그러고는 하늘 보좌 앞에서 하나님을 알현한 것이 아닙니다. 요한과 보좌 사이에는 바다가 있습니다. 요한은 바다 건너에 있는 보좌를 아스라하게 볼 뿐입니다. 환상이 아닌 실제 상황이면 바다 건너를 보는 것이 불가능합니다만 당시 요한은 성령에 감동된 상태였습니다.

상대방을 높이기 위한 한자말 표현법 중에 상대방이 거처하는 공간 다음에 아래 하(下)자를 쓰는 표현법이 있습니다. 황제는 폐하(陛下)라고 합니다. '폐(陛)'는 섬돌을 말합니다. 신하들은 황제를 같은 위치에서 대면하지 못하고 섬돌 아래에서 우러러볼 뿐입니다. 왕은 전하(殿下)입니다. 신하들이 전각 아래에서 왕을 뵙습니다. 경복궁을 예로 들면 폐하는 광화문 밖에서 뵙고 전하는 근정전 앞에서 뵙는 격입니다. 지금은 쓰이지 않습니다만 한때 대통령을 각하(閣下)라고 했습니다. 누각 아래서 뵙는다는 뜻입니다.

이런 표현은 전부 신분 차이를 나타냅니다. 감히 가까이 갈 수 없다는 뜻입니다. 황제를 섬돌 아래서 뵙고 왕을 전각 아래서 뵙는다면, 우리는 하나님을 어디서 뵈어야 합니까?

지구에서 가장 높은 산은 해발 8,848m인 에베레스트산입니다. 가장 깊은 곳은 마리아나 해구로 깊이가 11,034m에 이르는 곳도 있습니다. 그러면 하나님을 에베레스트산 꼭대기에 모시고, 우리는 마리아나 해구에 들어가서 뵈면 되겠습니까? 보좌 앞에 바다가 있다는 말씀이 그런 뜻입니다. 하나님은 그만큼 지엄하신 분입니다. 그것도 그냥 바다가 아니라 수정과 같은 유리 바다입니다. 하나님은 우리가 도저히 건너지 못할 정결함과 거룩함과 의로움을 가지신 분입니다.

또 보좌 가운데와 보좌 주위에는 네 생물이 있다고 했습니다. 본래 동물, 식물, 미생물을 아울러서 생물이라고 합니다. 하지만 본문에 나오는 생물은 천사를 말합니다. 한 가지 이상한 점이 있습니다. 천사가 보좌 주위에 있는 것은 말이 됩니다만 천사가 보좌 가운데 있을 수도 있습니까? 보좌에 앉는 것과 보좌 가운데 있는 것은 어떤 차이가 있습니까?

하나님은 영이십니다. 형상이 없습니다. 천사도 영입니다. 하나님이 형상이 있어서 정말로 보좌에 앉아계시고, 천사들도 형상이 있어서 하나님 주변에 옹위해 있는 것이 아닙니다만 요한한테는 그렇게 보일 수밖에 없습니다. 그래서 이런 어색한 표현이 나온 것입니다. 네 생물이 보좌 가운데와 보좌 주위에 있다는 것은, 보좌의 주인공은 아니면서 보좌와 가장 가까이에 있다는 뜻입니다.

그런데 네 생물의 모양이 특이합니다. 첫째는 사자 같고 둘째는 송아지 같고 셋째는 사람 같고 넷째는 독수리 같은데, 여섯 날개가 있고 앞뒤에 눈이 가득하다고 했습니다. 천사라기보다는 오히려 괴물 같습니다.

성경에 '그룹'이라는 천사와 '스랍'이라는 천사가 나옵니다. 그룹은 하나님의 친위대 같은 천사이고, 스랍은 찬양대 같은 천사입니다.

에스겔에 그룹이 나오는데 네 얼굴과 네 날개가 있습니다. 본문에 나오는 생물은 얼굴이 하나인데 그룹은 사면에 얼굴이 있습니다. 앞은 사람의 얼굴이고, 오른쪽은 사자의 얼굴, 왼쪽은 소의 얼굴, 뒤는 독수리의 얼굴입니다. 또 스랍은 이사야에 나오는데, 여섯 날개가 있습니다. 요한이 본 네 생물은 그룹의 모습과 스랍의 모습을 다 가지고 있습니다. 그리고 하나님과 가장 가까이에 있습니다.

랍비들이 성경을 주석한 《미드라시》라는 문서가 있습니다. 거기에 보면 사자는 동물의 왕이고 소는 가축 중에 가장 뛰어나고 사람은 모든 피조물 중에 으뜸이고 독수리는 새 중에 제일이라고 해서, 네 생물은 모든 피조물을 대표하는 모습이라고 했습니다. 수긍이 가십니까? 사자는 포유류의 왕, 독수리는 조류의 왕, 악어는 파충류의 왕, 두꺼비는 양서류의 왕, 참치는 어류의 왕이라고 해서, 이 다섯 동물이 모든 척추동물을 대표한다는 것은 말이 됩니다. 그런데 모든 피조물을 대표하기 위해서 짐승 중에서는 사자, 가축 중에서는 소, 피조물 중에서는 사람, 새 중에서는 독수리를 택했다고 하면 대표하는 집단의 크기가 맞지 않습니다. 어차피 가축은 짐승에 포함됩니다. 가축의 대표와 짐승의 대표가 따로 있을 이유가 없습니다. 또 짐승이나 새 역시 피조물입니다. 그러니 사람만 택해서 '피조물의 대표다!' 라고 해도 되는 것 아닙니까?

마태, 마가, 누가, 요한 네 복음서에는 초대 교회 때부터 붙어있는 별명이 있습니다. 마태복음은 사자복음, 마가복음은 송아지복음, 누가복음은 인자복음, 요한복음은 독수리복음입니다. 모든 복음서가 예수님의 생애를 보여주고 있지만 주제는 다릅니다. 마태복음은 왕으로 오신 예수, 마가복음은 종으로 오신 예수, 누가복음은 완전한 사람으로 오신 예수, 요한복음은 하나님의 아들 예수입니다. 그래서 사자복음, 송아지복음, 인자복음, 독수리복음이라는 별명이 붙었습니다. 요한이 본 네 생물과 그대로 연결됩니다. 우리가 하나님의 형상으로 지음 받은 것처럼, 이들은 그리스도의 일부 속성을 닮은 천사들입니다. 아마 천사들 중에서도 상당히 높은 지위에 있는 천사들이 아닌가 싶습니다.

그리스 신화에 눈이 100개나 있는 거인 아르고스가 나옵니다. 온몸에 눈이 달려있습니다. 제우스가 강의 신 이노코스의 딸 이오와 바람을 피우는데 헤라가 이상한 낌새를 채고 다가왔습니다. 제우스는 얼른 이오를 흰 암소로 변하게 하고는 시치미를 뗍니다. 제우스가 바람을 피운 것은 한두 번 있는 일이 아닙니다. 헤라는 무슨 일이 있었는지 알아차렸습니다. 그래도 모르는 척, 흰 암소가 예쁘다며 자기한테 달라고 합니다. 난처해진 것은 제우스입니다. 하지만 거절할 명분이 없습니다. 별 수 없이 암소를 헤라한테 줬습니다. 헤라가 아르고스를 불러서 그 암소를 지키게 했습니다. 아르고스는 두 눈을 감고 잠을 잘 때도 나머지 98개 눈으로 이오를 감시했으니 파수꾼으로는 최적인 셈입니다.

요한이 본 생물의 특징도 눈이 많다는 것입니다. 6절에도 "앞뒤에 눈들이 가득하더라"고 했고, 8절에도 "각각 여섯 날개를 가졌고 그 안과 주위에는 눈들이 가득하더라"고 했습니다. 그리고 그들이 하는 일은 하나님을 찬양하는 것이었습니다. 그들은 밤낮 쉬지 않고 하나님을 찬양했습니다. 눈이 많은 것과 하나님을 찬양하는 일이 어떻게 연결이 됩니까? 혹시 여러분은 지금보다 눈이 두 배 많으면 하나님을 두 배

더 찬양하시겠습니까?

앞에서 요한은 수정과 같은 유리 바다를 보았습니다. 하나님과 우리 사이에는 '수정과 같은 유리 바다'라고 표현할 만큼 정결함과 의로움과 거룩함의 격차가 있습니다. 성경에 나오는 사람 중에 이 사실에 가장 불만이었던 사람을 꼽으라면 단연 요나입니다. 하나님이 요나한테 니느웨에 가서 심판을 예언하라고 했습니다. 니느웨는 앗수르의 수도입니다.

신학교 동기 중에 공부를 마치면 선교사로 나가겠다는 동기가 있었습니다. 그런데 말이 재미있었습니다. 아무 데나 보내시는 곳으로 가겠지만 일본은 가기 싫다는 것이었습니다. 하나님이 일본으로 가라고 하면 차라리 선교사를 포기하겠다는 말도 했습니다. 아닌 게 아니라 저도 어린 시절에 한 번도 '일본 사람'이라는 말을 써보지 않았습니다. 항상 '일본 놈'이라고 했습니다.

이스라엘한테 앗수르가 그런 나라입니다. 그런데 하나님이 앗수르의 수도로 가라는 것입니다. 요나는 선지자입니다. 하나님의 성품을 압니다. 자기가 니느웨에 가서 하나님의 말씀을 전했을 때 니느웨가 회개를 하지 않으면 관계없습니다만 행여 회개를 해버리면 하나님은 그들을 용서하실 것입니다. 그러면 안 되지 않습니까? 그래서 다시스로 도망갈 생각을 합니다. 하지만 다시스로 가는 대신 물고기 뱃속에 들어가게 됩니다. 물고기 뱃속에서 나온 다음에 니느웨에 가서 말씀을 선포하자, 니느웨가 정말로 회개를 합니다. 하나님은 말씀하신 심판을 내리지 않았습니다. 회개를 했으니 심판을 내릴 이유가 없습니다. 그러자 요나가 "여호와여 내가 고국에 있을 때에 이러하겠다고 말씀하지 아니하였나이까 그러므로 내가 빨리 다시스로 도망하였사오니 주께서는 은혜로우시며 자비로우시며 노하기를 더디하시며 인애가 크시사 뜻을 돌이켜 재앙을 내리지 아니하시는 하나님이신 줄을 내가 알았음이니이다"라며 불만을 폭발합니다. 속된 말로 바꿔볼까요? "하나님, 참 잘나셨습니다. 어련하시겠습니까? 계속 그렇게 자비를 베풀면서 나 빼고 하나님 노릇 잘 하십시오."라는 뜻입니다.

앞에서 버가모 교회의 안디바가 죽임을 당했다는 내용을 확인했습니다. 그러면 다른 사람들 역시 언제 죽을지 모르는 상황입니다. 오늘은 같이 예배를 드리지만 다음 주일에는 안 보일 수 있습니다. 그러면 사자 밥이 된 것으로 알면 됩니다. 그런 암울한 시기에 요한이 환상을 봤습니다. 하늘 보좌가 있고 그 앞에 수정 같은 유리 바다가 있습니다. 그러면 "하나님, 저희는 여기서 이렇게 힘든 나날을 보내는데 거기서 천사들과 그렇게 지내니까 좋으십니까?"라는 불만이 나올 수도 있지 않겠습니까?

얼마 전에 어떤 분께 교회 출석을 권했더니 그 분이 이런 질문을 합니다. 하나님이 계시다면 아프리카에 굶어죽는 사람이 왜 그리 많으냐는 것입니다. 그러면서 자기 생각에는 아무래도 하나님이 안 계신 것 같다고 합니다. 우리 중에 그 얘기에 동의하는 사람은 없을 것입니다. 우리는 하나님이 계시다는 사실을 믿어 의심치 않습니다. 하지만 아프리카에 굶어죽는 사람이 왜 그리 많은지 명쾌하게 답변하지는 못합니다. 그 일이 자기 일이 아니라서 심각하지 않을 뿐입니다. 비슷한 불행이 자기한테 닥쳐보십시오. "하나님, 대체 왜 이러십니까? 제가 왜 이런 일을 겪어야 합니까?" 하고, 하소연할 사람이 한둘이 아닐 것입니다. 자식을 앞세우거나 부모가 한꺼번에 사고로 죽는 엄청난 비극이 아니라도 그렇습니다. 원하는 대학에 진학을 못하거나 빌려준 돈을 떼여도 그런 생각을 합니다. 하나님은 전능하신 분인데 왜 자기가 불행 중에 있어야 합니까? 로또복권을 매주 일등 당첨되게 해달라는 것도 아니고 어려움이 없게 조금만 신경 써달라는데 그걸 안 해주십니다.

그런데 요한이 본 네 생물은 밤낮 쉬지 않고 하나님을 찬양합니다. 그들의 특징은 눈이 많다는 것입니다. 앞뒤에 눈들이 가득하고 여섯 날개 안과 주위에도 눈이 가득하다고 했으니 아마 아르고스보다 눈이 더 많았을 것입니다. 그 많은 눈으로 이 세상 구석구석을 다 살폈을 것입니다. 요한계시록 당시로 얘기하면 로마의 압제 아래 있는 모든 교회의 상황을 다 확인했을 것이고, 지금으로 얘기하면 세상을 살아가는 우리의 모든 사정을 다 확인했을 것입니다. 우리한테 있는 고난, 슬픔, 좌절, 불행을 다 확인했을 것입니다.

그리고 결론이 "거룩하다 거룩하다 거룩하다 주 하나님 곧 전능하신 이여 전에도 계셨고 이제도 계시고 장차 오실 이시라"입니다. 사자 같이 생긴 생물의 스물네 번째 눈에 보인 모습도 하나님의 거룩을 설명하는 일이고, 송아지 같이 생긴 생물의 마흔두 번째 눈에 보인 모습도 하나님의 거룩을 설명하는 일이고, 사람 같이 생긴 생물의 아흔세 번째 눈에 보인 모습도 하나님의 거룩을 설명하는 일이고, 독수리 같이 생긴 생물의 백서른일곱 번째 눈에 보인 모습도 하나님의 거룩을 설명하는 일입니다. 이 세상에서 벌어지는 그 어떤 일도 하나님의 거룩을 설명하지 않는 일이 없습니다. 하나님의 전능하심에 위배되는 일도 없고, 하나님이 이 세상 역사의 주인임을 나타내지 않는 일도 없습니다.

작년에 상영한 〈광해, 왕의 된 남자〉라는 영화가 있습니다. 그 영화에 왕을 알현하기 위해서 사전 교육을 받는 내용이 나옵니다. 왕한테는 먼저 말을 하는 것이 아니라고 합니다. 왕이 묻는 말에만 예, 또는 아니요로 짧게 답하면 그만입니다. 혹시 다른 말을 덧붙여야 할 때는 "아뢰옵기 황송하오나…"로 시작하라고 합니다. 설령 왕이 묻는 말에 대답하는 것이라고 해도 감히 왕 앞에서 자기가 입을 여는 것 자체가 송구스러운 일이라는 것입니다.

우리는 하나님께 할 말이 없는 존재들입니다. "지당하십니다. 맞습니다. 하나님 최고입니다."라고만 하면 됩니다. 하나님이 하시는 일을 우리가 다 알 수는 없습니다. 하지만 우리가 모른다고 해서 하나님이 틀린 것은 아니지 않습니까?

《욥기》가 바로 그런 내용입니다. 욥이 영문 모를 곤경에 처합니다. 친구들이 그런 욥을 찾아와서 얘기를 시작합니다. 욥이 하나님 하시는 일에 의문을 표합니다. 계속 반복하는 얘기가 "하나님은 대체 무엇을 하시는 분이냐? 속 시원하게 대면이라도 했으면 좋겠다. 나는 아무 잘못이 없다. 그런데 왜 이런 일을 당해야 하느냐?"입니다.

《욥기》는 42장까지 있는데, 38장에서 하나님이 등장하십니다. 그런데 욥이 궁금하여 여기는 문제에는 하나도 답을 안 하시고 오히려 욥한테 질문을 하십니다. 질문 내용은 황당하기까지 합니다. "땅의 주추를 무엇 위에 세웠으며 그 모퉁잇돌은 누가 놓았느냐? 바다의 경계를 정한 자가 누구냐? 광명이 어느 길로 뻗치며 동풍이 어느 길로 땅에 흩어지느냐? 네가 하늘의 궤도를 아느냐? 네가 번개를 보낼 수 있느냐? 산 염소가 새끼 치는 때를 네가 아느냐? 네가 들소를 길들일 수 있

느냐?" 이와 같은 질문을 계속 합니다. 욥이 알 재간이 없습니다. 요컨
대 하나님 말씀은 "옳고 그른 기준이 너한테 있느냐? 네가 이해를 못
하면 내가 틀린 거냐? 내가 너한테 일일이 설명하면서 하나님 노릇을
해야 하느냐?"입니다. 욥의 답이 무엇이었습니까? "내가 주께 대하여
귀로 듣기만 하였사오나 이제는 눈으로 주를 뵈옵나이다 그러므로 내
가 스스로 거두어들이고 티끌과 재 가운데에서 회개하나이다"입니다.
하나님을 뵙고 보니 자기가 지금까지 품었던 모든 의문과 가졌던 항변
들이 죄다 회개거리였습니다.

하나님이 하시는 일 중에서 우리가 이해할 수 없는 일은 얼마든지
있을 수 있습니다. 하지만 경우에 어긋나는 일은 없습니다. 하나님이
하시는 일에는 다 이유가 있습니다. 혹시 우리한테 발언권이 주어진다
면 그 발언권으로 하나님을 찬양하면 그것으로 족합니다.

눈이 가득한 네 생물이 하나님을 찬양할 때, 이십사 장로들 역시 하
나님을 찬양했습니다. 그냥 찬양하는 것이 아니라 자기들의 관을 보좌
앞에 드리며 찬양했습니다. 헬라어 단어에 '관'은 두 가지가 있습니
다. '디아데마'와 '스테파노스'입니다. '디아데마'는 왕이 쓰는 왕관
이고 '스테파노스'는 경기에서 이긴 사람이 쓰는 면류관입니다. 이들
이 쓰고 있던 관은 스테파노스(면류관)입니다.

에베소 교회에 보낸 편지에 "죽도록 충성하면 생명의 관을 준다"는
구절이 있었습니다. 이들은 이 땅에서 죽도록 충성한 공로로 면류관을
받은 사람들입니다. 그런데 그것을 하나님께 돌려드립니다. 자기들은
받을 자격이 없다는 것입니다. 자기들한테 있는 면류관이 자기들의 공
로가 아니라 하나님의 은혜인 것을 고백합니다.

예전에 이 부분을 놓고 이렇게 얘기하는 것을 들은 기억이 있습니다. "천상의 예배는 하나님께 영광을 돌려드리는 것으로 이루어진다. 자기한테 있는 영광이 자기 것이 아니라 하나님의 것임을 인정하는 것이 천상의 예배다. 그런 예배를 드리려면 먼저 자기가 받은 영광이 있어야 한다. 자기한테 아무런 영광도 없으면 하나님께 돌려드릴 것도 없게 된다. 모두 다 자기 머리에서 관을 벗어 하나님께 드리는데 그때 자기 머리에 아무것도 없으면 어떻게 하겠는가?" 이 땅에서 신자 노릇을 성실하게 감당하지 않으면 하늘에서도 제대로 감당할 수 없다는 것입니다. 남들은 머리에서 면류관을 벗어드릴 때 자기 혼자 머리카락을 뽑아서 드릴 수는 없지 않습니까?

이십사 장로는 하나님이 영광과 존귀와 권능을 받으시는 것이 합당하다고 찬양합니다. 이런 표현은 우리도 얼마든지 쓸 수 있습니다. 누군가 기도 중에 "영광과 존귀와 권능을 받으시기에 합당하신 아버지 하나님, 오늘도 저희를 이 자리에 불러주시니 감사를 드립니다."라고 합니다. 옆에서 말을 겁니다.

"잠깐만 실례하겠습니다. 방금 하나님을 영광과 존귀와 권능을 받으시기에 합당하신 분이라고 했는데, 맞습니까?"

"예, 그렇습니다."

"그 이유가 무엇 때문이라고 생각하십니까?"

"예?"

"하나님이 영광과 존귀와 권능을 받기에 합당한 이유가 무엇 때문입니까?"

아마 답을 못할 것입니다. 십중팔구 입에 발린 표현이기 때문입니다. 체험에서 우러난 신앙고백이 아니라 들은풍월을 옮긴 것입니다.

이십사 장로들은 그렇지 않습니다. 그들한테 물으면 그들은 하나님이 만물을 지으셨기 때문이라고 서슴없이 답할 것입니다. "주께서 만물을 지으신지라 만물이 주의 뜻대로 있었고 또 지으심을 받았나이다"라는 것이 그들의 찬양 내용입니다.

주께서 지으신 만물에는 우리 한 사람, 한 사람도 포함됩니다. 이 세상 모든 만물이 주의 뜻대로 창조되어서 주의 뜻대로 존재하는 것처럼 우리 역시 그렇습니다. 우리는 주의 뜻대로 지음 받아서 주의 뜻대로 존재하는 사람들입니다. 그러면 우리도 같은 찬양을 할 수 있어야 합니다. 찬양은 들은풍월로 하는 것이 아닙니다. 삶이 곧 찬양이고 찬양이 곧 간증이어야 합니다. 이십사 장로의 찬양이 곧 우리 모두의 찬양입니다.

CHAPTER 14

두루마리와 어린양

내가 보매 보좌에 앉으신 이의 오른손에 두루마리가 있으니 안팎으로 썼고 일곱 인으로 봉하였더라 또 보매 힘 있는 천사가 큰 음성으로 외치기를 누가 그 두루마리를 펴며 그 인을 떼기에 합당하냐 하나 하늘 위에나 땅 위에나 땅 아래에 능히 그 두루마리를 펴거나 보거나 할 자가 없더라 그 두루마리를 펴거나 보거나 하기에 합당한 자가 보이지 아니하기로 내가 크게 울었더니 장로 중의 한 사람이 내게 말하되 울지 말라 유대 지파의 사자 다윗의 뿌리가 이겼으니 그 두루마리와 그 일곱 인을 떼시리라 하더라 내가 또 보니 보좌와 네 생물과 장로들 사이에 한 어린양이 서 있는데 일찍이 죽임을 당한 것 같더라 그에게 일곱 뿔과 일곱 눈이 있으니 이 눈들은 온 땅에 보내심을 받은 하나님의 일곱 영이더라(계 5:1-6).

4장에서 하늘 보좌 얘기가 나왔습니다. 로마가 아무리 기승을 부려도 이 세상 주인은 하나님이라는 뜻입니다. 5장에서는 예수님이 등장합니다. 하나님이 세상을 다스리시는 기준이 예수님이기 때문입니다. 요한의 시선도 보좌에 앉으신 이한테서 예수님에게로 옮겨갑니다. 요한의 시선을 옮기게 하는 매개물이 있습니다. 바로 두루마리입니다.

　요한이 보좌에 앉으신 이의 오른손에 있는 두루마리를 보았습니다. 안팎으로 쓰고 일곱 인으로 봉한 두루마리입니다. 에스겔에도 안팎에 글이 쓰인 두루마리 얘기가 나옵니다. 겔 2:9-10에 보면 "내가 보니 보라 한 손이 나를 향하여 펴지고 보라 그 안에 두루마리 책이 있더라 그가 그것을 내 앞에 펴시니 그 안팎에 글이 있는데 그 위에 애가와 애곡과 재앙의 말이 기록되었더라"고 되어 있습니다. 모세가 시내산에서 받은 십계명 돌판도 그렇습니다. 출 32:15-16에 "모세가 돌이켜 산에서 내려오는데 두 증거판이 그의 손에 있고 그 판의 양면 이쪽저쪽에 글자가 있으니 그 판은 하나님이 만드신 것이요 글자는 하나님이 쓰셔서 판에 새기신 것이더라"는 구절이 있습니다. 돌판 앞뒷면에 계명이 새겨져 있었습니다. 하나님은 한 면만 사용하시는 것보다 양면을 다 사용하기를 즐기시는 모양입니다.

　하나님이 엿새 동안 천지를 지으시고 일곱 째 날에 안식하셨습니다. 모든 것이 완벽해서 더 이상 손 댈 데가 없었다는 뜻입니다. 두루마리를 안팎으로 썼다는 얘기도 그와 흡사합니다. 더 이상 추가할 내용도 없고 추가할 공간도 없고 추가할 필요도 없습니다. 하나님이 정하신 것만으로 모든 것이 충분합니다. 그런 두루마리가 일곱 인으로 봉해져 있었습니다.

　힘 있는 천사가 "누가 그 두루마리를 펴며 그 인을 떼기에 합당하냐"고 외쳤습니다. 두루마리를 펴려면 먼저 인을 떼어야 합니다. 곧이곧대로 얘기하면 '누가 그 인을 떼며 그 두루마리를 펴기에 합당하냐'

라고 해야 합니다. 하지만 두루마리를 펴는 것과 인을 떼는 것을 구별된 동작으로 볼 필요는 없습니다. 두루마리를 편다는 것과 인을 뗀다는 것은 같은 뜻입니다. 같은 뜻을 다른 말로 반복하는 것은 성경에 자주 나오는 표현법입니다.

유대인들이 한 여인을 예수님께 끌고 와서 물었습니다. 이 여인이 간음 중에 잡혔는데 어떻게 해야 하느냐는 것입니다. 그때 예수님은 "너희 중에 죄 없는 자가 먼저 돌로 치라"고 했습니다. 돌로 치는 것이 단지 육체의 능력에 속한 문제라면 그리 큰 능력이 필요하지 않습니다. 돌을 들어서 던질 힘만 있으면 됩니다. 하지만 예수님이 말씀하신 경우는 그렇지 않습니다. 죄가 없는 것이 돌로 칠 수 있는 조건이 됩니다. 누가 두루마리를 펴고 인을 떼기에 합당한지를 묻는 얘기도 그런 식입니다. '합당하다'에 해당하는 헬라어는 '악시오스'인데, 능력이나 권리가 아니라 선함이나 의로움 같은 적합성을 나타내는 말입니다.

그 두루마리는 하나님의 오른손에 있습니다. 그러면 하나님이 직접 인을 떼고 두루마리를 펴면 되는 것 아닙니까? 그런데 그렇지 않은 모양입니다.

하나님이 정말 사랑이 많은 분이라면 모든 사람을 다 용서해주셔야 하는 것 아니냐는 질문을 받은 적이 있습니다. 예수 믿는 사람만 용서하는 것보다 모든 사람을 다 용서하는 것이 더 큰 사랑이라는 것입니다. 하지만 하나님의 사랑 대상에 죄는 포함되지 않습니다. 심판이 경기장 안에서 벌어지는 반칙을 판정하는 것처럼 하나님은 세상의 죄를 판정하십니다. 죄를 묵인하면 더 이상 하나님이 아닙니다. 죄에는 반드시 죄 값이 따라야 합니다. 그래서 하나님이 오른손에 있는 두루마리를 하나님이 직접 펴지 않고 누가 펼 것인지를 물었습니다. 하나님이 직접 펴면, 마치 예수님의 십자가 사역 없이 세상의 죄를 묵인하는 형국이 됩니다.

> 다니엘아 마지막 때까지 이 말을 간수하고 이 글을 봉함하라 많은 사람이 빨리 왕래하며 지식이 더하리라(단 12:4).

다니엘은 요한계시록과 함께 묵시서의 대표로 꼽히는 책입니다. 다니엘에서는 마지막 때까지 글을 봉함하라고 했습니다. 그런데 요한계시록에서는 인봉된 두루마리가 펴집니다. 마지막 때가 이르렀다는 뜻입니다.

요즘을 말세라고 합니다. 작년도 말세였고 재작년도 말세였습니다. 말세라는 말을 계속 듣다보니 식상할 정도입니다. 대체 언제부터 언제까지가 말세입니까? 말세가 언제 끝나는지는 다 압니다. 주님 다시 오시면 끝납니다. 그러면 말세가 언제 시작되었습니까?

말세는 시간 개념이 아니라 순서 개념입니다. 주님이 오시면 세상이 끝납니다. 그러니 주님이 오시기 전에 일어나야 할 일이 다 일어나고 주님 오실 일 하나만 남으면 그때부터 말세입니다. 주님이 다시 오시려면 먼저 육신을 입고 이 땅에 오시는 일이 있어야 합니다. 처음 오시지도 않았는데 두 번째 오실 수는 없습니다. 구약시대는 말세가 아닙니다. 주님이 육신을 입고 이 땅에 계신 동안도 말세가 아니고 부활하신 동안도 말세가 아닙니다. 부활해서 승천한 다음부터가 말세입니다. 주님이 언제 오실지는 몰라도 오시기만 하면 모든 것이 끝납니다. 그래서 지금이 말세입니다.

우리의 문제는 그 말세가 2,000년 동안이나 계속 되고 있다는 사실일 것입니다. 마치 주님이 다시 오시지 않을 것처럼 신앙생활을 합니다. 그렇다고 해서 주님이 다시 오실 것을 믿지 않는 것은 아닙니다. 주님이 다시 오시기는 하시는데, 그 일이 자기 생애에는 일어나지 않을 줄 압니다. 그 생각이 맞을 수도 있습니다. 그 정도가 아니라 설령 향후 1,000년 동안 주님이 오시지 않는다고 하십시다. 그것이 무슨 상관입니까? 주님이 다시 오시는 우주의 종말이 아니라도 개인의 종말은 누구한테나 있습니다. 이 세상 살다 죽으면 그 사람한테는 그것이 종말입니다.

어떤 사람이 의사한테 시한부 생명이라는 말을 들었습니다. 병세가 중해서 3개월을 넘기지 못한다는 것입니다. 그 사람이 그 3개월을 어떻게 살겠습니까? 그 말을 듣거나 말거나 똑같이 살지는 않을 것입니다. 지금까지 살아온 날을 반성도 하고 남은 시간을 보람 있게 보내기 위해서 나름대로 신경을 쓸 것입니다. 그러면 3개월이 아니라 6개월이면 어떻습니까? 아마 별 차이 없을 것입니다. 9개월이나 12개월은 어떻습니까? 이런 식으로 계속 늘여보십시다. 3년이나 4년, 5년은 어떻고, 10년이나 15년, 20년은 어떻습니까? 30년은 다릅니까? 3개월이든 30년이든 시한부 인생이기는 매일반입니다.

시한부 종말론은 기독교 역사에 늘 등장하는 이단입니다. 주님이 언제 오시는지, 이 세상이 언제 끝나는지에 그만큼 관심이 있는 모양입니다. 하지만 정작 우리가 신경 써야 할 문제는 다른 문제입니다. 주님이 언제 오시느냐, 몇 월 며칠이냐, 얼마나 남았느냐가 아니라 그런 것에 관계없는 삶을 사는 것입니다. 어떤 책에 보니까, 운전 중에 아슬아슬한 순간을 넘길 때마다 입고 있는 팬티가 깨끗한지를 생각해본다는 구절이 있었습니다. 우리는 늘 준비 된 삶을 살아야 합니다. 오늘 당장 주님을 만나더라도 당혹스러울 것이 없어야 합니다. 10년 후에 만나면 괜찮은데 지금 만나는 것은 곤란하게 살면 안 됩니다.

하여간 힘 있는 천사가 큰 음성으로 외쳤습니다. 큰 음성으로 외쳤으니까 모두가 그 음성을 들었을 것입니다. 그런데 하늘 위에나 땅 위에나 땅 아래에 능히 그 두루마리를 펼 자가 없었습니다. 이 세상 그 어떤 피조물도 그 두루마리를 펴기에 합당하지 않았습니다. 그렇다고 해서 힘 있는 천사가 펼 수 있는 것이 아닙니다. 그도 역시 두루마리를 펴기에는 합당하지 않은 피조물에 불과합니다. 그한테 있는 힘이 어느만한 힘인지는 모르지만 그 힘도 두루마리를 펴는 데는 소용이 없었습니다.

그 두루마리에 무슨 내용이 있는지는 성경에 기록되어 있지 않습니다. 그런데 요한은 두루마리를 펴기에 합당한 자가 보이지 않자, 크게 울었습니다. 인봉 된 두루마리를 펴지 못하는 것이 무엇을 의미하는지 알았다는 뜻입니다. 일곱 인을 떼는 내용은 6장에 나옵니다. 인을 하나씩 뗄 때마다 그에 상응하는 심판이 차례로 이어집니다. 아마 두루마리에는 주님의 재림을 통한 이 세상 종말을 포함해서 만물을 완성시키는 하나님의 구속 경륜에 관한 내용이 기록되었을 것입니다. 인을 떼지 않으면 세상은 지금 모습으로 마냥 지속될 수밖에 없습니다. 사탄과 그 하수인이 계속 활개치고 의인의 고난은 도무지 끝나지 않을 것입니다. 그래서 요한은 울었습니다. 눈물 몇 방울을 글썽인 것이 아니라 크게 울었습니다.

사람한테는 희로애락의 감정이 있습니다. 그런데 그 감정을 어떻게 쓰는지는 사람마다 다릅니다. 하나님의 나라가 확장되는 것으로 기뻐하는 사람이 있는가 하면, 자기 욕심이 이루어지는 것으로 기뻐하는 사람도 있습니다. 소득 수준이 남한테 미치지 못하는 것 때문에 자책하는 사람도 있고, 신앙 수준이 남한테 미치지 못하는 것으로 자책하는 사람도 있습니다. 슬픔을 느끼는 것도 그렇습니다. 자기 계획이 이루어지지 않는 것으로 슬퍼할 수도 있고 하나님의 뜻이 왜곡되는 것으로 슬퍼할 수도 있습니다.

인봉 된 두루마리를 펴지 않으면 이 세상에 하나님의 계획이 나타나지 않게 됩니다. 그러면 무슨 낙으로 세상을 살아갑니까? 하나님 은혜 외에 다른 소망이 있는 사람은 울지 않아도 됩니다만 하나님 은혜가 유일한 소망인 사람은 울 수밖에 없습니다.

장로 중의 한 사람이 그런 요한한테 울지 말라고 했습니다. 요한이 느끼는 좌절에 대한 해답을 찾았다는 뜻입니다. 유대 지파의 사자 다윗의 뿌리가 이겼으니 그 두루마리와 그 일곱 인을 뗄 것이라는 얘기가 그런 의미입니다. 인봉된 두루마리를 펴기에 합당한 자가 나타났습니다. 하늘 위에 있는 피조물도 아니고 땅 위에 있는 피조물도 아니고 땅 아래에 있는 피조물도 아닙니다. 바로 하나님의 아들입니다.

> 유다는 사자 새끼로다 내 아들아 너는 움킨 것을 찢고 올라갔도다 그가 엎드리고 웅크림이 수사자 같고 암사자 같으니 누가 그를 범할 수 있으랴 규가 유다를 떠나지 아니하며 통치자의 지팡

이가 그 발 사이에서 떠나지 아니하기를 실로가 오시기까지 이르리니 그에게 모든 백성이 복종하리로다(창 49:9-10).

야곱이 임종을 앞두고 그의 열두 아들을 축복하면서, 유다를 사자에 비유했습니다. 사자는 백수의 왕입니다. 장차 유다 지파에서 만 왕의 왕 그리스도가 날 것을 예언한 것입니다. 또 예수님은 다윗의 후손입니다. 그래서 다윗의 뿌리라고 했는데, 뿌리라면 후손보다 오히려 선조의 이미지가 느껴집니다. 예수님이 혈통으로는 다윗의 가문으로 오셨지만 근본 하나님이라는 사실을 감안하면 참으로 적절한 비유입니다.

요한이 울었다는 4절과 장로가 울지 말라고 하는 5절을 연이어 읽으면 긴장감이 떨어집니다. 처음부터 다시 생각해 보십시다. 보좌에 앉으신 이의 오른손에 두루마리가 있습니다. 일곱 인으로 봉해진 두루마리입니다. 그런데 그 두루마리를 펴기에 합당한 자가 아무도 없었습니다. 그래서 요한이 크게 울었습니다. 을사늑약으로 국권을 빼앗겼을 때, 장지연이 황성신문에 '시일야방성대곡'을 썼습니다. 요한의 마음이 그랬을 것입니다. 그보다 더 큰 슬픔이 있을 수 없습니다.

요한이 얼마나 오래 울었는지 모릅니다. 울자마자 장로가 금방 달래지는 않았을 것입니다. 본문에서 크게 울었다고 했으니 어느 정도의 시간이 지났을 것입니다. 그런 요한한테 장로 중의 한 사람이 울지 말라고 했습니다.

제가 괜히 거북하게 느끼는 표현이 있습니다. 천국을 비유하는 표현이 특히 그렇습니다. 〈타워〉라는 영화에 그런 대사가 나옵니다. 최고급 주상 복합 아파트에서 화재가 난 상황을 설정한 재난 영화입니다. 영화중에 집들이를 하는 장면에서 한 사람이 호화로운 거실을 둘러보며 얘기합니다. "와! 천국이 따로 없네요!"

저는 그런 표현이 참 싫습니다. 천국의 요체는 "좋은 곳"에 있지 않고 "하나님"에 있습니다. 이 세상의 온갖 좋은 것을 모아놓은 곳이 천국이 아니라 하나님이 계신 곳이 천국입니다. 우리 구원이 완성되는 곳이고 우리가 하나님과 완벽한 교제를 나누는 곳입니다. 만일 천국이 이 세상에 있는 좋은 것을 모아놓은 곳이라면 굳이 갈 이유가 없습니다. 돈만 많으면 이 세상에서도 얼마든지 천국을 맛볼 수 있습니다. 〈타워〉 영화에서처럼 "와! 천국이 따로 없네요!"라고 하는 것은 하나님 없는 천국을 사모하는 것 같아서 싫습니다.

복음을 함부로 얘기하는 것도 마찬가지입니다. 자기한테 조금 반가운 소식이면 무조건 복음이라고 하는 사람이 있습니다. 계약이 체결되었다는 소식도 복음이라고 하고, 조직검사를 했는데 악성이 아니라는 검사 결과도 복음이라고 합니다. 하지만 복음은 그렇게 값 싼 것이 아닙니다. 예수님의 피가 묻어 있는 것이고 우리의 영원을 결정하는 문제입니다. 그런데 '유대 지파의 사자 다윗의 뿌리가 이겼으니 그 두루마리와 그 일곱 인을 떼시리라'는 얘기는 말 그대로 복음입니다. 걸핏하면 천국이 따로 없다고 하는 식으로 복음이 따로 없는 것이 아니라 정말로 복음입니다.

그 말을 듣는 순간 요한이 어떤 상상을 했을까요? '유대 지파의 사자'라는 표현에 어울리는 힘 있는 모습을 기대했을 것입니다. 어쩌면 천군천사를 거느린 메시야를 기대했을 수도 있습니다. 인봉된 두루마리를 펴서 이 땅에 하나님의 역사를 나타내려면 당연히 그래야 할 것 아닙니까? 그런데 요한이 본 것은 위풍당당한 사자가 아니라 어린양이었습니다. 5절에서는 분명히 사자를 언급했는데, 6절에는 어린양이 나옵니다. 대체 어떻게 된 영문입니까?

고3 때 국어 교과서에 춘향전 일부가 있었습니다. 춘향이가 옥에 갇혔습니다. 오늘 죽을지, 내일 죽을지 모르는 형편입니다. 월매의 유일한 소망은 그저 사위가 장원급제해서 돌아오는 것입니다. 춘향이가 살아나려면 그 수밖에 없습니다. 그러던 어느 날, 정말로 사위가 왔습니다. "장모, 나 왔소." 하는 목소리가 얼마나 반가웠는지 모릅니다. 그런데 그 반가움은 잠깐으로 끝나고 말았습니다. 사위가 사모관대를 하고 나타난 것이 아니라 거지꼴로 나타났기 때문입니다. 이제는 내 딸이 살았다 싶었는데, 그 한 조각 기대마저 완전히 무너지고 말았습니다.

요한의 심정이 그와 같았을 것입니다. 분명히 복음을 들었습니다. 그런데 복음이 복음 같지가 않습니다. 복음 같은 말을 들은 것이 아니라 오리지널 복음을 들었는데도 그렇습니다.

아마 사람들이 신앙에 성실하지 않은 것은 이런 이유 때문일 것입니다. 우리한테 있는 신앙이 세상보다 더 강한 힘으로 확연하게 드러나면 얼마나 좋습니까? 그렇게 하면 예수 믿는 재미를 새록새록 느낄 수 있을 것입니다. 신앙에 게으른 사람은 아무도 없을 것입니다. 하나님은 분명히 그렇게 하실 능력이 있으신 분입니다. 그런데 좀처럼 그렇게 하지 않으십니다. 신앙이 우리의 힘이라고 하는데 그 힘이 세상을 박살내는 데는 쓰이지 않고 늘 십자가에 매달려 있을 뿐입니다.

본문에서도 유대 지파의 사자 다윗의 뿌리인 그리스도가 어린양의 모습으로 두루마리를 펴십니다. 그 어린양은 일찍이 죽임을 당한 것 같은데, 일곱 뿔과 일곱 눈이 있습니다. 일곱은 완전함을 말하고 뿔은 권세를 뜻합니다. 일곱 눈은 하나님의 일곱 영이라고 했으니까 성령님을 말하는데, 특별히 눈은 지혜, 통찰력을 의미합니다. 즉 죽임 당한 어린양은 완전한 권세, 완전한 지혜를 가진 분입니다. 완전한 권세, 완전한 지혜가 있는데도 사자가 아닌 어린양입니다. 죽임 당한 어린양으로 하여금 세상을 심판하게 하는 것이 하나님의 방법입니다.

마태복음 10장에 예수님이 제자들을 파송하는 장면이 나옵니다. 그때 예수님은 "보라 내가 너희를 보냄이 양을 이리 가운데 보냄과 같도다"라고 했습니다. 양을 이리 가운데 보내면 죽을 수밖에 없습니다. 제자들은 뭔가 특별한 조치를 기대했을 것입니다. "하지만 안심해라. 내가 너희한테 사자의 이빨과 호랑이 발톱, 물소의 뿔을 무기로 주마."라는 말이 나와야 어울립니다. 그래야 제자들이 걱정 없이 세상에 나갈 수 있습니다. 그런데 예수님은 전혀 다른 말씀을 하십니다. "그러므로 너희는 뱀 같이 지혜롭고 비둘기 같이 순결하라"(마 10:16b)가 전부입니다. 이리들 틈바구니에서 살아가는 양한테 필요한 것이 힘과 능력이 아니라 지혜와 순결이라는 것입니다.

앞에서 두루마리를 펴기에 합당하다고 할 때의 '합당하다'는, 능력이나 권리가 아니라 선함이나 의로움을 나타내는 말이라고 했습니다. 우리한테 필요한 것은 세상을 호령할 수 있는 사자 같은 능력이 아닙니다. 세상의 지표가 되는 선함과 의로움입니다.

요한계시록에 어린양을 찬양하는 내용은 계속 반복되는데 사자를 찬양하는 내용은 한 번도 안 나옵니다. 우리 마음은 사자한테 있습니까, 어린양한테 있습니까? 혹시 암송된 교리로만 어린양을 찬양하고 속마음은 사자한테 있는 것이 아닙니까? '나도 어린양으로 세상을 살아야지.' 라는 마음은 없고 '나도 사자처럼 세상을 호령할 수 있었으면…' 하는 마음만 있으면 그 찬양은 무효입니다. 세상은 사자를 주목합니다. 하지만 하나님은 어린양을 통해서 세상을 심판하기 원하십니다. 우리는 마땅히 어린양을 주목해야 합니다. 죽임 당한 어린양이 우리의 모든 기준입니다.

CHAPTER 15

새 노래를 부르라

그 어린양이 나아와서 보좌에 앉으신 이의 오른손에서 두루마리를 취하
시니라 그 두루마리를 취하시매 네 생물과 이십사 장로들이 그 어린양
앞에 엎드려 각각 거문고와 향이 가득한 금 대접을 가졌으니 이 향은 성
도의 기도들이라 그들이 새 노래를 불러 이르되 두루마리를 가지시고 그
인봉을 떼기에 합당하시도다 일찍이 죽임을 당하사 각 족속과 방언과 백
성과 나라 가운데에서 사람들을 피로 사서 하나님께 드리시고 그들로 우
리 하나님 앞에서 나라와 제사장들을 삼으셨으니 그들이 땅에서 왕 노릇
하리로다 하더라 내가 또 보고 들으매 보좌와 생물들과 장로들을 둘러
선 많은 천사의 음성이 있으니 그 수가 만만이요 천천이라 큰 음성으로
이르되 죽임을 당하신 어린양은 능력과 부와 지혜와 힘과 존귀와 영광과
찬송을 받으시기에 합당하도다 하더라 내가 또 들으니 하늘 위에와 땅
위에와 땅 아래와 바다 위에와 또 그 가운데 모든 피조물이 이르되 보좌
에 앉으신 이와 어린양에게 찬송과 존귀와 영광과 권능을 세세토록 돌릴
지어다 하니 네 생물이 이르되 아멘 하고 장로들은 엎드려 경배하더라
(계 5:7-14).

두루마리는 요즘 말로 책입니다. 성자 예수님이 성부 하나님께 있던 책을 넘겨받았습니다. 그렇다고 해서 우리가 서점에서 돈을 내고 책을 사는 것 같은 단순한 일이 아닙니다. 그 일이 있기 전에 예수님의 대속 사역이 있었습니다. 십자가의 죽음과 부활을 통해서 사탄의 권세를 꺾고 영원한 승리를 선포했습니다. 그 승리에 근거해서 인류의 구원 계획이 담긴 두루마리를 받으시고는 그 인봉을 떼서 집행하는 것입니다.

어린양이 두루마리를 취하자, 네 생물과 이십사 장로들이 그 앞에 엎드려서 찬양했습니다. 어린양이야말로 두루마리의 인봉을 떼기에 합당하다는 것입니다. 그 이유가 무엇입니까? 왜 하늘 위에나 땅 위에나 땅 아래에 있는 다른 피조물은 합당하지 않고 어린양만 합당합니까? 네 생물과 이십사 장로의 찬양 내용에 그 이유가 나와 있습니다.

본문 9-10절에 "그들이 새 노래를 불러 이르되 두루마리를 가지시고 그 인봉을 떼기에 합당하시도다 일찍이 죽임을 당하사 각 족속과 방언과 백성과 나라 가운데에서 사람들을 피로 사서 하나님께 드리시고 그들로 우리 하나님 앞에서 나라와 제사장들을 삼으셨으니 그들이 땅에서 왕 노릇 하리로다 하더라"고 했습니다.

어린양이 인봉을 떼기에 합당한 이유는 일찍이 죽임을 당했기 때문입니다. 일찍이 죽임을 당한 이유는 각 족속과 방언과 백성과 나라 가운데서 사람들을 피로 사서 하나님께 드리기 위해서입니다. "족속과 방언과 백성과 나라"는 요한계시록에 자주 반복되는 표현입니다. 인종이나 언어, 국가에 대한 얘기가 아니라 세계의 모든 인류를 말합니다. 어린양은 세계 모든 인류 가운데서 사람들을 피로 사서 하나님께 드리기 위해서 일찍이 죽임을 당했습니다. 이때의 사람들은 구원 얻은 사람들, 즉 우리를 말합니다. 어린양이 우리를 피로 사셨습니다. 샀다는 것은 우리가 팔린 적이 있음을 전제로 합니다. 어린양은 죄에 팔린 우리를 되사서 하나님께 드렸습니다.

이스라엘에는 기업을 무르는 제도가 있었습니다. 어떤 사람이 가난을 못 이겨 땅을 파는 처지가 되면 가까운 친척이 그 땅을 되사서 돌려주는 것입니다. 그렇게 해야 하나님의 백성이 하나님 주신 기업을 계속 누릴 수 있기 때문입니다. 가나안 땅은 일찍부터 하나님이 이스라엘에게 약속한 땅입니다. 하나님의 백성의 이름이 하나님 주신 땅에서 끊어지는 일은 없어야 합니다.

어떤 사람이 땅을 팔게 되면, 그 내용을 증서로 만들어 인봉합니다. 증서가 인봉되었다는 것은 땅이 팔렸다는 뜻입니다. 그렇게 인봉된 증서를 땅을 물러줄 사람이 개봉합니다. 땅을 판 사람한테는 그야말로 은인인 셈입니다.

《룻기》는 이런 제도를 배경으로 하는 내용입니다. 룻이 보아스와 결혼해서 아이를 낳자, 사람들이 "찬송할지로다 여호와께서 오늘 네게 기업 무를 자가 없게 하지 아니하셨도다"라고 찬양합니다. 아들을 낳은 것을 축하하는 것이 아닙니다. 기업 무를 자가 있게 하신 하나님의 은혜를 찬송하는 것입니다.

아무나 기업을 물러주는 것이 아닙니다. 우선 근친이어야 합니다. 땅을 물러줄 만한 능력도 있어야 합니다. 같이 빈털터리면 곤란합니다. 결정적으로 그렇게 할 의사가 있어야 합니다. 아무리 돈이 많아도 물러줄 의사가 없으면 그만입니다. 이런 점에서 어린양은 우리의 기업을 무르기에 완벽하게 합당하신 분입니다. 그래서 죄에 팔린 우리를 피로 사셨습니다.

네 생물과 이십사 장로가 이런 내용으로 어린양을 찬양하는데, 거문고와 향이 가득한 금 대접을 가졌다고 했습니다. 거문고는 찬양할 때 쓰이는 악기입니다. 또 금 대접에 담긴 향은 성도의 기도들이라고 설명되어 있습니다. 어린양이 두루마리를 취하기까지에는 많은 기도가 있었다는 뜻입니다. 기도를 열심히 하면 어린양이 두루마리를 취한다는 얘기가 아닙니다. 어린양이 두루마리를 취한 것은 이 세상을 향한 하나님의 구원 사역의 성취입니다. 그 일을 이루기 위한 많은 기도가 있었다는 뜻입니다.

입시철이 되면 어느 교회나 기도하는 사람이 부쩍 늘어납니다. 시험 때가 가까워올수록 더욱 그렇습니다. 그러면 이 땅에 하나님의 구원이 더 잘 이루어집니까? 예전에 어떤 분한테서 "저는 문제만 생기면 바로 금식 들어가요."라는 말을 들은 적이 있습니다. 조금 더 풀어서 얘기하면, 사소한 문제는 그냥 기도해서 해결하고, 심각한 문제는 금식기도를 해서 해결한다는 뜻입니다. 그러면 그 분한테 기독교의 가치는 무엇입니까? 자기 앞가림이나 해주는 종교입니까? 집안에 아무 문제도 없으면 무슨 제목으로 기도할 겁니까?

아마 우리나라가 세계에서 가장 기도를 열심히 하는 나라일 것입니다. 철야예배나 새벽기도가 있는 나라는 우리나라뿐입니다. 그런데 밤을 새워 부르짖고 새벽마다 부르짖는 대부분의 기도 제목이 세 가지로 요약됩니다. 남편 돈 잘 벌어오고, 자식들 공부 잘하고, 가족들 건강한 것입니다. 어떤 사람이 새벽마다 하루에 삼십 분씩 이런 제목으로 기도를 합니다. 다른 사람은 한 시간씩 기도를 합니다. 그러면 한 시간씩 기도하는 사람이 삼십 분씩 기도하는 사람보다 하나님의 나라를 위해서 두 배 더 열심을 내는 사람입니까?

주기도문에는 남편 돈 많이 벌어오게 해달라는 내용도 없고, 아들이 좋은 대학 가게 해달라는 내용도 없고, 가족들 전부 건강하게 해달라는 내용이 없다는 사실을 아십니까? 그런 기도를 하면 안 된다는 얘기가 아닙니다. 하나님과 우리는 부자지간입니다. 자식이 아버지한테 말씀드리지 못할 내용은 없습니다. 하지만 말씀드리는 내용이 그런 내용 뿐이면 안 됩니다. 애들이 말을 배울 때도 '엄마, 맘마' 부터 시작하는 것은 당연합니다. 하지만 중학생이 되고 고등학생, 대학생이 되어도 '엄마, 맘마' 만 하는 것은 말이 안 됩니다. 자기의 필요에 의해서 기도를 시작하더라도 그런 기도를 통해서 하나님을 알아야 합니다.

기도에서 가장 중요한 것은 '자기 소원이 이루어지느냐, 안 이루어지느냐?' 가 아닙니다. 기도를 들으시는 분이 하나님이라는 사실입니다. 우리는 간절히 기도해서 우리 뜻을 관철해야 하는 사람들이 아니라 하나님이 이 세상 주인인 것을 체험해야 하는 사람들입니다. 우리의 소원을 이루는 것이 기도의 목적이면 '내 뜻대로 마옵시고 아버지 원대로 되기를 바라나이다' 라는 예수님의 기도는 어떻게 설명해야 합니까? 요컨대 우리의 기도가 땅에서 맴돌면 안 됩니다. 하늘에 닿아야 합니다. 열심히 기도해서 우리의 뜻대로 하늘을 움직이게 하는 것이 아니라 하늘의 뜻이 땅에서 성취되어야 합니다.

그래서 네 생물과 이십사 장로들이 향이 가득한 금 대접을 가졌습니다. 그 금 대접에 가득한 향이 이 땅에 하나님의 구원 사역을 나타내달라는 성도들의 기도였습니다. 그 일을 위해서 어린양이 인봉을 떼고 있습니다. '기도를 했더니 병이 나았다.' '기도를 했더니 장사가 잘 된다.'가 아닙니다. 기도를 했더니 드디어 하나님의 구원 사역이 나타났다는 것입니다.

어린양은 두루마리의 인봉을 떼기에 합당하신 분이라고 했습니다. 사람들을 피로 사기 위해서 일찍이 죽임을 당했기 때문입니다. 그러면 어린양이 피로 산 사람들은 어떻게 됩니까? 그들은 하나님께 드려졌습니다. 그것이 전부가 아닙니다. 그들을 하나님 앞에서 나라와 제사장들을 삼으셨습니다. 그들은 땅에서 왕 노릇할 것입니다.

나라와 제사장을 삼았다는 우리말 표현은 좀 어색합니다. '나라, 곧 제사장을 삼았다'고 하는 것이 본문의 뜻에 더 부합합니다. 죄에 팔린 우리를 어린양이 도로 샀습니다. 그리고 하나님의 나라를 삼으셨습니다. 우리는 '나라'라고 하면 땅덩어리를 떠올리는 경향이 있습니다. 미국, 일본, 중국, 영국이라는 말을 들으면 세계지도에서 그 나라 위치가 연상됩니다. 하지만 하나님의 나라는 통치권 개념입니다. 하나님의 다스리심을 받는 백성들이 곧 하나님의 나라입니다. 건물이 교회가 아니라 믿는 사람들이 교회인 것처럼, 땅덩어리가 나라가 아니라 우리가 나라입니다. 그 나라는 또한 제사장이기도 합니다. 우리는 하나님을 섬기는 예배 공동체입니다.

예수님을 믿으면 구원 얻는다고 합니다. 무슨 뜻입니까? 예수님을 믿으면 이 땅에서 어떻게 살든지 죽은 다음에는 천국에 가서 영원토록 호강한다는 뜻이 아닙니다. 예수님을 믿으면 하나님을 섬기는 하나님의 백성이 된다는 뜻입니다. 그것이 구원입니다. 예수님이 그 일을 위해서 십자가에 달리셨습니다. 예수님을 믿으면 그 다음에는 천국 가서 잘 먹고 잘 살 궁리를 할 것이 아니라 하나님의 백성답게 살 궁리를 해야 합니다.

10절 끝부분의 "그들이 땅에서 왕 노릇하리로다"가 그런 말씀입니다. 물론 이때의 땅은 종말론적인 성취를 말하는 것일 수 있습니다. 그리스도의 재림을 통해서 그리스도와 함께 영원토록 왕 노릇한다는 뜻이라고 해도 무리가 없습니다. 하지만 현재형으로 받아들일 수도 있습니다. 우리는 영적 질서 속에서 이 세상을 다스리는 사람들입니다. 우리는 세상의 눈치를 보는 사람들이 아닙니다. 하나님이 이 세상 주인임을 선포하며 사는 사람들입니다. 우리는 전부 왕 같은 제사장들입니다.

네 생물과 이십사 장로들이 이런 내용으로 어린양을 찬양합니다. 그리고 성경은 이런 찬양을 '새 노래'라고 합니다. '새 노래'라는 표현은 시편에 특히 자주 나옵니다. '새'에 해당하는 헬라어는 두 가지가 있습니다. '네오스'와 '카이넨'입니다. '네오스'는 시간 개념이고, '카이넨'은 본질에 대한 얘기입니다. 새 제품을 얘기하면서 '아직 포장도 안 뜯었다.'라고 하면 '네오스'이고, '성능이 이전 것과는 차원이 다르다.'라고 하면 '카이넨'입니다. 본문에서는 '카이넨'이 쓰였습니다. 네 생물과 이십사 장로들이 지금까지와는 차원이 다른 새 노래를 불렀습니다.

새 노래가 있으면 '헌 노래'도 있을 것입니다. 물론 성경에는 '헌 노래'라는 말이 안 나옵니다. '헌 노래'는 하나님을 찬양하기에 적합한 노래가 아니기 때문입니다. 이 세상을 살던 습관이 덕지덕지 묻은 노래로 하나님을 찬양할 수는 없는 노릇입니다. 우리는 우리 입에서 나오는 노래가 새 노래인지, 헌 노래인지 확인해야 합니다. 우리가 영광받는 삶을 노래하고 싶은지, 하나님의 영광을 찬양하고 싶은지 분명히 구분을 해야 합니다.

1920년대에 도쿄음악대학을 나온 윤심덕이라는 가수가 있습니다. 세상 사람들의 주목을 받은 우리나라 최초의 성악가이자 대중가수이며 배우였습니다. 그가 루마니아 작곡가 이바노비치의 '도나우 강의 잔물결' 곡조를 차용해서 〈사의 찬미〉를 히트시켰습니다.

> 광막한 광야를 달리는 인생아
> 너는 무엇을 찾으려 하느냐
> 이래도 한 세상 저래도 한 세상
> 돈도 명예도 사랑도 다 싫다

윤심덕은 이 노래로 죽음을 찬미했습니다. 일본에서 음반 녹음을 마치고 우리나라로 돌아오던 중에 김우진과 함께 현해탄에 몸을 던졌습니다. 그때 나이가 불과 서른 살이었습니다. 별 수 없는 노릇입니다. 김우진은 애가 있는 유부남이었습니다. 그릇된 사랑에 빠지고 보니 모든 것이 부질없었던 것입니다.

똑같은 곡조에 맞춰서 십자가를 찬양한 사람도 있습니다. 신사참배에 항거하다 순교한 주기철 목사입니다.

서쪽 하늘 붉은 노을 영문 밖에 비치누나

연약하온 두 어깨에 십자가를 생각하니

머리에는 가시관 몸에는 붉은 옷

힘없이 걸어가신 영문 밖의 길이라네

똑같은 노래로 어떤 사람은 죽음을 찬미하고, 어떤 사람은 십자가를 찬미합니다. 이것이 헌 노래와 새 노래의 차이입니다. 더 정확히 말씀 드리면 헌 노래를 부르는 사람과 새 노래를 부르는 사람의 차이이고, 이 세상 재미에 마음을 **빼앗긴** 사람과 다음 세상에 소망을 둔 사람의 차이입니다.

우리 입에서는 어떤 노래가 나옵니까? 대중가요를 부르지 말고 복음성가를 불러야 한다는 뜻이 아닙니다. 우리의 찬양 대상이 무엇이냐에 대한 말씀입니다. 우리 입에서 새 노래가 나오면 우리는 그리스도 안에 있는 새로운 피조물로 살아가는 것이 맞습니다. 하지만 헌 노래가 나오면 아직도 세상에 매어있는 사람들입니다.

네 생물과 이십사 장로만 어린양을 찬양한 것이 아닙니다. 11절에 의하면, 만만이요 천천에 이르는 수많은 천사도 찬양했습니다. 죽임을 당하신 어린양은 능력과 부와 지혜와 힘과 존귀와 영광과 찬송을 받으시기에 합당하다는 것입니다. 또 13절에는 이 세상 모든 피조물의 찬양이 나옵니다. 하늘 위에와 땅 위에와 땅 아래와 바다 위에와 그 가운데 있는 모든 피조물이 "보좌에 앉으신 이와 어린양에게 찬송과 존귀와 영광과 권능을 세세토록 돌릴지어다"라고 했습니다.

2002년 6월 18일에 있었던 우리나라와 이탈리아의 월드컵 16강전을 모르는 사람은 없을 것입니다. 0:1로 패색이 짙던 후반 43분, 기적처럼 설기현 선수가 동점골을 넣었습니다. 연장 후반 12분에는 안정환 선수의 골든골이 터졌습니다. 나흘 후에는 스페인과의 8강전이 있었습니다. 전, 후반과 연장전까지 0:0으로 비겨서 승부차기를 했습니다. 마지막에 홍명보 선수가 찰 때는 차마 보지 못하고 눈을 감고 말았습니다. 정말이지, 가슴이 터지는 줄 알았습니다.

어린양이 두루마리를 취하는 것을 본 네 생물과 이십사 장로는 어떤 마음일까요? 만만과 천천의 천사들은 어떤 마음이고, 하늘 위에와 땅 위에와 땅 아래와 바다 위에와 그 가운데 있는 모든 피조물은 어떤 마음일까요? 그들은 큰 음성으로 이 땅에 하나님의 구원 사역을 나타내시는 어린양을 찬양하고 있습니다. 그런데 우리한테는 그런 마음이 없습니다. 그냥 멀뚱멀뚱한 눈으로 쳐다볼 뿐입니다. 우리나라 축구가 이탈리아를 이기고 스페인을 이긴 것이 훨씬 더 신명나는 일입니다. 대체 어떻게 된 영문일까요? 열망하는 마음이 있느냐, 없느냐의 차이입니다. 축구 경기는 우리나라가 이기기를 간절히 바라는 마음으로 봅니다. 행여 잘못될세라 노심초사하면서 봅니다. 그런데 하나님의 구원 사역에 대해서는 그런 마음이 없습니다. 성경에 나와 있으니까 그냥 그런가 보다 할 뿐입니다.

혹시 2014년 브라질 월드컵에서 우리나라가 4강에 올라간다고 하십시다. 우리나라가 브라질과 결승 진출을 다투는데, 갑자기 하늘에서 큰 음성이 들리면서 어린양이 두루마리의 인봉을 떼려고 합니다. 그러면 찬양을 하는 것이 아니라 오히려 불평을 할지도 모릅니다. 분위기 파악을 못해도 분수가 있지, 그 중요한 시점에 꼭 두루마리 인봉을 떼

야 합니까? 그런 일은 좀 천천히 해도 상관없지 않습니까? 우리한테
는 하나님의 구원이 선포되는 것이 그리 반가운 일도 아니고 그리 급
한 일도 아닙니다. 그러면 우리가 부르는 노래는 새 노래입니까, 헌 노
래입니까? 우리 마음이 이 세상에 있습니까, 하나님께 있습니까?

한 가지 확인해야 할 사실이 있습니다. 어린양이 일찍이 죽임을 당
한 이유가 무엇 때문입니까? 물론 우리를 피로 사기 위한 것입니다.
그러면 그것이 누구를 위한 일입니까? 우리를 피로 산 것이 전부가 아
니라 우리를 하나님께 드리기 위해서 피로 샀습니다. 또 우리를 하나
님 앞에서 나라와 제사장으로 삼으셨습니다. 이 내용은 앞에서도 나온
바 있습니다. 예수님은 하나님을 위하여 우리를 나라와 제사장으로 삼
으셨습니다.

> 우리를 사랑하사 그의 피로 우리 죄에서 우리를 해방하시고 그의
> 아버지 하나님을 위하여 우리를 나라와 제사장으로 삼으신 그에
> 게 영광과 능력이 세세토록 있기를 원하노라 아멘(계 1:5b-6).

예수님은 모든 일을 하나님을 위해서 했습니다. 일찍이 죽임을 당한
것도 하나님을 위한 일이고, 사람들을 피로 산 것도 하나님을 위한 일
이고, 사람들을 나라와 제사장으로 삼으신 것도 하나님을 위한 일입니
다. 이것이 네 생물과 이십사 장로의 찬양 내용입니다. 그리고 성경은
이런 찬양을 가리켜서 새 노래라고 했습니다. 만일 우리의 관심이 우
리한테 머물러 있다면 우리는 평생 새 노래를 부르지 못할 것입니다.
이 말을 뒤집어도 마찬가지입니다. 우리한테서 새 노래가 나오지 않는

다면 그 이유는 우리 관심이 하나님이 아닌 우리한테 있기 때문일 것입니다. 하나님의 영광을 위하는 것이 우리 삶의 본질이라는 사실을 잊어버린 탓입니다.

본문에는 세 차례의 찬양이 등장합니다. 네 생물과 이십사 장로의 찬양, 수가 만만이요 천천에 이르는 천사들의 찬양, 모든 피조물의 찬양입니다. 예전에 "사랑은 아무나 하나 눈이라도 마주 쳐야지"라는 대중가요가 있었습니다. 사랑도 아무나 하는 것이 아니라는데, 찬양은 아무나 하겠습니까? 찬양을 하려면 적어도 하나님의 영광을 사모하는 마음이 있어야 합니다. 자기 뜻이 이루어지는 것이 문제가 아니라 하나님의 뜻이 이루어지는 것이 문제입니다. 그런 마음이 있으면 찬양이 나옵니다. 네 생물도 어린양을 찬양하고, 이십사 장로도 찬양하고, 만만과 천천의 천사도 찬양하고, 세상의 모든 피조물도 찬양하는데 우리만 누락될 수는 없습니다.

우리가 세상을 왜 살아갑니까? 정말로 하나님의 영광을 위해서 살아갑니까? 그렇다면 우리도 하나님을 찬양하는 대열에 합류할 수 있습니다. 그 대열은 세상에서 가장 복된 사람들의 대열입니다. 우리를 그 대열에 합류시키기 위해서 어린양이 일찍이 죽임을 당했습니다. 우리는 그 은혜로 이렇게 모인 사람들입니다.

CHAPTER 16

일곱 인의 주인공

내가 보매 어린양이 일곱 인 중의 하나를 떼시는데 그 때에 내가 들으니 네 생물 중의 하나가 우렛소리 같이 말하되 오라 하기로 이에 내가 보니 흰 말이 있는데 그 탄 자가 활을 가졌고 면류관을 받고 나아가서 이기고 또 이기려고 하더라 둘째 인을 떼실 때에 내가 들으니 둘째 생물이 말하되 오라 하니 이에 다른 붉은 말이 나오더라 그 탄 자가 허락을 받아 땅에서 화평을 제하여 버리며 서로 죽이게 하고 또 큰 칼을 받았더라 셋째 인을 떼실 때에 내가 들으니 셋째 생물이 말하되 오라 하기로 내가 보니 검은 말이 나오는데 그 탄 자가 손에 저울을 가졌더라 내가 네 생물 사이로부터 나는 듯한 음성을 들으니 이르되 한 데나리온에 밀 한 되요 한 데나리온에 보리 석 되로다 또 감람유와 포도주는 해치지 말라 하더라 넷째 인을 떼실 때에 내가 넷째 생물의 음성을 들으니 말하되 오라 하기로 내가 보매 청황색 말이 나오는데 그 탄 자의 이름은 사망이니 음부가 그 뒤를 따르더라 그들이 땅 사분의 일의 권세를 얻어 검과 흉년과 사망과 땅의 짐승들로써 죽이더라(계 6:1-8).

요한계시록은 마치 수수께끼 책 같은 느낌이 들 때가 있습니다. 본문도 그렇습니다. 흰 말 탄 자는 무슨 뜻이고, 붉은 말, 검은 말, 청황색 말을 탄 자는 무슨 뜻입니까?

본래 요한계시록은 소아시아에 있는 일곱 교회에 보낸 편지입니다. 알아듣지도 못할 내용을 편지에 쓸 리는 없습니다. 그들은 다 알아들었을 것입니다.

어떤 외국인이 우리나라 말을 배웠습니다. 의사소통에 별 불편이 없습니다. 하지만 우리나라 사람끼리 하는 말은 못 알아들을 수 있습니다.

전에 청년들과 고기를 구워먹는 자리에서 한 청년한테 말했습니다.

"넌 마늘 좀 많이 먹어라."

"왜요?"

"혹시 아냐? 마늘이라도 많이 먹으면 사람 될지…"

그 외국인이 그 자리에 있었으면 어안이 벙벙했을 것입니다. 그 말을 알아들으려면 단군신화를 알아야 합니다.

본문은 스가랴에 있는 내용을 배경으로 합니다(슥 1:7-17). 스가랴 선지자가 붉은 말을 탄 사람을 보았습니다. 또 그 뒤에 붉은 말, 자줏빛 말, 백마가 있었습니다. 여호와께서 땅에 두루 다니라고 보낸 자들입니다. 당시 이스라엘은 바사(페르시아)의 압제 아래 있었습니다. 그들은 이스라엘에 재난을 내린 하나님의 손길을 상징하는 셈입니다. 이스라엘이 그렇게 된 것이 하나님께서 하신 일입니다. 그들이 땅에 두루 다녀보니 온 땅이 평안하고 조용하더라고 했습니다.

일제강점기에 몇몇이 모여서 시국을 얘기합니다.

"요즘 세상이 어떻습니까?"

"아무 일도 없습니다. 온 땅이 평안하고 조용합니다."

그러면 뭐라고 해야 합니까? "이 놈의 세상이 대체 언제까지 이렇게 가려나? 얼른 확 뒤집혀야 하는데…" 하고 탄식할 것입니다. 나라를 빼앗긴 상황에서는 평안하고 조용하다는 것이 절대 좋은 말이 아닙니다.

자기들은 바사의 압제 아래 있습니다. 그런데 온 땅이 평안하고 조용하면 앞으로 얼마나 더 이렇게 지내야 한다는 말입니까? 그래서 "하나님, 대체 언제까지입니까? 저희들이 고난 중에 있는 것이 벌써 70년입니다." 하고 부르짖습니다. 하나님이 뭐라고 하십니까? "알았다. 내가 예루살렘을 회복시켜 주겠다. 그리고 예루살렘을 박해한 나라들을 벌하겠다"(슥 1:13-17)라고 하십니다. 본문은 "스가랴서에 말 탄 자가 나온다. 그들은 이 세상 역사에 간섭하시는 하나님의 손길을 상징한다."라는 사실을 알고 있는 소아시아 일곱 교회 교인들한테 보낸 편지의 일부입니다.

첫 번째 인을 떼자, 흰 말이 나타났습니다. 그 말에 탄 자는 활을 가졌고 면류관을 받고 나아가서 이기고 또 이기려고 했습니다. 계 19:11에 "또 내가 하늘이 열린 것을 보니 보라 백마와 그것을 탄 자가 있으니 그 이름은 충신과 진실이라 그가 공의로 심판하며 싸우더라"는 말씀이 있습니다. 그리스도를 가리킵니다. 그러니 본문에 나오는 흰 말탄 자도 그리스도로 오해할 수 있습니다. 하지만 어린양이 인을 뗐는데 그리스도가 나오는 것은 모순입니다. 또 그리스도라면 칼이 어울리지, 활은 어울리지 않습니다. 무엇보다도 그리스도는 이기고 또 이기려고 하지 않습니다. 그리스도는 언제나 넉넉히 이기시는 분입니다.

어떻게 해서든지 이기려고 아둥바둥 애를 쓰는 것은 그리스도의 위상과 거리가 멉니다. 그러면 답이 나왔습니다. 그리스도처럼 보이는데 그리스도가 아니라면 보나마나 적그리스도입니다. 사탄도 자기를 광명의 천사로 가장하는 법이니 적그리스도가 흰 말을 타는 것은 그리 놀랄 일이 아닙니다.

그러면 그가 받은 면류관은 어떻게 된 영문입니까? 면류관은 싸움에서 이겨야 받습니다. 앞에서 빌라델비아 교회에 보낸 편지에 "내가 속히 오리니 네가 가진 것을 굳게 잡아 아무도 네 면류관을 빼앗지 못하게 하라"고 했습니다. 마땅히 자기가 써야 할 면류관을 적그리스도 한테 빼앗긴 성도가 있는 모양입니다.

어린양이 두루마리의 첫 번째 인을 떼었다는 것은 이 세상 종말이 시작되었다는 뜻입니다. 종말에 나타나는 첫 번째 특징이 적그리스도의 출현입니다. 아마 당시 사람들은 네로나 도미티아누스를 적그리스도로 생각했을 것입니다. 그렇다고 해서 네로나 도미티아누스가 죽으면 적그리스도도 없어지는 것이 아닙니다. 적그리스도는 늘 있습니다.

어떤 시대의 사회 일반에 널리 퍼져 그 시대를 지배하고 특징짓는 정신을 '시대정신'이라고 합니다. 지난 대통령 선거 기간에 '국민들은 새로운 시대정신을 요구하고 있다.' '누가 더 시대정신을 잘 대변하고 있는가?'라는 식으로 '시대정신'이라는 말을 들은 기억이 있습니다. 언론에서 말하는 시대정신에 대해서는 별로 아는 것이 없습니다. 하지만 모든 시대가 갖는 시대정신의 본질은 제가 압니다. 하나님을 적대한다는 것입니다. 그것이 우리가 살고 있는 세상 풍조입니다.

상당히 많은 사람들이 미국을 기독교 국가로 생각합니다. 하지만 미국에서는 공공장소에서 크리스마스라는 말을 쓸 수 없습니다. 공공장소에서 특정 종교를 지지하는 용어를 쓰면 안 된다는 것입니다. '메리 크리스마스(Merry Christmas)' 대신에 '해피 홀리데이(Happy Holiday)'라고 합니다. TV에서만 그렇게 하는 것이 아닙니다. 공공장소면 학교도 포함됩니다. 선생님이 학생들한테 크리스마스라는 말을 쓰지 말라고 가르칩니다. 그것이 청교도들에 의해서 세워진 나라의 현실입니다. 이 세상 풍조는 점점 하나님 반대쪽으로 갑니다.

어쩌면 이런 얘기는 실감이 덜 할 수가 있습니다. "이 세상의 흐름 자체가 하나님과 반대쪽이다. 이런 세상에서 우리는 늘 깨어 있어야 한다."라고 하는 것보다 "아무개가 적그리스도다." 하고 명쾌하게 얘기하는 것이 훨씬 알기 쉽습니다. 그래서 오늘을 살아가는 우리한테는 적그리스도가 누구인지를 구체적으로 말씀드리고자 합니다.

우리의 신앙을 집요하게 방해하는 주인공이 있습니다. 예수를 믿으려면 그의 술책에 넘어가지 않는 것이 가장 중요합니다. 바로 자기 자신입니다. 운동선수들이 흔히 자기와의 싸움이라는 말을 많이 합니다. 신앙이야말로 자기와의 싸움입니다. 흰 말을 탄 자가 이기고 또 이기려고 한 대상이 누구입니까? 우리가 이 세상에서 '하나님, 이번 한 번만입니다.'라는 핑계로 악착같이 얻으려는 것이 무엇입니까? 말세를 살아가는 우리가 가장 조심해야 할 상대는 바로 우리 자신입니다.

두 번째 인을 떼자, 붉은 말이 나왔습니다. 그 탄 자는 땅에서 화평을 제하여 버리며 서로 죽이게 하고 또 큰 칼을 받았다고 했습니다. 큰 칼은 요즘 말로 큰 무기입니다. 붉은 말을 탄 자의 사명은 전쟁을 통해서 화평이 사라지게 하는 것입니다. 말세에 나타나는 특징 중의 하나가 전쟁입니다. 인류 역사에 전쟁은 늘 있었습니다. 그런데 본문은 이 세상을 향한 하나님의 심판이 구체적으로 진행되어 나타나는 것이 전쟁이라고 합니다.

세 번째 인도 마찬가지입니다. 셋째 인을 떼면 검은 말을 탄 자가 나타나는데, 기근을 상징합니다. 기근도 늘 있는 일입니다.

"한 데나리온에 밀 한 되요 한 데나리온에 보리 석 되로다 또 감람유와 포도주는 해치지 말라"는 말을 생각해 보십시다. 한 데나리온은 건강한 남자의 하루 품삯이고, 밀 한 되는 하루 양식입니다. 하루 종일 일한 것으로 자기가 먹을 양식만 구하면 끝입니다. "와! 엥겔지수가 100이네, 그럼 옷이나 집은 어떻게 해?"가 아닙니다. 가족은 어떻게 합니까? 먹고 살기 위해서는 천생 보리를 사야 합니다. 보리는 밀의 1/3 가격입니다. 영어성경 중에 NJB에는 A day's wages for a quart of corn, and a day's wages for three quarts of barley(하루 임금으로 하루치 밀, 하루 임금으로 사흘치 보리)라고 되어 있습니다. 한마디로 기근 때문에 먹고살기가 어려워진다는 얘기입니다.

그러면 저울은 무슨 뜻입니까? 재앙이 엄중하기는 하지만 하나님께서 제한하시는 재앙이라는 뜻입니다. 감람유와 포도주는 해치지 말라는 얘기가 바로 그렇습니다. 곡식과 포도주와 기름은 이스라엘의 생필품입니다. 기근은 내리시되 굶어죽게 하지는 않는다는 뜻입니다.

출애굽 전에 애굽에 열 가지 재앙이 있었습니다. 그때 일곱 번째 내린 재앙이 우박 재앙입니다. 출 9:31-32에 "그 때에 보리는 이삭이 나왔고 삼은 꽃이 피었으므로 삼과 보리가 상하였으나 그러나 밀과 쌀보리는 자라지 아니한 고로 상하지 아니하였더라"라고 되어 있습니다.

하나님은 진노 중에도 긍휼을 잃지 않는 분입니다. 우박을 내리는 데다 서리까지 내렸으면 밀과 쌀보리도 상해서 전부 굶어죽었을 것입니다. 그런데 보리와 삼만 상하게 하고 밀과 쌀보리는 남겨두셨습니다.

본문도 그렇습니다. 기근으로 인해서 밀과 보리는 폭등했지만 감람유와 포도주는 그대로 있습니다. 아직은 기회를 준다는 뜻입니다. 이 세상이 종말을 향하여 움직이고 있기는 하지만 최종적인 종말까지는 시간이 있습니다. 불신자들한테는 종말에 대한 경고인 동시에 신자들한테는 이 세상에 대한 일체의 미련을 끊게 하는 것입니다. 이 세상은 믿을 만한 곳이 못 됩니다.

넷째 인을 떼면 청황색 말이 나오는데, 그 탄 자의 이름이 사망이라고 했습니다. '사망'에 해당하는 헬라어 '타나토스'는 70인역에서 '온역'을 의미하는 히브리어 '데베르'를 번역한 말입니다. 《개역한글판 성경》에서는 온역으로 되어 있고, 《개역개정판》에서는 돌림병, 전염병, 질병으로 되어 있습니다. 청황색 말을 탄 자의 이름은 온역인데, 음부의 권세가 그 뒤를 따릅니다. 히브리 사람들은 사람이 죽어서 가는 곳을 음부라고 했습니다.

그리고 이어서 "그들이 땅 사분의 일의 권세를 얻어 검과 흉년과 사망과 땅의 짐승들로써 죽이더라"는 말이 나옵니다. 청황색 말을 탄 자가 땅 사분의 일의 권세를 얻은 것이 아닙니다. '그들'이라고 했으니까 흰 말 탄 자, 붉은 말 탄 자, 검은 말 탄 자, 청황색 말 탄 자 전부를 말합니다. 하나님이 그들한테 세상의 사분의 일을 맡겼습니다. 지금은 사분의 일이지만 8:7에서는 삼분의 일이 되고, 16장에서는 온 세상이 심판 대상이 됩니다. 그들은 검과 흉년과 온역과 땅의 짐승으로 세상을 유린할 것입니다.

전쟁, 기근, 온역, 땅의 짐승은 성경에서 하나님의 심판을 묘사하는 가장 일반적인 표현입니다. 짐승을 하나님의 심판으로 얘기하는 것이 어색할 수 있습니다만 조선시대만 해도 호환(虎患)은 상당한 골칫거리였습니다. 지방관한테 호랑이를 잡아서 백성을 보호하기에 힘쓰라는 명령을 내릴 정도였습니다. 하물며 구약시대라면 말할 것도 없습니다.

제자들이 예수님께 세상 끝에 무슨 징조가 있는지를 물었습니다. 그때 예수님은 "너희가 사람의 미혹을 받지 않도록 주의하라 많은 사람이 내 이름으로 와서 이르되 나는 그리스도라 하여 많은 사람을 미혹하리라 난리와 난리 소문을 듣겠으나 너희는 삼가 두려워하지 말라 이런 일이 있어야 하되 아직 끝은 아니니라 민족이 민족을, 나라가 나라를 대적하여 일어나겠고 곳곳에 기근과 지진이 있으리니 이 모든 것은 재난의 시작이니라"라고 대답하셨습니다. 본문은 예수님이 하신 그 말씀에 대한 성취를 보여줍니다.

이 세상에 전쟁이 없었던 적은 없습니다. 기근과 질병도 늘 있는 일입니다. 그러면 대체 종말은 언제 오는 것입니까? 우리는 언제부터 정신을 차려서 주님 맞을 준비를 해야 합니까?

성경에서 말세를 보내는 신자의 모범을 보여주는 사람이 바로 에녹입니다.

에녹은 육십오 세에 므두셀라를 낳았고 므두셀라를 낳은 후 삼백년을 하나님과 동행하며 자녀들을 낳았으며 그는 삼백육십오 세를 살았더라 에녹이 하나님과 동행하더니 하나님이 그를 데려가

시므로 세상에 있지 아니하였더라(창 5:21-24).

에녹은 65세에 므두셀라를 낳고, 므두셀라를 낳은 후 300년을 하나님과 동행한 사람입니다. 므두셀라는 '네가 죽으면 세상이 심판 받는다' 라는 뜻입니다. 그러면 언제까지는 마음을 놓고 살 수 있습니까? 므두셀라가 죽을 때까지가 아닙니다. 언제 죽을지를 누가 압니까? 므두셀라가 태어나기 전에는 마음 놓고 살 수 있지만 태어난 다음부터는 정신을 차려야 합니다. 그래서 에녹이 므두셀라를 낳은 다음부터는 하나님과 동행했습니다.

므두셀라는 성경에 나오는 사람 중에 가장 오래 산 사람입니다. 969년을 살았습니다. 므두셀라가 187세에 라멕을 낳았고, 라멕은 182세에 노아를 낳았습니다. 노아가 태어날 때 므두셀라는 369세였습니다. 그리고 노아가 600세 되던 해에 홍수가 터졌습니다. 므두셀라가 죽자, 정말로 세상이 심판을 받았습니다. 에녹은 그 날이 언제인지는 몰랐지만 늘 그 날을 준비하며 산 사람입니다. 그래서 그의 삶은 이 세상에서 끝나지 않고 하늘로 연결되었습니다.

우리가 요한계시록을 통해서 확인해야 할 것은 종말에 대한 프로그램이 아닙니다. "몇 년 몇 월 며칠에 세상이 망하느냐?", "앞으로 얼마나 남았느냐?"가 아닙니다. "이 세상 역사가 누구의 손에 달려 있느냐?"입니다. 우리는 심판이 언제 임하는지를 미리 알아서 그 전에만 정신 차리면 되는 사람들이 아니라 이 세상 역사가 하나님 손에 달린 줄 알아서 하나님 뜻에 맞게 사는 것을 연습해야 하는 사람들입니다. 이 세상에 전쟁과 기근, 질병이 없었던 적이 언제 있습니까? 전쟁과 기근과 질병은 "이제 얼마 안 남았다. 곧 카운트다운 들어간다."라는 뜻이 아닙니다. "이 세상은 완전하지 않다. 이 세상은 우리가 영원히 살 곳이 아니다. 우리는 다음 세상에 들어갈 준비를 해야 한다."라는 뜻입니다.

한 가지 의문이 있을 수 있습니다. 애굽에 열 가지 재앙이 내릴 적에 이스라엘은 따로 보호를 받았습니다. 이스라엘과 애굽이 구분되었습니다. 그런데 두루마리의 인봉을 뗐을 때는 신자와 불신자의 구분이 없는 것 같습니다. 흰 말을 탄 자, 붉은 말을 탄 자, 검은 말을 탄 자, 청황색 말을 탄 자가 땅 1/4을 해하는 권세를 얻어서 검과 흉년과 온역과 땅의 짐승으로 사람을 죽인다고 했으니 신자라고 해서 예외가 아닙니다. 그런 법이 어디 있습니까? 하나님이 신자와 불신자를 똑같이 대하신단 말입니까?

주 여호와께서 이같이 이르시되 내가 나의 네 가지 중한 벌 곧 칼과 기근과 사나운 짐승과 전염병을 예루살렘에 함께 내려 사람과 짐승을 그 중에서 끊으리니 그 해가 더욱 심하지 아니하겠느냐 그러나 그 가운데에 피하는 자가 남아 있어 끌려 나오리니 곧 자녀들이라 그들이 너희에게로 나아오리니 너희가 그 행동과 소행을 보면 내가 예루살렘에 내린 재앙 곧 그 내린 모든 일에 대하여 너희가 위로를 받을 것이라 너희가 그 행동과 소행을 볼 때에 그들에 의해 위로를 받고 내가 예루살렘에서 행한 모든 일이 이유 없이 한 것이 아닌 줄을 알리라 주 여호와의 말씀이니라 (겔 14:21-23).

예루살렘에 대한 재앙을 예언한 내용입니다. 그렇다고 해서 예루살렘 사람 전부가 죽는 것은 아닙니다. 남은 자가 있습니다. 그들은 위로를 받습니다. 그리고 그들은 하나님께서 행하신 일이 이유가 없는 일이 아닌 것을 알게 된다고 합니다. 결국 재난에는 양면성이 있습니다. 불의한 자한테는 심판이지만 의로운 자한테는 연단입니다. 불의한 자는 죄 값을 치르는 반면, 의로운 자는 정결하게 됩니다. 일종의 가지치기입니다. 가지치기를 하면 어떤 가지는 땔감이 되지만 남은 가지는 더 풍성한 열매를 맺습니다.

6장이 어떻게 시작했습니까? 어린양이 일곱 인 중의 하나를 떼는 것으로 시작했습니다. 우리가 6장에 있는 내용을 제대로 이해하지 못할 수는 있습니다. 하지만 어린양이 일곱 인을 떼는 것만은 확실하게 압니다. 그때마다 세상에 재앙이 임했습니다. 그 모든 재앙을 주관하는 분이 어린양입니다. 그러면 그것으로 충분하지 않습니까? 우리를 위해서 십자가에 달리신 어린양이 하시는 일이라면 어쨌든 우리한테 좋은 일일 것입니다. 우리가 지금은 낱낱이 알 수 없지만 인을 뗄 때마다 그것이 확연하게 드러날 것입니다.

예수님이 이 땅에 오셔서 가장 먼저 하신 말씀이 "회개하라 천국이 가까이 왔느니라"였습니다. 예수님은 하나님 나라 때문에 이 땅에 오셨습니다. 또 예수님 말씀 중에 "하나님의 나라는 너희 안에 있느니라"라는 말씀도 있습니다. 예수님이 이 땅에 오시는 것으로 하나님의 나라가 시작되었습니다. 그러면 그 하나님의 나라가 언제 완성됩니까? 십자가에서 돌아가시면서 "다 이루었다"고 하셨을 때에 완성되었습니까? 그렇지 않습니다. 하나님의 나라는 예수님의 초림부터 재림까지의 전 기간을 통하여 완성됩니다. 가나안 정복 전쟁을 통하여 이스라엘 영토가 확장되는 것처럼 하나님 나라의 완성은 점진성을 갖습니다. 그래서 어린양이 두루마리의 일곱 인을 한꺼번에 떼지 않고 하나씩 차례로 뗍니다. 하나님의 나라는 지금도 꾸준히 확장되어 가는 중입니다. 어린양이 그 일을 이루십니다.

우리가 고민할 문제는 하나님의 나라가 점진적으로 완성되어 가는 것처럼 우리 신앙도 과연 완성되어 가고 있느냐 하는 것입니다. 인을 뗄 때마다 이 세상을 향한 하나님의 계획이 이루어지는 것으로 끝나면 안 됩니다. 우리의 신앙도 더불어 완성되어야 합니다. 우리는 그 날을 소망하면서 우리에게 주어진 믿음의 선한 싸움을 싸우는 사람들입니다. 그 싸움에 더욱 성실해야 합니다.

CHAPTER 17

순교자의 신앙 따라

다섯째 인을 떼실 때에 내가 보니 하나님의 말씀과 그들이 가진 증거로
말미암아 죽임을 당한 영혼들이 제단 아래에 있어 큰 소리로 불러 이르
되 거룩하고 참되신 대주재여 땅에 거하는 자들을 심판하여 우리 피를
갚아 주지 아니하시기를 어느 때까지 하시려 하나이까 하니 각각 그들에
게 흰 두루마기를 주시며 이르시되 아직 잠시 동안 쉬되 그들의 동무 종
들과 형제들도 자기처럼 죽임을 당하여 그 수가 차기까지 하라 하시더라
(계 6:9-11).

어린양이 두루마리의 인봉을 뗍니다. 하나씩 뗄 때마다 이 세상을 향
한 하나님의 심판 계획이 드러납니다. 첫 번째 인을 뗐을 때는 흰 말
탄 자가 나타났습니다. 두 번째 인을 뗐을 때는 붉은 말 탄 자, 세 번째
인을 뗐을 때는 검은 말 탄 자, 네 번째 인을 뗐을 때는 청황색 말을 탄
자가 나타났습니다. 이들은 땅 사분의 일의 권세를 얻은 자들입니다.
하나님이 세상의 사분의 일을 이들한테 넘겨주셨습니다.

다섯째 인을 떼자, 전혀 다른 장면이 펼쳐집니다. 마치 지금까지 지상을 비추던 조명이 천상을 비추는 것 같습니다. 순교를 당한 영혼들이 하나님께 자기들의 피를 언제 갚아줄 것인지를 묻고, 하나님은 그들에게 순교자의 수가 차기까지 기다리라고 하십니다.

어딘가 어색하지 않습니까? 기독교는 사랑의 종교입니다. 게다가 순교를 당할 정도면 '무늬만 신자'는 아닙니다. 그러니 기왕이면 원한을 갚아달라는 기도보다는 용서해달라는 기도가 더 바람직하지 않겠습니까? 스데반도 돌에 맞아 죽어가면서 저들에게 죄를 돌리지 말아달라고 했습니다. 스데반이 죽어가면서 복수를 위한 기도를 했으면, 아마 스데반 얘기는 성경에 기록되지 않았을 것 같기도 합니다. 그러면 본문의 순교자들은 스데반만큼 신앙이 안 좋아서 그런 것입니까?

또 있습니다. 하나님이 정하신 순교자의 숫자가 몇 명인지는 모릅니다마는, 그런 숫자를 꼭 채워야 할 이유가 있습니까? 순교는 단순히 목숨만 빼앗기는 것이 아닙니다. 굉장한 공포와 고통이 따르게 마련입니다. 원형경기장에서 사자 밥이 되기 직전인 신자들을 상상해 보십시다. 그들의 가장 큰 소망은 지금이라도 하늘이 열리고 주님이 오시는 것입니다. 누군가 그렇게 울부짖으며 기도도 했을 것입니다. 그런데 불현듯 하늘에서 음성이 들립니다. "아니다. 나는 지금 가지 않는다. 너희가 다 죽는 것은 물론이고 너희를 이어서 추가로 내가 생각하는 숫자만큼 더 죽어야 내려갈 거다." 그런 말을 들으면서까지 예수를 믿고 싶을까요? 방금 전까지 두려움에 떨면서도 순교를 각오했다가 돌연 배교를 결심할 수도 있지 않겠습니까?

차근차근 따져 보십시다. 하나님의 말씀과 그들이 가진 증거로 말미암아 죽임을 당한 영혼들이 제단 아래 있습니다. 그들이 "거룩하고 참되신 대주재여 땅에 거하는 자들을 심판하여 우리 피를 갚아주지 아니하시기를 어느 때까지 하시려 하나이까"라고 했습니다. 기도 내용을 잘 보십시오. 자기들의 피를 갚아달라고 하는 것이 아닙니다. 갚아주는 것을 기정사실로 하고, 그것이 언제인지를 묻고 있습니다.

그들은 하나님을 "거룩하고 참되신 대주재여"라고 불렀습니다. 주재(主宰)는 어떤 일을 중심이 되어 맡아 처리하는 사람을 말합니다. 하나님이 역사의 주인이라는 뜻입니다. 하나님은 이 세상 역사를 주관하시되, 거룩하고 참되게 주관하시는 분입니다. 그런 하나님이 불의가 횡행하는 것을 마냥 방치하는 것은 말이 안 됩니다. 하나님은 분명히 선과 악을 판가름하실 것입니다. 그 사실을 모르지는 않습니다. 단지 그 날이 언제냐는 것입니다. 자기들 개인의 원한을 하소연하는 것이 아니라 하나님의 정의와 통치가 언제 실현되는지를 묻고 있습니다. 주기도문에 있는 "아버지의 나라가 오게 하시며 아버지의 뜻이 하늘에서와 같이 땅에서도 이루어지게 하소서"라는 구절에 해당하는 기도인 셈입니다.

잠깐 구약시대로 돌아가 보십시다. 어떤 사람이 제물로 쓰일 짐승을 끌고 성전에 옵니다. 제사장이 제물을 검사합니다. 하나님께 드릴 제물에는 아무런 흠도 없어야 하기 때문입니다. 합격 판정을 받으면 제물에 안수를 합니다. 제사 드리는 사람한테 있는 죄를 짐승한테 전가시키는 것입니다. 그 다음에 짐승을 죽여서 제단에 피를 뿌립니다. 그리고 고기는 각을 떠서 불에 태웁니다. 불에 태우는 고기만 제물이 아니라 피도 제물입니다.

자기들의 피를 언제 갚아 줄 것이냐고 기도하는 영혼들이 있는 곳이 제단 아래입니다. 그들의 피가 제물로 드려진 것입니다. 하나님은 아무 제물이나 받으시는 분이 아닙니다. 흠 없는 제물만 받으십니다. 그런데 그들은 하나님의 말씀과 그들이 가진 증거 때문에 죽임을 당했으니, 그야말로 하나님 받으시기에 합당한 제물인 셈입니다.

기독교에서 최고의 신앙 경지로 칭송하는 것이 순교입니다. 순교를 한 당사자만이 아니라 그 집안까지도 '순교자 집안'이라고 치켜세웁니다. 목숨을 바칠 정도면 무엇을 못 바치겠습니까? 그렇다고 해서 순교가 특별한 사람한테만 요구되는 신앙 덕목은 아닙니다.

신앙생활을 오래 하신 분은 '아브라함을 본받자'는 내용의 설교를 한두 번씩은 들어보았을 것입니다. 저도 참 많이 들었습니다. 물론 아브라함이 칭송받을 만한 신앙 위인인 것은 맞습니다. 하지만 정말로 아브라함을 본받으려고 아브라함을 얘기하는 것인지, 본받지 않으려고 아브라함을 얘기하는 것인지는 따져봐야 합니다. 성경이 아브라함을 말하는 이유가 무엇 때문입니까? 우리한테도 아브라함처럼 살라는 뜻입니까, 아브라함은 특별한 사람이니까 그럴 엄두를 내지 말라는 뜻입니까? 그런데 아브라함을 자꾸 얘기하는 것으로 아브라함을 남다른 사람으로 만듭니다. 아브라함을 부른 하나님이 우리도 불렀다는 사실을 모릅니다. 어쩌면 일부러 알지 않으려고 하는 것 같기도 합니다. 성경은 아브라함을 칭송하는 책이 아닙니다. 아브라함을 본보기로 삼아서 우리를 교육시키는 책입니다.

순교자를 얘기하는 것도 마찬가지입니다. 순교자의 신앙을 칭송하는 것은 당연합니다. 하지만 우리의 책임은 순교자를 칭송하는 것이 아닙니다. 순교를 한 사람들은 남다른 사람이어서 목숨 걸고 예수를 믿었지만 우리 같은 보통 사람들은 그렇게 하지 않아도 무방하다는 법은 없습니다.

로마시대 교인들이 어떤 환경에서 신앙생활을 했는지 모르는 사람은 없습니다. 그때는 예수를 믿는다는 이유로 사자 밥이 되기도 하고 화형을 당하기도 했습니다. 톱으로 허리가 잘리기도 했습니다. 성경주석가인 윌리엄 바클레이가 이렇게 말했습니다. "사자 밥이 되거나 화형을 당하는 것은 생각하기조차 무서운 일이다. 하지만 예수를 믿기로 작정한 사람이면 누구나 그 정도는 각오하고 있어야 한다."

예전에 '택시 기사의 선행' 이라는 제목의 기사를 읽은 적이 있습니다. 어떤 승객이 택시에 현금 1천만 원을 두고 내렸는데, 그것을 주인한테 돌려주었다는 것입니다. 기사를 읽는데 뿌듯한 마음과 함께 씁쓸한 느낌도 들었습니다. 당연한 일을 했는데 왜 그렇게 호들갑을 떨어야 합니까?

어떤 택시 기사는 신문에 이름이 오르고, 다른 택시 기사는 그 신문을 봅니다. 이런 차이가 있는 이유는 단지 기회의 차이라야 합니다. 양심에는 차이가 있으면 안 됩니다. 신문을 보는 택시 기사들마다 한 마디씩 해야 합니다. "야, 이 사람은 재수도 좋네. 난 왜 이런 일이 안 생기는 거야? 나도 이런 일만 있으면 매스컴 탈 수 있는데…"'

순교자와 우리도 그렇습니다. 순교자는 우리보다 믿음이 좋아서 순교를 하고, 우리는 순교자와 같은 믿음이 없어서 순교자들을 칭송만 하는 것이 아닙니다. 우리가 순교를 못하는 것은 신앙의 문제가 아니라 여건의 문제라야 합니다. 우리가 21세기의 대한민국에 사는 한, 순교자로 죽기는 힘들 것입니다. 죽여주는 사람이 없는데 무슨 수로 순교를 합니까? 하지만 순교자로 살기는 해야 합니다. 그들이 믿는 예수님과 우리가 믿는 예수님이 같은 분이니 섬기는 열심도 당연히 같아야 합니다.

천주교가 우리나라에 전래된 초기에 상당한 박해를 받았습니다. 흥선대원군 치세에서 일어난 병인박해가 특히 엄청났습니다. 어떤 기록에는 8천 명이 죽었다고 되어 있고, 어떤 기록에는 2만 명이 죽었다고 되어 있습니다.

순교한 사람이 몇 명인지도 모르는 마당에 순교한 사람이 누구인지 낱낱이 알 재간은 없습니다. 하지만 상상해 보십시다. 그들이 예수를 믿은 지 얼마 만에 순교했겠습니까? 10년 이상 믿은 사람도 혹시 있었는지 모릅니다만, 있어 봐야 극소수였을 것입니다. 어쩌면 그들 중에는 예수 믿은 지 3개월이나 6개월 만에 순교한 사람도 많았을 것입니다. 아직 세례도 받지 않은 교인도 많았을 것입니다. 당시는 문맹이 수두룩할 때입니다. 자기 스스로 성경 한 줄도 제대로 읽지 못한다는 뜻입니다. 그런데도 신앙을 부인하고 세상을 살아가느니, 차라리 죽는 쪽을 택했던 것입니다.

순교는 특별한 사람한테만 해당되는 단어가 절대 아닙니다. 예수를 믿는 사람이라면 누구한테나 적용되는 일상적인 삶의 원칙입니다. 일찍이 바울은 고린도교회에 편지를 쓰면서 "나는 날마다 죽노라"라고 했습니다. 천국에 가려면 죽어야 합니다. 날마다 죽으면 날마다 천국입니다. 그리고 그 보상으로 주어지는 것이 흰 두루마기와 안식입니다.

하나님이 엿새 동안 천지를 창조하시고 일곱째 날에 안식하셨습니다. 모든 것이 완벽해서 더 이상 할 일이 아무것도 없었기 때문입니다. 순교자들한테 쉬라는 얘기도 마찬가지입니다. 그들은 이 세상에서 자기한테 주어진 믿음의 선한 싸움을 다 싸운 사람들입니다. 그래서 쉬는 것입니다. 더 이상 할 일이 없습니다. 이 세상의 모든 고난, 갈등, 염려, 고통, 시련이 다 지나갔습니다.

아무나 쉴 수 있는 것이 아닙니다. 하나님으로부터 흰 두루마기를 받은 사람만 쉴 수 있습니다. 언제까지 쉬느냐 하면, 그들의 동료들도 그들처럼 죽임을 당하여 그 수가 차기까지입니다. 그러면 그들의 동무 종들과 형제들은 할 일이 있는 셈입니다. 그들 역시 하나님의 말씀과 그들이 가진 증거로 말미암아 죽임을 당해야 합니다. 그들도 자기들의 피를 제물로 뿌려야 합니다.

예수님 말씀 중에 "이 천국 복음이 모든 민족에게 증언되기 위하여 온 세상에 전파되리니 그제야 끝이 오리라"는 말씀이 있습니다. 이 말씀에 따르면 복음이 전파되지 않은 곳이 한 곳이라도 있으면 주님이 오시지 않는다는 뜻이 됩니다. 그러면 "하나님 나라의 도래를 위해서 모든 민족에게 복음을 전하자. 우리가 복음을 전할수록 하나님의 나라가 더 빨리 이루어진다."라고 하는 것이 가능합니다. 본문 11b절을 그런 식으로 풀이하면 "하나님이 미리 정하신 순교자의 수가 있다. 우리가 얼른 순교해서 하나님 나라를 오게 하자."라는 말도 가능하게 됩니다. 하나님의 나라를 위한 비장한 열심은 인정할 수 있지만 뭔가 어색합니다.

어쨌든 "아직 잠시 쉬되 그들의 동무 종들과 형제들도 자기처럼 죽임을 당하여 그 수가 차기까지 하라"라는 것이 하나님 말씀입니다. 그 수가 언제 찰까요? 또 그 수가 차면 구체적으로 어떤 일이 벌어집니까?

7장에 인침 받은 자 144,000명 얘기가 나오는 이유가 여기에 있습니다. 드디어 수가 찬 것입니다. 수가 차면 그 다음에는 하나님이 세상을 심판할 차례입니다. 그래서 12-17절에서 이 세상에 대재앙이 임합니다. 6장의 사건이 다 지나간 다음에 7장이 시작되는 것이 아닙니다. 12-17절에서 이 세상을 향한 심판을 말할 수 있는 이유가 7장에서 설명하는 것처럼 그 수가 찼기 때문입니다. 7장은 "이는 보좌 가운데에 계신 어린양이 그들의 목자가 되사 생명수 샘으로 인도하시고 하나님께서 그들의 눈에서 모든 눈물을 씻어 주실 것임이라"라는 말씀으로 끝났습니다. 그들의 눈에서 모든 눈물을 씻어주시는 것이 바로 세상에 대한 심판입니다. 개인의 원한에 대한 보복이 아닙니다. 하나님의 공의가 실현되는 것입니다.

사울을 피하여 도망한 다윗이 놉에 가서 제사장 아히멜렉의 도움을 받은 적이 있습니다. 사울이 앙심을 품고 놉의 제사장들을 다 죽입니다. 아히멜렉의 아들 아비아달만 목숨을 건져 다윗을 찾아옵니다. 다윗이 아비아달을 맞으며 "두려워하지 말고 내게 있으라 내 생명을 찾는 자가 네 생명도 찾는 자니 네가 나와 함께 있으면 안전하리라"라고 위로합니다.

다윗 시대에는 다윗과 같은 편을 하는 것이 복이었습니다. 하물며 하나님과 같은 편이면 얼마나 복이 있겠습니까? 하나님의 공의가 선포될 때 자기 피가 값아지는 사람이야말로 정말 복 있는 사람입니다. 그런 사람의 눈에서는 모든 눈물이 씻어질 것입니다.

그러면 순교자의 수가 차야 세상을 심판한다는 말씀은 무슨 영문입니까? 하나님이 세상을 심판하기 전에 작정하신 숫자가 있는데 그 숫자만큼 죽어야 세상을 심판한다는 뜻이 아닙니다. 하나님이 아직은 이 세상 악을 더 두고 보신다는 뜻입니다.

> **너는** 장수하다가 평안히 조상에게로 돌아가 장사될 것이요 네 자손은 사대 만에 이 땅으로 돌아오리니 이는 아모리 족속의 죄악이 아직 가득 차지 아니함이니라 하시더니(창 15:15-16).

하나님이 아브라함에게 하신 말씀입니다. 장차 아브라함의 후손한테 가나안 땅을 주실 것입니다. 하지만 아직은 아모리 족속의 죄악이 가득 차지 않았습니다. 그래서 사대 후로 그 일을 미루십니다. 아모리 족속의 죄악이 가득 차면 이스라엘이 아모리 족속을 벌하고 대신 그들의 땅을 차지할 것입니다.

하나님은 거룩하고 참되신 대주재이십니다. 당연히 세상을 의롭게 심판하십니다. 하지만 아직은 아닙니다. 아직은 이 세상 악을 용납하십니다. 순교자의 수가 다 찰 때까지 기다린다는 것은 이 세상의 악이 충분히 무르익을 때까지 기다린다는 뜻도 됩니다. 하나님이 정하신 숫자가 죽는 것이 문제가 아니라 하나님이 정하신 수준만큼 악이 차야 합니다.

우리가 그런 세상을 살고 있습니다. 우리가 사는 세상은 악이 점점 더 채워지는 세상입니다. 예수를 믿는 것이 어려울 수밖에 없습니다. 세상은 우리한테 있는 신앙을 용납하지 않습니다. 한 가지 방법이 있습니다. 바람에 나는 겨처럼 사는 것입니다. 남들은 그렇게 살아갑니다. 그런데 우리의 신앙이 우리가 그렇게 사는 것을 허락하지 않습니다. 그래서 늘 손해를 보고는 그것 때문에 불평합니다. "하나님, 억울합니다. 빨리 해결해주십시오."가 누구나 하는 기도 제목입니다. 신앙을 지키며 살아갈 테니, 신앙 때문에 손해는 보지 않게 해달라는 것입니다. 신앙을 포기하지는 않겠지만 세상도 포기하기 싫기 때문입니다.

그러면 본문의 순교자들을 생각해 보십시다. 그들은 하나님의 말씀과 그들이 가진 증거로 말미암아 죽임을 당했습니다. "거룩하고 참되신 대주재여 땅에 거하는 자들을 심판하여 우리 피를 갚아 주지 아니하시기를 어느 때까지 하시려 하나이까"가 그들의 기도 제목이었습니다. 언제면 하나님의 공의가 실현되어 자기들의 피가 무고하지 않았다는 사실이 증명되느냐는 것입니다. 그들은 억울함을 감수한 사람들입니다. 이 세상에서 애매하게 고난을 받았습니다. 그래서 그 보상으로 흰 두루마기를 받았습니다.

우리한테 있는 억울함은 세상을 기준으로 하는 억울함입니다. 그런 억울함이 있는 이유는 우리가 땅에 거하는 자들이 아니기 때문입니다. 결국 우리가 느끼는 고통이나 손해는 세상에 속하지 않고 하나님께 속했기 때문에 받는 고통이고 손해입니다. 세상에서는 그것을 억울함이라고 하지만 하늘에서는 영광이라고 합니다.

이미 순교한 사람들은 더 이상 할 일이 없지만 그들의 동무 종들과 형제들은 할 일이 있다고 했습니다. 그들이 누구입니까? A4 용지를 나눠주고 그 명단에 들어갈 이름을 아는 대로 쓰라고 하면 어떻게 하시겠습니까? 거기에 우리 이름도 들어간다는 사실을 아십니까? 우리는 세상에서 손해 보기로 작정된 사람들입니다. 그 손해의 범위에는 우리 목숨까지도 포함됩니다. 어쩌면 우리의 문제는 신앙을 지키기 힘든 것이 아니라 신앙을 지키는 것이 힘들지 않기 때문일 수 있습니다. 늘 하나님과 세상 사이를 오락가락하면 순교가 자리할 틈이 없게 됩니다.

주님이 우리를 부르실 적에, 가장 먼저 자기한테 와서 죽으라고 부르십니다. 세상에 나가 형통하게 살라고 부르시지 않습니다. 우리가 다 아는 사실인데 자꾸 망각합니다.

우리보다 먼저 천국에 간 사람들의 간절한 소망은 이 땅에 하나님의 공의가 선포되는 것입니다. 그런데 하나님은 그 일을 미루십니다. 아직은 이 세상 악을 용인하십니다. 그러면 아브라함한테 "아모리 족속의 죄악이 아직 가득 차지 않았다."고 말씀하신 것처럼 "아직은 내가 세상을 심판할 만큼 세상의 악이 가득 차지 않았다."라고 하면 알기 쉽지 않습니까? 왜 "그들의 동무 종들과 형제들도 자기처럼 죽임을 당하여 그 수가 차기까지 하라."라고 해서, 우리를 헷갈리게 하는 것입니까? 자칫하면 하나님이 신자의 죽음을 즐기는 잔인한 분으로 오해받을 수 있습니다.

하나님의 관심이 이 세상에 있지 않고 우리한테 있기 때문입니다. 하나님의 관심은 이 세상이 언제면 충분히 악하게 되느냐 하는 것이 아닙니다. 과연 우리가 이 세상에 대하여 죽었느냐 하는 것입니다. 우리의 관심도 하나님의 관심과 맥을 같이 해야 합니다. "하나님, 세상이 너무 악합니다. 이런 세상에서 어떻게 신앙을 지키란 말입니까? 어지간하면 안 그러겠지만 저도 별 수 없습니다."라고 하는 것은 부질없는 푸념입니다. "살든지 죽든지 저는 하나님의 것입니다. 오직 하나님

의 영광이 저의 유일한 관심입니다."라고 해야 합니다. 우리는 그 일
을 위해 부르심을 받았습니다. 그리고 하나님은 흰 두루마기를 예비하
고서 우리를 기다리고 계십니다. 우리의 안식은 그 두루마기를 입은
다음에 주어집니다.

CHAPTER 18

우리를 가리라

내가 보니 여섯째 인을 떼실 때에 큰 지진이 나며 해가 검은 털로 짠 상복 같이 검어지고 달은 온통 피 같이 되며 하늘의 별들이 무화과나무가 대풍에 흔들려 설익은 열매가 떨어지는 것 같이 땅에 떨어지며 하늘은 두루마리가 말리는 것 같이 떠나가고 각 산과 섬이 제 자리에서 옮겨지매 땅의 임금들과 왕족들과 장군들과 부자들과 강한 자들과 모든 종과 자유인이 굴과 산들의 바위틈에 숨어 산들과 바위에게 말하되 우리 위에 떨어져 보좌에 앉으신 이의 얼굴에서와 그 어린양의 진노에서 우리를 가리라 그들의 진노의 큰 날이 이르렀으니 누가 능히 서리요 하더라(계 6:12-17).

본문은 두 부분으로 나눌 수 있습니다. 12-14절에서는 온 세상에 일어나는 큰 격변을 얘기하고, 15-17절에서는 그런 재앙 앞에서 공포에 떠는 세상 사람들의 모습을 보여줍니다.

　기우(杞憂)라는 말이 있습니다. 중국 기(杞)나라 사람이 하늘이 무너질까봐 걱정했다는 얘기에서 생긴 고사로, 쓸데없는 걱정을 말합니다.

그런데 본문에서 그런 일이 실제로 벌어집니다. 하늘이 무너진다는 걱정은 결코 쓸데없는 걱정이 아닙니다. 우리는 그 날을 준비해야 하는 사람들입니다.

여섯째 인을 떼자, 큰 지진이 일어납니다. 해가 검어지고 달은 온통 피 같이 되고 별들이 떨어지고 하늘은 두루마리가 말리는 것처럼 말리고 산과 섬들이 자기 자리를 벗어나는 일들이 벌어집니다.

지진만 재앙인 것은 아닙니다. 홍수, 가뭄, 산불, 태풍, 화산 폭발이 다 재앙입니다. 메뚜기 떼로 인한 재앙도 있습니다. 이 중에 어떤 재앙이 가장 무서울까요? 지진을 직접 겪은 사람은 지진이 가장 무섭다고 하겠지만 다른 재앙도 마찬가지입니다. 쓰나미를 겪은 사람은 쓰나미가 가장 무섭다고 할 테고, 토네이도를 겪은 사람은 토네이도가 가장 무섭다고 할 것입니다.

그런데 본문에는 지진만 나오고 있습니다. 지진은 성경 여러 곳에서 심판의 상징으로 등장합니다. 예수님의 제자들이 말세에 어떤 징조가 있는지 물었을 때에 예수님도 "민족이 민족을, 나라가 나라를 대적하여 일어나겠고 곳곳에 지진이 있으며 기근이 있으리니 이는 재난의 시작이니라"라고 해서 '지진'을 말씀했습니다. 종말의 성격을 가장 잘 보여주는 재앙이 지진이기 때문입니다. 지진은 우리가 발을 딛고 살아가는 터전이 없어지는 재앙입니다. 지진이 일어나면 우리가 살아가는 기초가 무너집니다.

첫째 인부터 넷째 인을 떼었을 때는 흰 말 탄 자, 붉은 말 탄 자, 검은 말 탄 자, 청황색 말 탄 자가 나왔습니다. 그들은 전쟁과 기근과 온역으로 세상의 사분의 일을 다스릴 것입니다. 하지만 전쟁이나 기근,

온역 때문에 세상이 없어지지는 않습니다. 이 세상 종말이 오려면 그보다 더 큰 일이 벌어져야 합니다. 그래서 세상에 대격변이 일어납니다. 하늘이 무너지고 땅이 꺼집니다.

우선 해가 검은 털로 짠 상복 같이 검어집니다. 해의 색깔만 검게 변하고 다른 것은 다 그대로인 것이 아닙니다. 해가 더 이상 해 구실을 못합니다. 우리는 해가 뜨면 낮이 되고 해가 지면 밤이 되는 것을 당연하게 생각합니다. 그런데 더 이상 그런 얘기가 통하지 않게 됩니다. 해가 뜨고 지는 지극히 당연한 일조차 당연한 일이 아니게 되면 당연한 일이 무엇이 있겠습니까?

홍수 후에 노아가 번제를 드렸습니다. 그때 하나님이 다시는 사람으로 말미암아 땅을 저주하지 않겠다고 했습니다. 그러면서 "땅이 있을 동안에는 심음과 거둠과 추위와 더위와 여름과 겨울과 낮과 밤이 쉬지 아니하리라"라고 했습니다. 그런데 해가 검어지면 더 이상 심음과 거둠이 없게 됩니다. 추위와 더위, 여름과 겨울, 낮과 밤의 구별도 없게 됩니다. 결국 땅이 없어진다는 말씀입니다. 그것을 예표하는 재앙이 지진인 셈입니다.

또 달이 온통 피 같이 됩니다. 시인들이 즐겨 노래하는 대상이 달입니다. 인도 같은 경우는 해가 저주의 상징입니다. 워낙 더운 나라인 탓입니다. 하지만 달은 어디서나 포근한 이미지를 줍니다. 군 생활을 할 적에 '두둥실 고향 길을 떠서 왔느냐 보초병 철모 위에 달이 솟았네 어머니 얼굴인지 누나의 표정인지…'라는 군가를 부르기도 했습니다. 달을 보며 고향을 생각하고, 어머니를 생각하는 것은 동서고금이 마찬가지일 것입니다. 그런데 그런 달이 피 같이 됩니다. 밤하늘에 보름달이 뜨지 않고 해골바가지가 뜬 형국입니다. 달이 무서울 정도면 무섭지 않은 것이 무엇이 있을까요? 주변의 모든 것이 공포일 수 있습니다.

하늘의 별들이 무화과나무가 대풍에 흔들려 설익은 열매가 떨어지는 것 같이 땅에 떨어집니다. 우리가 알고 있는 삼라만상이 더 이상 존재하지 않게 됩니다. 북극성은 북쪽을 가리킨다고 누가 얘기합니까? 이 세상에 영원한 것은 아무것도 없게 됩니다. 심지어는 하늘도 없어집니다. 둘둘 말았던 종이를 펴서 가위로 자르면 한쪽으로 말립니다. 하늘이 그렇게 된다는 것입니다. 하늘이 없어지는 마당에 땅은 제자리에 있겠습니까? 산과 섬들도 자리를 옮깁니다. 강물이야 늘 흐릅니다만 산이나 섬이 어떻게 이동합니까? 그런데 그런 일이 일어납니다. 사람들은 산이나 섬이 이동하는 것을 보며 신기하게 여길 겨를이 없습니다. 자기가 서있는 땅이라고 해서 요동하지 않는다는 보장이 없기 때문입니다.

세상이 어떻게 변하느냐에 대한 말씀이 아닙니다. 이 세상이 더 이상 우리가 알고 있는 세상이 아니게 됩니다. 하나님이 영존할 가치가 없는 것들을 다 없애십니다. 그러면 영원한 것들만 남게 됩니다. 대청소를 하면서 쓰지 않는 물건을 버린 적이 있을 것입니다. 아무런 미련없이 버리는 물건도 있지만 한참 망설이다가 버리는 물건도 있습니다. 하나님은 해, 달, 별, 하늘, 땅도 버리십니다. 그것조차도 영원한 것이 아니라고 하십니다. 그러면 하나님 앞에 영원한 가치를 갖는 것은 어떤 것입니까?

21장에 나오는 새 하늘과 새 땅입니다. 거룩한 성 새 예루살렘입니다. 오직 그것만 영원합니다. 우리는 우리가 무엇을 추구하며 살아가고 있는지 점검해야 합니다. 사람들은 흔히 먹는 게 남는 거라고 합니다. 다만 그런 말은 우스갯소리에 불과합니다. 영원한 것만 남습니다.

롯이 소돔에서 나온 다음에 무슨 생각을 했을까요? 소돔에서 누리던 것을 아쉬워했을까요, 소돔에서 보낸 삶을 후회했을까요? 정확한 것은 모릅니다. 하지만 우리가 이 세상에서 '소돔놀이'를 할 이유는 없습니다.

태아는 어머니 자궁이 세상인 줄 압니다. 자기의 진짜 인생이 시작될 곳이 따로 있는 줄 모릅니다. 그 안에서 아무런 불편 없이 살아갑니다. 그런데 어느 날 갑자기 세상이 요동합니다. 알 수 없는 힘이 자기를 밖으로 밀어내려고 합니다. 좁디좁은 산도(産道)를 지나야 합니다. 자기 머리 둘레보다 더 좁은 통로로 어떻게 나가라는 얘기입니까? 자기가 왜 이런 시련을 통과해야 하는 것입니까? 태아한테는 평생 처음 맛보는 고통일 것입니다.

여러분이 그 태아와 의사소통이 가능하다면 어떤 말을 해주시겠습니까? "이곳은 네가 영원히 있을 곳이 아니다. 이곳에 애착을 가질 이유가 없다. 너는 바깥세상에 나가 살아야 한다. 그곳이 네 진짜 인생이 시작되는 곳이다. 너한테 있는 눈, 코, 귀, 입, 손, 발을 생각해 봐라. 그 안에서는 아무 쓸모가 없는 것 아니냐? 그것들은 바깥세상을 살기 위해서 있는 것이다. 무엇보다도 밖에 나가면 네 부모를 만나게 된다. 네 부모가 너를 기다리고 있다."라고 하지 않겠습니까? 같은 내용을 저도 말씀드립니다. "이 세상은 우리의 영원한 터전이 아닙니다. 영원하지 않은 것을 놓치지 않으려고 아등바등 애쓰며 살 이유가 없습니다. 우리한테 왜 영원한 영혼이 있겠습니까? 우리는 영원을 준비하는 사람들입니다. 주님을 만날 준비를 해야 합니다."

바울은 빌립보 교회에 편지를 쓰면서, 이전에 자기한테 유익하던 모든 것을 그리스도를 위하여 배설물로 여긴다고 했습니다. 바울이 배설물로 여긴 목록을 요즘 말로 바꾸면 어떻게 될까요? 돈, 명예, 학력, 권세, 행복 같은 것들일 것입니다. 그런 것을 왜 배설물로 여기느냐 하면, 영원의 관점에서 보면 아무런 가치가 없는 것이기 때문입니다. 예수를 위해서 이 세상에 속한 것을 어쩔 수 없이 포기해도 대단하다고 하는데 그 정도가 아닙니다. 화장실에서 용변보고 물을 내릴 적에 아까워하는 사람이 있습니까? "방금 전까지 내 안에 있던 건데 저걸 어떻게 정화조로 보내? 난 못해."라는 사람은 없습니다. 아무런 미련 없이 물을 내립니다. 애착을 가질 이유가 없습니다.

그런데 한사코 애착을 갖는 사람들이 있습니다. 삶의 이유가 이 세상에 있는 사람들입니다. 이 세상이 영원하지 않다는 사실을 애써 부인하려는 사람들입니다. 15절에 나오는 "땅의 임금들과 왕족들과 장군들과 부자들과 강한 자들과 모든 종과 자유인"이 그들입니다. 그들은 굴과 산들의 바위틈에 숨어서 산들과 바위에게 애원합니다. 자기들 위에 떨어져서 보좌에 앉으신 이의 얼굴에서와 어린양의 진노에서 자기들을 가려달라는 것입니다.

요한계시록은 주후 1세기에 쓰였습니다. 근래에 쓰였으면 '국가 원수들, 장·차관급 인사들과 고급 공무원들, 기업가들, 전문직 종사자들, 빈민과 서민, 중산층'이라고 했을 것입니다. 알기 쉬운 말로 이 세상 사람 전부입니다. 예외인 계층이 없습니다. 대체 무엇이 문제입니까? 간단합니다. 전부 다 땅에 속했기 때문입니다. 임금인 것이 문제가 아니라 '땅의 임금'인 것이 문제이고, 왕족인 것이 문제가 아니라 '땅의 왕족'인 것이 문제이고, 장군인 것이 문제가 아니라 '땅의 장군'인 것이 문제입니다. 부자들과 강한 자들과 모든 종과 자유인도 마찬가지입니다.

〈타워〉라는 영화가 있습니다. 최고급 주상 복합 아파트에 불이 났습니다. 소방대원들이 화재 진압을 위해서 불길 속으로 뛰어 들어가고 밖에서는 지휘를 합니다. 허겁지겁 달려온 국장이 서장한테 긴급히 구조해야 할 명단을 파악했느냐고 묻습니다. 최고급 주상 복합 아파트인 만큼 정부 고위인사들도 있을 테니 그들을 먼저 구조해야 뒤탈이 없다는 것입니다. 불길 속에 뛰어든 소방대원들은 대피 중인 사람들을 구조하기 위해 접근 중입니다. 신속히 구조하지 않으면 위험한 상황입니다. 그런데 국장의 지시 때문에 별 수 없이 방향을 돌립니다. 국장이 얘기한 곳에 가보니 그리 위급하지 않아 보이는 부부가 자기네 집 거실에 있었습니다. 그 부부는 애완견까지 데리고 소방대원들을 따라 옥상으로 대피합니다.

세상에서는 그런 일이 가능합니다. 이 세상 재난은 사람을 가립니다. 힘 있고 돈 있는 사람은 재난 중에도 우대를 받습니다. 하지만 하나님의 심판에는 그런 것이 없습니다.

이스라엘이 홍해를 건너기 전에 애굽에 열 가지 재앙이 있었습니다. 열 번째 재앙은 애굽의 모든 장자가 다 죽는 재앙이었습니다. 성경에는 "애굽 땅에 있는 모든 처음 난 것은 왕위에 앉아 있는 바로의 장자로부터 맷돌 뒤에 있는 몸종의 장자와 모든 가축의 처음 난 것까지 죽으리니 애굽 온 땅에 전무후무한 큰 부르짖음이 있으리라"라고 되어 있습니다. 하나님의 심판은 애굽에서 가장 높은 바로와 가장 미천한 몸종을 구별하지 않습니다. 심지어는 바로와 가축이 같은 대접을 받습니다.

하나님의 심판이 이 세상 조건에 구애받지 않는다는 것은 하나님이 인정하시는 가치도 이 세상에 속한 것과 관계없다는 뜻입니다. 세상을 살다 보면 남보다 더 가질 수도 있고, 더 배울 수도 있습니다. 더 높은 자리에 오를 수도 있습니다. 하지만 하나님은 얼마나 더 가졌느냐, 얼마나 더 배웠느냐, 얼마나 높은 지위에 올랐느냐를 묻지 않으십니다. 왜 가지려고 했느냐, 가져서 무엇을 했느냐, 왜 배웠느냐, 배운 것으로 무엇을 했느냐, 왜 높은 지위에 오르려고 했느냐, 그 지위에 올라서 무엇을 했느냐를 물으십니다. 그 모든 질문에 하늘에 연결된 답을 할 수 있어야 합니다.

모든 관심이 땅에만 있었던 사람들의 마지막을 보십시오. 그들은 산과 바위가 자기들 위에 떨어져서 보좌에 앉으신 이의 얼굴에서와 어린양의 진노에서 자기들을 가리는 것을 소원합니다. 보좌에 앉으신 이의 얼굴에서 자신들을 가리는 것과 어린양의 진노에서 자신들을 가리는 것은 같은 얘기입니다. 둘 중에 하나에만 해당되는 경우는 없습니다.

사람들한테 가장 무서운 것을 하나만 꼽으라면 단연 죽음을 꼽을 것입니다. 중병에 걸린 사람은 자기 생명을 연장시켜주면 전 재산이라도 다 내놓겠다고 합니다. 사람들이 생각하는 죽음은 존재의 소멸입니다. 자기 자신이 더 이상 아무런 의미가 없게 됩니다. 그러니 어떻게 해서든지 피하려고 합니다. 그런데 본문을 보면 죽음과 비교도 안 되게 두려운 것이 있는 것을 알 수 있습니다. 어린양의 진노에 노출되는 것입니다. 차라리 산이나 바위에 깔려죽을지언정 그 일만큼은 모면하고 싶어 합니다.

요한계시록에는 하나님을 대적하는 이방 민족들의 분노도 나오고(계 11:18) 교회에 대한 사탄의 분노도 나옵니다만(계 12:17) 어린양의 진노는 그것과 차원이 다릅니다. 이방 민족들이 하나님께 분을 품는 것은 말이 안 됩니다. 사탄이 교회에 대하여 분노하는 것도 그렇습니다. 하지만 어린양은 진노할 자격이 있는 분입니다. 우리를 위해 피를 흘렸기 때문입니다.

로마서에 "복음에는 하나님의 의가 나타나서 믿음으로 믿음에 이르게 하나니 기록된 바 오직 의인은 믿음으로 말미암아 살리라 함과 같으니라"라는 말씀이 있습니다. 복음에는 하나님의 의가 나타나 있습니다. 하지만 그것이 전부가 아닙니다. "하나님의 진노가 불의로 진리를 막는 사람들의 모든 경건하지 않음과 불의에 대하여 하늘로부터 나타나나니"(롬 1:18)라는 말씀으로 이어집니다. 하나님의 의와 하나님의 진노는 동전의 앞뒷면입니다. 하나님의 의를 힘입지 못하면 하나님의 진노에 노출됩니다. 진노가 없으면 어린양의 피도 의미가 없습니다.

10절에서 순교자들은 하나님께 탄원했습니다. 그런데 이들은 아무 도움도 받을 수 없는 무생물한테 호소합니다. 신자와 불신자의 차이가 극명하게 드러납니다. 이들의 호소는 듣는 이가 없으니 이루어질 리도 만무합니다만 이루어진다고 가정하십시다. 정말로 산과 바위가 자기들 위에 떨어졌다고 한들 그것이 무슨 의미가 있습니까? 산과 바위에 깔려죽는다고 해서 어린양의 진노에서 자신들을 가릴 수 있는 것이 아님니다. 허물의 사함을 받고 자신의 죄가 가려진 자는 복이 있다고 했습니다(시 32:1). 죄는 산과 바위로 가리는 것이 아니라 주님이 가려주어야 합니다. 이들한테 필요한 것은 산과 바위가 아니라 복음입니다.

9-11절에 다섯 째 인을 떼었을 때의 내용이 나왔습니다. 순교를 한 영혼들이 자기들의 피를 언제 갚아주느냐고 하자, "아직 잠시 동안 쉬되 그들의 동무 종들과 형제들도 자기처럼 죽임을 당하여 그 수가 차기까지 하라"고 했습니다. 복음을 전할 사명이 바로 그들의 동무 종들과 형제들한테 있습니다. 순교한 영혼들이 잠시 쉬는 동안 그 수가 차기까지 그 일을 해야 합니다. 그들이 복음을 전하지 않으면 땅에 속한 영혼들은 어린양의 진노를 피할 방법이 도무지 없게 됩니다.

'로날드 사이더'가 쓴 《이것이 진정한 기독교다》라는 책에 예수님과 가브리엘의 가상 대화가 나옵니다. 예수님이 부활하고 승천한 다음에 가브리엘이 묻습니다.

"어떻게 되었습니까? 맡으신 사명대로 세상을 구원하셨습니까?"

"글쎄, 그렇다고 할 수도 있고 아니라고 할 수도 있지. 나는 세상의 죄를 짊어지고 대신 죽었고, 나를 믿는 자는 영원히 살 것이라고 약속했지. 나를 따르던 무리한테 성령을 보내주었고 세상을 구원하는 사명을 이루라고 말했지."

가브리엘이 놀라서 반문합니다. "아니, 그럼 세상을 구원하려는 계획을 전직 어부들, 전직 창녀들, 전직 세리들한테 맡겼다는 말씀입니까?"

"응, 그런 셈이지."

"그들이 실패하면 어떡하죠? 다른 대안은 있나요?"

예수님이 나직이 말씀하십니다. "아니, 대안은 없어."

하나님은 복음을 전하고 세상을 구원하는 일에 천사를 쓰지 않고 사람을 쓰기로 결정했습니다. 다른 대안이 없으십니다. 우리가 땅에서 무엇이든지 매면 하늘에서도 매이고 땅에서 풀면 하늘에서도 풀립니다. 우리가 땅에서 매지 않으면 하늘에서도 매이지 않고 땅에서 풀지 않으면 하늘에서도 풀리지 않습니다. 우리가 땅에서 입을 다물어 복음을 증거하지 않으면 천국에 초대되는 사람이 없게 됩니다.

본문은 "그들의 진노의 큰 날이 이르렀으니 누가 능히 서리요"라는 말씀으로 끝납니다. 어린양의 진노의 큰 날에 능히 설 수 있는 사람이 누구입니까? 7장에 그 답이 나옵니다. 인침 받은 자 144,000명입니다. 이들은 어린양의 진노의 큰 날에 능히 설 수 있습니다. 물론 이 144,000명은 실제 숫자가 아니라 예수 믿는 사람을 말하는 상징적인 숫자입니다. 우리 역시 거기에 포함됩니다.

그러면 우리는 무엇을 해야 합니까? 성경이 우리한테 말하는 내용이 무엇입니까? "세상에 속한 자들은 심판 받지만 너희는 해당사항 없으니 안심해라. 너희 이름은 144,000명 명단에 있으니 안심하고 푹 쉬어라."가 아닙니다. 한 영혼이라도 더 인침 받은 자 144,000명에 초청해야 합니다. 산과 바위가 그들을 덮을 것이 아니라 주님의 보혈이 덮게 해야 합니다.

우리는 하늘이 무너지는 날을 준비하는 사람들입니다. 세상 사람들은 그런 날이 있는 것을 모릅니다. 우리가 알려주지 않으면 끝까지 모르게 됩니다. 우리가 사는 세상이 영원하지 않다는 것을 누가 알겠습니까? 그리스도의 복음만이 영원을 담보한다는 사실을 누가 알겠습니까?

연못에 돌멩이 하나만 던져도 파문이 일어납니다. 우리가 이 세상을 살았으면 마땅히 흔적이 있어야 합니다. 잠깐 있다가 없어지는 흔적이면 안 됩니다. 복음과 함께 영원히 남는 흔적이어야 합니다. 우리가 예수를 믿는다면 우리로 인하여 영원을 준비하게 된 사람이 있어야 합니다. 우리한테 주어진 모든 날 동안 144,000명의 빈자리를 채우기 위해 애써야 합니다. 그 일이 우리한테 주어진 일입니다.

CHAPTER 19

144,000명

이 일 후에 내가 네 천사가 땅 네 모퉁이에 선 것을 보니 땅의 사방의 바람을 붙잡아 바람으로 하여금 땅에나 바다에나 각종 나무에 불지 못하게 하더라 또 보매 다른 천사가 살아 계신 하나님의 인을 가지고 해 돋는 데로부터 올라와서 땅과 바다를 해롭게 할 권세를 받은 네 천사를 향하여 큰 소리로 외쳐 이르되 우리가 우리 하나님의 종들의 이마에 인치기까지 땅이나 바다나 나무들을 해하지 말라 하더라 내가 인침을 받은 자의 수를 들으니 이스라엘 자손의 각 지파 중에서 인침을 받은 자들이 십사만 사천이니 유다 지파 중에 인침을 받은 자가 일만 이천이요 르우벤 지파 중에 일만 이천이요 갓 지파 중에 일만 이천이요 아셀 지파 중에 일만 이천이요 납달리 지파 중에 일만 이천이요 므낫세 지파 중에 일만 이천이요 시므온 지파 중에 일만 이천이요 레위 지파 중에 일만 이천이요 잇사갈 지파 중에 일만 이천이요 스불론 지파 중에 일만 이천이요 요셉 지파 중에 일만 이천이요 베냐민 지파 중에 인침을 받은 자가 일만 이천이라 (계 7:1-8).

지난 시간에 여섯째 인을 떼면 어떤 일이 벌어지는지 확인했습니다. 여섯째 인을 떼자, 지진이 나서 땅이 꺼지고 해가 검게 변하며 달은 피 같이 됩니다. 별들이 떨어지고 하늘이 두루마리처럼 말립니다. 산과 섬들이 자리를 옮깁니다. 지각변동이 일어난 것입니다. 그런 재앙 속에서 땅의 임금들과 왕족들과 장군들과 부자들과 강한 자들과 모든 종과 자유인이 산과 바위를 향하여 부르짖습니다. 차라리 자기들 위에 무너져서 자기들을 어린양의 진노에서 가려달라고 합니다. 땅에 속한 모든 사람들이 하나님의 심판을 받습니다. 그런 하나님의 진노 앞에 설 자가 누가 있겠습니까?

요한계시록은 본래 소아시아 일곱 교회에 보낸 편지입니다. 이런 내용을 읽으면서 무슨 생각을 했을까요? "어? 그럼 우리는 어떻게 되는 거지?"라는 생각을 했을 것입니다. 그래서 7장이 시작됩니다. 땅에 속한 사람과 하늘에 속한 사람은 엄연히 다릅니다.

요한이 네 천사가 땅 네 모퉁이에 선 것을 보았습니다. 그들은 땅 사방의 바람을 붙잡아 바람으로 하여금 땅에나 바다에나 각종 나무에 불지 못하게 하고 있었습니다. 〈메시지 성경〉에는 "그들은 땅이나 바다에 바람이 불지 못하도록, 나뭇가지를 살랑거리게 하는 바람조차 없도록 사방의 바람들을 꼭 붙들고 서 있었습니다."라고 번역되어 있습니다. '붙잡다'에 해당하는 헬라어가 '크라테오'인데, 원문의 의미를 살리면 바람들이 불기 위해서 애를 쓰는데 그것을 억제하고 있다는 뜻입니다. 개를 데리고 산책하는 사람을 본 적이 있을 것입니다. 개가 갑자기 뛰어가려고 하는데 사람이 줄을 꼭 붙들고 놓아주지 않습니다. 그러면 개는 앞다리를 든 채 버둥거리게 됩니다. 네 천사가 땅 네 모퉁이에서 바람을 붙잡았다는 것이 그런 뜻입니다.

또 다른 천사가 있습니다. 살아 계신 하나님의 인을 맡은 천사입니다. 그 천사가 땅과 바다를 해롭게 할 권세를 받은 네 천사를 향하여 큰 소리로 외칩니다. "하나님의 종들의 이마에 인 치기까지 땅이나 바다나 나무들을 해하지 말라"고 합니다. 노아 일가족이 방주에 들어간 다음에야 비가 내리고, 롯이 소돔을 빠져나간 다음에야 유황불이 내린 것과 같습니다. 이때 인침 받은 자는 144,000명인데, 지파 별로 12,000명씩입니다. 144,000명한테 인을 치면 그 다음부터 세상을 향한 심판을 상징하는 바람이 휘몰아칠 것입니다.

우리나라 기독교 인구가 천만이라고 합니다. 다분히 부풀려진 숫자입니다만 어쨌든 천만을 말할 만한 숫자입니다. 설마 십만도 안 되는데 천만이라고 하지는 않을 것 아닙니까? 그런데 구원 얻은 사람이 144,000명뿐이라고 하면 심각한 문제가 발생합니다. 예전에 여호와의 증인에서는 144,000을 실제 숫자로 얘기했습니다. 자기들 숫자가 144,000명이 되면 주님이 오신다는 것입니다. 그러다가 여호와의 증인 신도 수가 144,000명이 넘자, 말을 돌렸습니다. 요즘도 그렇게 말하는 이단이 있습니다.

성경에는 12가 참 자주 나옵니다. 히브리 사람들은 3을 하늘의 수, 4를 땅의 수로 여겼습니다. 성부, 성자, 성령이 하늘에 계신 것처럼 3은 하늘의 수입니다. 동서남북을 말하는 4는 땅의 수입니다. 하늘의 수와 땅의 수를 곱한 12는 충만한 수입니다. 이스라엘이 열두 지파였고 예수님의 제자도 열둘이었습니다. 거룩한 성 새 예루살렘에는 열두 대문이 있고 성곽에는 열두 기초석이 있습니다. 생명수 강 좌우에 있는 생명나무에는 열두 가지 열매가 열립니다. 또 많다는 걸 나타낼 때는 1,000이나 10,000을 썼습니다.

본문의 144,000은 한 지파에 12,000명씩을 합산해서 나온 숫자입니다. 구약시대의 이스라엘 열두 지파와 신약시대의 열두 사도, 그리고 많은 숫자를 나타내는 1,000을 곱하면 144,000입니다. 즉 구원 얻은 하나님의 백성 전부를 144,000이라는 숫자로 나타낸 것입니다. 그 숫자는 충분히 많습니다. 9절에서는 "아무도 능히 셀 수 없는 큰 무리"라고 했습니다. 실제로 144,000명이면 세지 못할 까닭이 없습니다만, 아브라함한테 약속하신 것처럼 아브라함의 후손이 하늘의 뭇별처럼 많으면 셀 수가 없습니다.

이스라엘 열두 지파는 야곱의 열두 아들에서 유래했습니다. 야곱한테는 르우벤, 시므온, 레위, 유다, 단, 납달리, 갓, 아셀, 잇사갈, 스불론, 요셉, 베냐민의 열두 아들이 있었습니다. 여기에서 레위와 요셉을 빼고 요셉의 두 아들인 므낫세와 에브라임을 넣으면 열두 지파가 됩니다.

소아시아 일곱 교회 교인들이 요한계시록을 받은 당시를 상상해 보십시다. 예배를 인도하는 사람이 읽으면 다른 사람들은 내용을 듣습니다. 본문을 들으면서 누군가 말합니다. "어? 이상하다. 므낫세 지파와 요셉 지파가 같이 나오네?"

다른 사람이 얘기합니다. "레위 지파도 있어."

"그럼 빠진 지파가 있다는 얘기잖아? 무슨 지파가 없어?"

"단 지파가 없네, 왜 그러지?"

이런 식의 대화가 오갔을 수 있습니다. 본문에 나오는 열두 지파는 구약성경에 수차례 나오는 열두 지파도 아니고 그렇다고 해서 야곱의 열두 아들도 아닌 이상한 '짬뽕'입니다.

야고보서는 "하나님과 주 예수 그리스도의 종 야고보는 흩어져 있는 열두 지파에게 문안하노라"(약 1:1)로 시작합니다. 흩어진 열두 지파는 구약성경에 나오는 열두 지파가 아니라 하나님의 백성 전부를 말합니다. 열두 지파가 하나님의 백성 전부를 말하는 별명인 셈입니다. 본문도 그처럼 하나님의 백성 전부를 말하고 있습니다. 그런데 이스라엘 열두 지파를 그대로 얘기하지 않고 변형시켜서 얘기합니다. 단 지파와 에브라임 지파가 빠지고 대신 레위 지파와 요셉 지파가 들어갔습니다.

단 지파와 에브라임 지파가 왜 누락되었는지는 설명되어 있지 않습니다. 하지만 추측은 할 수 있습니다. 이스라엘의 가나안 입성 과정에서 가장 추태를 보인 지파가 단 지파입니다. 이스라엘이 각 지파 별로 땅을 제비 뽑은 다음입니다. 단 지파는 제비 뽑은 땅이 마음에 안 든다며 자기들 마음대로 다른 땅을 찾아 나섭니다. 하나님이 주시기로 약조한 땅보다 더 좋은 땅이 어떤 땅인지 모르겠습니다만, 하여간 그렇게 해서 팔레스타인 북쪽 끝에 있는 라이스라는 곳을 발견합니다. 그곳을 차지하고는 자기네 지파 이름을 따라 단으로 바꿉니다. 그리고 그곳에 신상도 세우고 자기네 지파 독자의 제사장도 세웁니다. 하나님의 백성이 신상을 섬기는 일이 어떻게 가능한지 모르겠습니다만 단 지파한테는 전혀 문제가 되지 않았습니다. 나중에 이스라엘이 남북으로 갈라진 다음에 북 왕국을 세운 여로보암이 단과 벧엘에 금송아지 우상을 세워서 이스라엘 백성을 타락시키는데, 단 지파가 기초 작업을 한 셈입니다. 본문은 이스라엘 열두 지파를 통하여 하나님의 백성을 설명하는 중입니다. 이런 단 지파는 당연히 빼야 합니다.

에브라임은 므낫세와 같이 요셉의 아들입니다. 그러면 에브라임 지파와 므낫세 지파가 같이 있든지, 같이 없어야 합니다. 므낫세 지파와 요셉 지파가 나란히 나오는 것은 어울리지 않습니다. 6절에 므낫세 지파가 있으니 8절에 있는 요셉 지파는 결국 에브라임 지파인 셈입니다. 그런데도 본문은 에브라임이라는 이름을 쓰지 않습니다.

에브라임 지파는 이스라엘에서 가장 강성한 지파였습니다. 하나님의 싸움에 앞장 설 만한 힘이 있었습니다. 그런데 오히려 텃세만 일삼았습니다. 기드온이 미디안을 무찔렀을 때도 텃세를 부리더니(삿 8:1) 입다가 암몬을 무찔렀을 때도 텃세를 부렸습니다(삿 12:1). 왜 자기들한테 말도 안 하고 전쟁을 하느냐는 것입니다. 하나님의 나라가 어떻게 되느냐 하는 것보다 더 중요한 것이 자기네가 어떤 대접을 받느냐하는 것이었습니다. 시편에서는 "에브라임 자손은 무기를 갖추며 활을 가졌으나 전쟁의 날에 물러갔도다 그들이 하나님의 언약을 지키지 아니하고 그의 율법 준행을 거절하며 여호와께서 행하신 것과 그들에게 보이신 그의 기이한 일을 잊었도다"(시 78:9-11)라고 지적하기도 했습니다.

솔로몬이 죽은 다음에 이스라엘이 남북으로 갈라집니다. 남 왕국 유다와 북 왕국 이스라엘입니다. 다윗 왕조의 정통성은 남 왕국 유다에 있었습니다. 그런 남 왕국 유다를 대적한 북 왕국 이스라엘의 중심이 에브라임 지파였습니다. 여로보암이 에브라임 지파 출신입니다. 에브라임 지파는 자기네한테 있는 강성함으로 하나님의 싸움을 싸운 것이 아니라 오히려 다윗 왕조를 대적했습니다. 하나님의 백성을 설명하는 이름으로는 어울리지 않습니다.

그러면 레위 지파는 어떻게 된 영문입니까? 본래 레위 지파는 이스라엘 열두 지파에 포함되지 않습니다. 그렇다고 해서 이스라엘이 아닌 것은 아닙니다만 항상 따로 얘기합니다. 다른 지파에 비해서 열등하기 때문입니까, 특별하기 때문입니까? 레위 지파는 성전 섬기는 일을 맡은 지파입니다. 세속적인 일을 하지 않고 병역도 감당하지 않습니다. 그래서 막연히 특별하다는 생각을 할 수 있습니다. 그런데 본문에는 레위 지파도 다른 지파와 나란히 이름이 올라 있습니다. 성전을 섬긴 레위 지파라고 해서 무화과를 재배하고 양을 기르는 다른 지파와 다를 것이 없습니다. 같은 하나님의 백성일 뿐입니다.

저는 15년 전에 목사 안수를 받았습니다. 누군가 저한테 소감을 물었습니다. 목사가 되었으니 이전보다 더 충성해야 할 것 아니냐는 말도 보탰습니다. 무슨 뜻인지 모르는 것은 아니지만 논리에는 맹점이 있습니다. 목사가 되었으니 더 충성해야 한다고 하면, 목사가 되기 전에는 충성할 수 있는 분량을 남겨두었다는 얘기가 되는 것 아닙니까? 그런 법이 어디 있습니까?

세례를 받을 때 누구나 주님이 자기 인생의 주인이라고 고백합니다. 예수 외에는 세상에 소망이 없다고 고백하고, 성경이 하나님 말씀이라고 고백합니다. 그런 고백을 건성으로 하는 사람은 없습니다. 그러면 목사가 되었다고 해서 거기에 더 보태서 고백할 내용이 뭐가 있습니까? 혹시 고3 때, 내일 시험을 본다고 하거나 말거나 공부하는 시간은 똑같았던 기억이 없으십니까? 이미 최선을 다해서 공부하고 있으면 시험을 본다고 해도 더 열심 부릴 방법이 없습니다. 평소에 하던 대로 할 뿐입니다.

세례를 받을 때도 서약을 하고 목사 안수를 받을 때도 서약을 합니다. 두 서약 사이에 어떤 차이가 있겠습니까? 마침 어제 목사 안수식에 다녀왔습니다. 유심히 들었는데 별 차이가 없었습니다. 말씀 선포와 성례전 집행에 성실하겠느냐는 내용을 빼면 목사 안수 때 서약 내용을 세례식 때 그대로 써도 무방합니다. "말도 안 된다. 그럼 목사 안수를 받을 때의 마음이 세례 받을 때의 마음과 별 차이가 없어도 된다는 말이냐?"라고 할 것 없습니다. 뒤집어서 생각하면 됩니다. 세례 받을 때의 마음이 목사 안수를 받을 때의 마음과 차이가 없어야 합니다.

신앙생활을 하다 보면 마음가짐을 새롭게 다지는 계기가 있을 수 있습니다. 장로나 권사 같은 항존직으로 임직을 한다든지 목사 안수를 받는 경우가 대표적입니다. 그러면 이전보다 더 충성하겠다는 각오가 있을 수 있습니다. 하지만 실제로 더 충성할 여지는 없어야 합니다. 지금 상태로 이미 '맥시멈'이어야 합니다. 목숨 걸고 예수를 믿어야 하는 책임은 모두한테 똑같습니다. 그리고 우리는 현재 목숨 걸고 예수를 믿고 있는 중이어야 합니다.

각설하고, 그런 하나님의 백성한테 인을 치기까지는 "땅이나 바다나 나무들을 해하지 말라"고 했습니다. 인을 친 다음부터는 해할 것입니다. 하나님이 이 세상을 심판하신다고 해서 무조건 심판하시는 것이 아닙니다. 하나님의 종들은 따로 보호하십니다. 우리로서는 참으로 가슴 뿌듯한 일이 아닐 수 없습니다.

하지만 성경에 없는 상상을 하는 것은 곤란합니다. 인침을 받은 자를 하나님이 보호하시는 것은 맞습니다. 그러면 어떻게 보호하십니까? 인침 받은 자의 어떤 면을 보호해 주십니까? 세상의 모든 환난과 재앙 속에서 우리만 따로 챙겨주십니까?

개척 초기에 출애굽기를 강해할 때의 일입니다. 하나님이 애굽에 내린 재앙 중에 애굽 가축들이 다 죽는 재앙이 있었습니다. 하지만 이스라엘의 가축은 죽지 않았습니다. 그 부분을 설명하면서 "하나님은 신자와 불신자만 구별하지 않으십니다. 신자에 속한 것과 불신자에 속한 것도 구별하십니다. 하나님은 우리만 보호하시지 않고 우리의 소유도 같이 보호하십니다. 우리 영혼에만 관심이 있는 것이 아니라 우리 소유에도 관심이 있습니다."라는 말을 했습니다. 교인 한 분이 갑자기 "아멘!"이라고 했습니다. 깊이 공감한다는 뜻입니다. 순간 의아했습니다. 이 분이 왜 '아멘' 하나 싶었습니다. 원고에 있는 그 다음 내용은 "만일 우리 소유가 하나님의 보호를 입고 있다고 인정한다면, 우리는 그 소유를 하나님 보시기에 합당하게 써야 합니다. 하나님께서 주신 것을 이 세상 풍조에 맡기는 것은 옳지 않습니다."입니다. 그런데 그 분은 "하나님은 우리 영혼에만 관심이 있는 분이 아니라 우리 소유에도 관심이 있는 분이다. 하나님이 우리를 구원해주신 것처럼 우리 소유 또한 불어나게 해주실 것이다."를 상상한 것입니다.

본문에서도 그런 오해를 할 수 있습니다. 하나님이 우리를 보호해주신다니 얼마나 좋습니까? 예수 믿은 보람이 느껴지기도 하는 말입니다. 그러면 요한계시록의 원래 독자들을 생각해 보십시다. 당시는 예수를 믿는다는 이유로 사자 밥이 되던 시절입니다. 그들이 우리와 같은 생각을 했다면 "하나님, 이다음에 보호해주실 생각 말고 지금 보호해 주십시오."라고 하지 않겠습니까? 당장 사자 밥이 되는 상황에서 보호해주시는 것보다 더 시급한 보호가 어디 있습니까?

예수를 믿는 사람들한테 불만이 있다면, 왜 우리한테 있는 신앙이 세상에서는 별로 효용가치가 없느냐고 하는 것입니다. 우리가 하나님의 자녀인 것을 돈이나 지위로도 확인할 수 있으면 얼마나 좋습니까? 성경에는 기도만 하면 나병환자도 낫고 중풍병자도 낫는데, 실제 세상을 살아가면서는 비염도 낫지 않습니다. 사르밧 과부의 가루와 기름은 떨어지지 않았다고 하는데 우리 통장 잔고는 늘 아슬아슬합니다. 심지어는 새벽기도 나오다가 교통사고를 당하기도 합니다. 하나님의 보호는 대체 어디에 있는 것입니까?

하나님이 우리한테 약속하신 모든 내용은 영에 속한 문제입니다. 하나님은 세상에서의 형통이나 평안을 약속한 적이 없습니다. 본문에서 하나님의 종을 인 쳐서 보호한다는 말씀도 이 세상 환난에서 보호해주신다는 뜻이 아닙니다. 하나님의 백성 된 우리의 신분을 보호하신다는 뜻입니다.

본문에서는 모든 지파가 12,000명씩으로 되어있습니다. 물론 실제로 12,000명이 아니라 상징적인 숫자입니다. 성경에서 이스라엘을 각 지파 별로 계수하는 장면은 민수기 1장에 나옵니다. 그때 계속 반복되는 표현이 "이십 세 이상으로 싸움에 나갈 만한 각 남자를 그 명수대로 다 계수하니"라는 표현입니다. 싸움에 나갈 만한 자가 아니면 인원 파악 대상에 안 들어갑니다.

민수기 앞에는 레위기가 있습니다. 레위기 주제는 '거룩'입니다. 레위기 앞에 있는 책이 출애굽기입니다. 애굽에서 나온 기록이라는 뜻입니다. 애굽은 세상을 상징합니다. 세상에서 나왔으면 가장 먼저 힘써야 할 것이 거룩이라는 얘기가 됩니다. 이어서 민수기에서는 인원 파악을 합니다. 민수기(民數記)는 제목 그대로 백성들 숫자를 헤아린 기록입니다. 어떤 숫자냐 하면, 이십 세 이상으로 싸움에 나갈 만한 숫자입니다. 어떤 싸움입니까? 거룩을 위한 싸움입니다. 우리가 그런 싸움을 싸우는 사람들입니다. 그리고 하나님은 그런 싸움을 싸우는 우리의 신앙과 영혼을 보호하십니다.

혹시 '전투하는 교회'라는 말을 들어보셨습니까? 조직신학에서는 세상에 있는 교회를 전투하는 교회라고 합니다. 그러면 세상에 있는 우리는 전투하는 교인인 셈입니다. 하나님이 왜 우리 신앙과 영혼을 보호하시느냐 하면, 우리가 있는 곳이 전쟁터이기 때문입니다. 우리가 전쟁터에 있으니 보호가 필요하지, 유흥지에 있으면 보호가 필요할 까닭이 없습니다.

어떤 사람이 회사에 출근했습니다. 오전 내내 근무하고 점심시간이 되었습니다. 그런데 밥맛이 없다며 밥을 안 먹습니다. 잘못입니까, 아닙니까? 밥맛이 없어서 밥을 안 먹는 것이 무슨 문제입니까? 자기 편한 대로 하면 됩니다. 그런데 군인들은 안 됩니다.

졸병 때는 그럴 일이 없지만 고참이 되면 밥 먹는 것도 귀찮을 수 있습니다. 군인들은 밥 먹으러 갈 때도 줄을 맞춰서 갑니다. 내무반과 식당이 족히 50m는 됩니다. 막사 위치에 따라서 그보다 더 멀 수도 있습니다. 비라도 오면 더욱 성가십니다. 그래서 밥을 안 먹고 내무반에 누워있으면 군기순찰에 걸립니다. 전투력이 저하되기 때문입니다. 군인한테는 자기의 기호보다 중요한 것이 전투력입니다. 밥맛이 없어도 식사 시간이 되면 밥을 먹어야 합니다. 최고의 전투력을 유지해야 하는 것이 군인의 책임입니다.

우리가 바로 그런 사람들입니다. 우리는 이 세상에서 거룩한 싸움을 싸우는 십자가 군병들입니다. 군인이 제시간에 밥을 안 먹는 것이 잘못인 것처럼 우리가 성경을 읽지 않는 것도 잘못이라는 정도의 얘기가 아닙니다. 우리는 언제나 거룩을 위해서 최고의 전투력으로 무장되어 있어야 한다는 뜻입니다. 그게 안 되면 잘못입니다.

6장이 "그들의 진노의 큰 날이 이르렀으니 누가 능히 서리요"라는 말로 끝난 것을 기억하실 것입니다. 거룩하시고 완전하신 하나님의 진노 앞에 설 수 있는 사람이 누구입니까? 성경은 인침 받은 자 144,000명이 설 수 있다고 합니다. 그들의 특징은 이 땅에서 거룩을 위한 싸움을 싸운다는 사실입니다. 장차 하나님의 보좌 앞에 인도 될 때까지 그 싸움을 계속 싸울 것입니다. 하나님이 그런 그들을 친히 인을 쳐서 보호해 주십니다. 그들은 하나님의 보호를 입을 자격이 있습니다.

CHAPTER 20

옷을 씻은 사람들

이 일 후에 내가 보니 각 나라와 족속과 백성과 방언에서 아무도 능히 셀수 없는 큰 무리가 나와 흰 옷을 입고 손에 종려 가지를 들고 보좌 앞과 어린양 앞에 서서 큰 소리로 외쳐 이르되 구원하심이 보좌에 앉으신 우리 하나님과 어린양에게 있도다 하니 모든 천사가 보좌와 장로들과 네 생물의 주위에 서 있다가 보좌 앞에 엎드려 얼굴을 대고 하나님께 경배하여 이르되 아멘 찬송과 영광과 지혜와 감사와 존귀와 권능과 힘이 우리 하나님께 세세토록 있을지어다 아멘 하더라 장로 중 하나가 응답하여 나에게 이르되 이 흰 옷 입은 자들이 누구며 또 어디서 왔느냐 내가 말하기를 내 주여 당신이 아시나이다 하니 그가 나에게 이르되 이는 큰 환난에서 나오는 자들인데 어린양의 피에 그 옷을 씻어 희게 하였느니라 그러므로 그들이 하나님의 보좌 앞에 있고 또 그의 성전에서 밤낮 하나님을 섬기매 보좌에 앉으신 이가 그들 위에 장막을 치시리니 그들이 다시는 주리지도 아니하며 목마르지도 아니하고 해나 아무 뜨거운 기운에 상하지도 아니하리니 이는 보좌 가운데에 계신 어린양이 그들의 목자가 되사 생명수 샘으로 인도하시고 하나님께서 그들의 눈에서 모든 눈물을 씻어 주실 것임이라(계 7:9-17).

첫 번째 인을 뗐을 때부터 여섯 번째 인을 뗐을 때까지 말씀이 6장에 나왔습니다. 여섯째 인을 뗐을 때는 세상에 대재앙이 임했습니다. 땅에 속한 모든 족속들은 차라리 죽음을 갈망했습니다. 하나님의 진노가 그만큼 엄중했습니다.

하나님은 완전하게 거룩하신 분입니다. 알기 쉽게 말하면 하나님은 눈높이가 무지 무지 무지 무지 무지 무지 무지 무지 무지 무지 무지 무지 무지 높으신 분입니다. 그런 눈높이에 조금이라도 미달되면 불합격입니다. 그러니 누가 하나님께 합격 판정을 받을 수 있단 말입니까? 땅의 임금들과 왕족들과 장군들과 부자들과 강한 자들과 모든 종과 자유인이 이미 불합격 판정을 받았습니다. 육신을 가진 사람이 하나님께 합격 판정을 받는 것은 불가능한 일입니다.

그런데 합격 판정을 받은 사람이 있습니다. 지난 시간에 확인한 144,000명입니다. 그 비결이 무엇입니까? 그에 대한 설명이 본문에 나옵니다. "누가 능히 서리요?"라는 질문에 대해서 지난 시간에는 "이런 사람이 능히 선다."라고 대답했고, 본문에서는 "능히 서는 이유는 이렇기 때문이다."를 말하는 셈입니다.

요한이 "각 나라와 족속과 백성과 방언에서 아무도 능히 셀 수 없는 큰 무리"를 보았습니다. 앞에서는 144,000명이라고 했는데, 본문에서는 "아무도 능히 셀 수 없는 큰 무리"라고 합니다. 하나님은 하나님의 백성의 총수를 알고 계십니다. 그 숫자를 144,000명으로 표시했습니다. 그런데 그 수가 사람으로서는 능히 셀 수 없는 큰 무리였습니다. 하나님이 아브라함의 자손을 땅의 티끌처럼 많아지게 해주겠다고 하면서, 사람이 땅의 티끌을 셀 수 있으면 아브라함의 자손도 셀 수 있을 것이라고 했습니다. 사람은 땅의 티끌을 셀 수 없습니다만 하나님은 얼마든지 세십니다. 어떤 책에 보니까 하나님은 우리 머리카락도 세는 분이니 머리통을 세는 것은 일도 아니라고 설명을 했습니다.

그런 무리가 "흰 옷을 입고 종려 가지를 들고" 큰 소리로 찬양을 합니다. 부활주일 전 주일을 종려주일이라고 합니다. 예수님이 예루살렘에 입성할 때 사람들이 종려 가지를 들고 환영한 것에서 유래합니다. 사람들이 예수님을 환영한 이유가 무엇입니까? 그때 예수님은 십자가를 지기 위해서 입성하신 것입니다. 그런데 사람들은 전혀 엉뚱한 기대를 했습니다. 예수님이 로마의 압제에서부터 자기들을 구원해 줄 것을 기대한 것입니다. 200년 전에 마카비가 그런 일을 한 적이 있습니다.

이스라엘이 바벨론에 망한 다음에 바벨론은 바사한테 망했고, 바사는 헬라한테 망합니다. 이스라엘의 운명도 바벨론에서 바사로, 바사에서 헬라로 넘어갔습니다. 알렉산더가 죽은 다음에 헬라는 그의 부하 장수들에 의해서 네 나라로 갈라졌습니다. 마케도니아, 소아시아, 시리아, 애굽입니다. 팔레스타인 지방은 처음에는 애굽에 속했다가 나중에 시리아 영토가 되었습니다. 안티오쿠스 4세가 시리아 왕이 되자, 평지풍파가 일기 시작했습니다. 그는 자신을 '안티오쿠스 에피파네스'라고 하면서 유대인을 본격적으로 탄압했습니다. 에피파네스는 '신의 현현' '걸어 다니는 신'이라는 뜻입니다. 스스로 신을 참칭한 것입니다. 그런 안티오쿠스 4세를 유대인들은 '안티오쿠스 에피마네스'라고 빈정거렸습니다. 에피마네스는 '미친 놈'이라는 뜻입니다. 안티오쿠스 4세는 그런 말을 들을 만큼 악랄한 정책을 폈습니다. 예루살렘 성전을 늑탈하고 율법을 지키지 못하게 했습니다. 할례를 금지시켰고, 성전에 제우스 신상을 세우고는 돼지고기를 제물로 드렸습니다. 주전 167년의 일입니다.

급기야 반란이 일어납니다. 이른바 마카비 혁명입니다. 3년에 걸친 항쟁 끝에 마침내 시리아 군을 몰아냈습니다. 더럽혀진 성전을 정결하게 해서 다시 하나님께 봉헌했습니다. 이것이 수전절의 유래입니다. 공교롭게도 12월 25일입니다. 요 10:22에 "예루살렘에 수전절이 이르니 때는 겨울이라"고 되어 있습니다. 수전절은 구약성경에는 안 나오고 신약성경에만 나옵니다. 구약시대에는 없던 절기이기 때문입니다.

시리아군을 몰아낸 마카비가 백마를 타고 예루살렘에 입성할 때 사람들은 종려 가지를 들고 환호했습니다. 능히 셀 수 없는 큰 무리가 흰옷을 입고 종려 가지를 들고 큰 소리로 찬양을 한다는 말씀은 이런 내용을 배경으로 합니다. "구원하심이 보좌에 앉으신 우리 하나님과 어린양에게 있도다"가 이들의 찬양 내용입니다. 그러자 모든 천사도 "아멘 찬송과 영광과 지혜와 감사와 존귀와 권능과 힘이 우리 하나님께 세세토록 있을지어다 아멘"이라고 화답합니다.

우리가 믿는 기독교가 하늘에 속한 종교입니까, 땅에 속한 종교입니까? 전에 어떤 청년한테서 찬양집회에 다녀온 얘기를 들었습니다. 마침 수학능력시험이 끝난 다음날이었습니다. 찬양 인도자가 물었습니다.

"어제 시험보신 분들 많을 텐데, 하나님 은혜로 전부 수능 대박 났으면 좋겠죠?" 전부 다 한 목소리로 "예"라고 했습니다. 그런데 찬양 인도자가 찬물을 끼얹었습니다. "죄송한데요, 하나님은 거기 관심 없어요." 또 얘기합니다. "직장을 놓고 기도 중인 분들이 많을 텐데, 하나님이 얼른 좋은 직장을 주셨으면 좋겠죠?" 이번에도 "예"라는 소리가 상당히 컸습니다. 또 똑같이 말합니다. "죄송한데요, 하나님은 거기 관심 없어요."

"말도 안 된다. 우리가 이 세상을 살아가는 문제에 하나님이 어떻게 관심이 없을 수 있단 말이냐?"라고 반문할 수도 있을 것입니다. 그러면 그 얘기를 본문에 대입시켜 보십시다. 어떤 수험생이 있습니다. 흔히 하는 말로 수능 대박이 났습니다. 그래서 자기한테 그런 은혜를 주신 하나님을 찬양합니다. 그때 천사들이 화답할까요? 백수가 취직을 한 경우도 마찬가지입니다. 본인한테는 참으로 기쁜 일입니다. 사람들을 만날 때마다 하나님의 은혜를 간증할 수도 있습니다. 그렇다고 해서 천사들도 화답할까요?

본문에서는 아무도 능히 셀 수 없는 큰 무리가 흰 옷을 입고 종려 가지를 들고 찬양하자, 모든 천사가 화답했습니다. 하나님의 백성들의 찬양이 하나님의 백성들의 찬양으로 끝나지 않고 천사들의 찬양으로 이어졌습니다. 천사들의 화답에는 아멘이 두 번 나옵니다. 먼저 '아멘'이라고 한 다음에 "찬송과 영광과 지혜와 감사와 존귀와 권능과 힘이 우리 하나님께 세세토록 있을지어다"라고 하고, 다시 '아멘'이라고 합니다. 첫 번째 아멘은 능히 셀 수 없는 큰 무리의 찬양에 대한 아멘이고, 두 번째 아멘이 자기들의 찬양에 대한 아멘인 셈입니다.

요컨대 우리가 어떤 일에 감사하고 어떤 일로 하나님을 찬양하는지 확인할 필요가 있습니다. 우리끼리만 감사하고 우리끼리만 찬양하면 안 됩니다. 천사들이 화답할 만한 내용으로 하나님께 감사하고 천사들이 화답할 만한 내용으로 하나님을 찬양해야 합니다.

어떤 가정이 있습니다. 남편은 돈 잘 벌어오고 아이들은 다 일류대를 졸업했습니다. 아들은 대형 로펌에 취직해서 연봉이 1억이 넘고 딸은 재벌가에 시집을 갔습니다. 모든 가정의 '로망'이라고 할 만합니다. 사람들은 다 그 가정을 부러워하며 하나님의 은혜라고 합니다. 그렇다고 해서 천사들도 그 집을 보면서 하나님께 영광 돌릴까요? "하나님, 과연 하나님이십니다. 찬송과 영광과 지혜와 감사와 존귀와 권능과 힘이 오직 하나님께만 있는 것이 분명합니다."라고 할까요?

이런 얘기를 하면 "기왕이면 이 세상에서도 잘 살고 하나님께 영광도 돌리면 더 좋지 않습니까?"라고 합니다. 쌍꺼풀이 있는 사람이 하나님께 영광 돌리는 것과 쌍꺼풀이 없는 사람이 하나님께 영광 돌리는 것 사이에 어떤 차이가 있습니까? 기왕이면 쌍꺼풀 있는 사람이 영광을 돌려야 하나님이 더 기뻐하십니까?

기독교는 하늘에 속한 종교입니다. 그런데 우리가 이 세상에 마음을 빼앗겨서 땅에 속한 종교로 격하시킬 우려가 있습니다. 오래 전에 '약 좋다고 남용 말고 약 모르고 오용 말자'라는 표어가 있었습니다. 성경 구절에도 그대로 적용할 수 있는 말입니다. "내게 능력 주시는 자 안에서 내가 모든 것을 할 수 있느니라"(빌 4:13), "사랑하는 자여 네 영혼이 잘됨 같이 네가 범사에 잘되고 강건하기를 내가 간구하노라"(요삼 1:2) 같은 말씀이 대표적인 예입니다. 사람들이 왜 성경책을 펴놓고 성경에 없는 기대를 하느냐 하면, 구원을 제대로 몰라서 그렇습니다. 하나님이 우리를 위해서 그리스도를 보내셨다는 사실이 얼마나 놀라운 사실인지를 모릅니다. 하나님이 창세 전에 우리를 택하셨다는 말씀이 갖는 영광의 풍성함을 모릅니다. 그러니 "구원하심이 보좌에 앉으신 우리 하나님과 어린양에게 있도다"라는 찬양이 안 나옵니다. 그 얘기는 됐으니 다른 얘기를 하자는 것입니다. 그런 얘기보다는 "열심히 기도했더니 하나님이 아파트를 주셨어요."라는 얘기가 훨씬 듣기 좋은 것을 어떻게 합니까? 천사들은 그런 문제에 관심이 없는데 우리만 귀를 쫑긋 세웁니다.

아무도 능히 셀 수 없는 큰 무리가 흰 옷을 입고 종려 가지를 들고 찬양을 하고 천사들이 화답을 하는데, 한 장로가 묻습니다. "이 흰 옷 입은 자들이 누구며 어디서 왔느냐"는 것입니다. 흰 옷은 아무나 입는 옷이 아닙니다. 주님 보시기에 합당한 사람만 입을 수 있습니다. 6장에서 "그들의 진노의 큰 날이 이르렀으니 누가 능히 서리요"라고 할 때만 해도 하나님 앞에 설 수 있는 사람은 아무도 없는 것 같았습니다. 어쩌다 한두 명 있으면 기적입니다. 그런데 아무도 능히 셀 수 없는 큰 무리가 흰 옷을 입고 나타났으니, 대체 어떻게 된 영문입니까? 요한은 "내 주여 당신이 아시나이다"라고 대답할 수밖에 없었습니다. 그렇다고 해서 요한이 주님과 대화를 하는 것은 아닙니다. 우리는 '주'라는 호칭을 아무한테나 쓰지 않습니다만 당시에는 일상적인 존칭이었습니다. 사라도 아브라함을 주라고 불렀습니다(벧전 3:6). 그러자 장로가 요한에게 말합니다. "이는 큰 환난에서 나오는 자들인데 어린양의 피에 그 옷을 씻어 희게" 하였다는 것입니다. 아무도 능히 셀 수 없는 큰 무리가 진노의 큰 날에 능히 설 수 있는 이유는 어린양의 피에 그 옷을 씻었기 때문입니다.

일사부재리의 원칙이라는 것이 있습니다. 한 번 처벌 받은 죄는 다시 처벌하지 않는다는 원칙입니다. 죄의 값은 사망인데 예수님이 우리 대신 죽으셨습니다. 우리가 다시 죄 값을 치를 이유가 없습니다. 예수님이 십자가 위에서 "엘리 엘리 라마 사박다니"라고 부르짖으며 하나님의 진노를 받으셨으니 우리는 하나님의 진노를 받지 않아도 됩니다. 어린양의 피에 그 옷을 씻은 사람은 하나님의 진노를 받지 않는다는 것이 이런 말씀입니다. 땅의 임금들과 왕족들과 장군들과 부자들과 강한 자들과 모든 종과 자유인이 진노 앞에 놓이게 되지만, 그들은 예외입니다. 이들은 장차 어린양의 혼인 잔치에 참여할 사람들입니다. 그리스도의 신부는 그리스도가 데려가는 것이 당연합니다. 마찬가지로 이 세상 정욕으로 단장한 자는 마귀가 데려갈 것입니다. 그들은 마귀와 한통속이기 때문입니다.

그런데 어린양의 피에 그 옷을 씻은 사람들은 밤낮 성전에서 하나님을 섬기게 된다는 말씀은 의아할 수 있습니다. 새 하늘 새 땅에는 성전이 없습니다(계 21:22). 하나님과 어린양이 친히 성전이 되십니다. 그런데 본문에 성전이 나옵니다. 이는 하나님께 대한 끊임없는 예배를 말하는 상징적인 표현입니다.

부교역자 시절에 어떤 장례식에 참석했을 때의 일입니다. 목사님은 마치 고인이 천국에 있는 것처럼 "…지금 고인은 아브라함 품에 안겨 있는 것을 우리가 믿음의 눈으로 바라봅니다."라고 했습니다. 문득 의아하다는 생각이 들었습니다.

고인은 걸핏하면 주일예배를 범하곤 했습니다. 예배에 참석할 때보다 빼먹을 때가 더 많았습니다. 그나마도 항상 지각했고 성경책도 펴지 않은 채 앉아서 졸기 일쑤였습니다. 예배 시간이 굉장히 지루한 모양이었습니다. 설교를 들으면서 속으로 생각했습니다. "정말로 천국에 있으면 지루해서 어떻게 하려나? 지금쯤 아브라함 품에서 벗어나려고 발버둥을 치고 있지는 않을까?"

천국에 가면 일과 자체가 하나님을 섬기는 것입니다. 이 땅에 사는 동안 하나님 섬기기에 게으르던 사람이 죽었다는 이유만으로 하나님을 섬기는 것을 좋아하게 될 리는 없습니다. 어쩌면 이 땅에서 하나님 섬기기를 게을리 하던 사람한테는 천국이 곧 지옥일 수도 있습니다.

우리는 이 땅에서 하나님 섬기기를 충분히 연습해야 합니다. 그래야 천국에 가서 밤낮없이 하나님을 섬길 수 있습니다. 예배를 빼먹지 말자는 정도의 말씀이 아닙니다. 이 세상 환난을 두려워하지 말자는 말씀입니다.

장로가 요한한테 "이 흰 옷 입은 자들이 누구며 어디서 왔느냐"라고 물었을 때 요한은 "내 주여 당신이 아시나이다"라고 대답했습니다. 그러자 장로는 "이는 큰 환난에서 나오는 자들인데 어린양의 피에 그 옷을 씻어 희게 하였느니라"라고 일러주었습니다. 흰 옷을 입은 자들은 전부 큰 환난에서 나오는 자들입니다. 하나님 섬기기보다 세상 섬기기를 즐기면 환난이 있을 수 없습니다. 하지만 이 세상에서 하나님을 섬기려면 환난이 있는 것은 당연합니다.

그런 환난을 받은 사람들은 다시 주리지도 않고 목마르지도 않게 됩니다. 해나 아무 뜨거운 기운에 상하지도 않습니다. 보좌 가운데에 계신 어린양이 그들의 목자가 되어 생명수 샘으로 인도하시고 하나님께서 그들의 눈에서 모든 눈물을 씻어주실 것이기 때문입니다.

　이런 표현은 별로 마음에 와 닿지 않을 수 있습니다. 천국이 고작 주리거나 목마르지 않고, 해나 아무 뜨거운 기운에 상하지 않는 곳입니까? 그러면 무더운 여름날 에어컨 틀어놓고 수박을 먹는 것과 무슨 차이가 있습니까?

> 그들이 주리거나 목마르지 아니할 것이며 더위와 볕이 그들을 상하지 아니하리니 이는 그들을 긍휼히 여기는 이가 그들을 이끌되 샘물 근원으로 인도할 것임이라(사 49:10).

　이 말씀의 원래 독자는 바벨론 포로에서 돌아오는 사람들입니다. 출애굽 당시의 이스라엘이 이 말씀의 배경입니다. 그 옛날 거칠고 험한 광야를 지나서 젖과 꿀이 흐르는 땅 가나안에 이르렀던 것처럼 지금 바벨론에서 귀환하는 사람들도 그렇습니다. 그리고 요한이 이 내용을 인용합니다. 비록 지금 세상에서는 주리거나 목마를 수밖에 없지만 본향에 이르면 더 이상 그런 일이 없다는 것입니다.

　성경은 우리가 지내는 형편이 주리고 목마른 형편이라고 합니다. 세상이 본래 그런 곳이기 때문에 이 세상을 사는 동안에는 별 수 없습니다. 그런데 우리는 조금만 노력하면 세상에서도 만족을 누리며 살 수 있을 것처럼 착각을 합니다. 가장 많이 기도하는 내용이 돈과 건강입니다. 그것만 있으면 모든 문제가 해결될 것 같기 때문입니다. 성경은 늘 우리한테 영원한 기업을 예비해 두었다고 합니다. 우리는 이 땅에서 나그네로 살아간다고 합니다. 그런데 우리는 이 세상에 속한 문제를 해결해 달라고 기도합니다. 그것만 해주면 족하다는 것입니다. 마치 바벨론 포로에서 돌아오는 이스라엘이 광야 길을 걸으면서 주리거나 목마르지 않게 해주고, 해나 아무 뜨거운 기운에 상하지도 않게 해달라는 격입니다.

예전에 과외를 할 적에 늘 들었던 얘기가 있습니다. "저의 애가 본래 머리는 좋습니다. 그런데 기초가 약합니다." "저의 애가 머리는 있는데 공부하는 방법을 잘 모릅니다."라는 얘기입니다. 이때 머리가 좋다는 말은 실제 지능지수에 대한 얘기가 아닙니다. 공부를 잘 할 가능성에 대한 얘기입니다. 본래 잘못된 것이 아니라 사소한 문제가 있을 뿐이니, 그 사소한 문제만 바로잡으면 된다는 것입니다. 사랑하는 마음은 언제나 가능성과 연결됩니다.

우리가 세상에 애착을 갖는 것도 그런 이유 때문일 것입니다. 하나님은 우리를 위해서 새 하늘 새 땅을 준비하고 계신데, 우리는 한사코 이 세상에서 잘 먹고 잘 살려고 합니다. 세상은 본래 주리고 목마른 곳인 것을 모르고 사소한 문제만 바로잡으면 되는 줄 압니다. 그 사소한 문제가 주로 돈과 건강으로 나타납니다. 그만큼 세상이 좋은 것입니다. 천국은 마지못해서 가는 곳입니다. 할 수만 있으면 이 세상에서 영원히 살고 싶은데 그것이 안 되니까 가는 곳이 천국입니다.

그러면 하나님은 우리 눈에서 어떤 눈물을 씻어주셔야 합니까? 본문은 "이는 보좌 가운데에 계신 어린양이 그들의 목자가 되사 생명수 샘으로 인도하시고 하나님께서 그들의 눈에서 모든 눈물을 씻어 주실 것임이라"로 끝납니다. 하나님이 우리 눈에서 모든 눈물을 씻어 주신다고 했습니다. 당연히 환난 중에 흘린 눈물을 말합니다. 부조리로 가득한 이 세상을 살면서 신앙을 포기하지 않느라 흘린 눈물을 하나님이 다 씻어 주십니다. 고작해야 남보다 가진 것이 없는 서러움, 남만큼 대접받지 못하는 억울함으로 흘린 눈물을 하나님께 씻어 달라고 할 수는 없는 노릇입니다.

기뻐서 흘리는 눈물과 슬퍼서 흘리는 눈물은 성분이 다르다고 합니다. 기쁨의 눈물은 단맛이 나고 슬픔의 눈물은 신맛이 난다고 합니다. 하물며 하나님이 우리 눈물을 구별하시지 못할 리는 없습니다. 우리가 흘린 눈물은 세상을 위한 눈물이 아니라 하나님을 위한 눈물이어야 합니다.

우선 우리의 소망이 어디에 있는지 점검할 필요가 있습니다. 늘 땅에 속한 문제로 근심하고, 땅에 속한 문제로 감사하며 살아가면 평생 예수를 믿어도 "구원하심이 보좌에 앉으신 우리 하나님과 어린양에게 있도다"라는 찬양을 못하게 됩니다. 우리 찬양에 천사들이 화답하는 일도 없을 것입니다. 결정적으로 하나님이 씻어주실 눈물이 없게 됩니다. 하나님은 지금도 우리 눈에서 모든 눈물을 씻어주실 날을 기다리고 계십니다. 그 날은 우리 구원이 완성되는 날입니다.

CHAPTER 21

준비 된 심판

일곱째 인을 떼실 때에 하늘이 반시간쯤 고요하더니 내가 보매 하나님 앞에 일곱 천사가 서 있어 일곱 나팔을 받았더라 또 다른 천사가 와서 제단 곁에 서서 금향로를 가지고 많은 향을 받았으니 이는 모든 성도의 기도와 합하여 보좌 앞 금 제단에 드리고자 함이라 향연이 성도의 기도와 함께 천사의 손으로부터 하나님 앞으로 올라가는지라 천사가 향로를 가지고 제단의 불을 담아다가 땅에 쏟으매 우레와 음성과 번개와 지진이 나더라(계 8:1-5).

8장은 6장에 연결된 내용입니다. 6장에서 여섯째 인을 떼었을 때 엄청난 재앙이 일어났습니다. 해가 검게 변하고 달이 피 같이 되고 별들이 떨어지고 하늘이 두루마리처럼 말렸습니다. 지진이 일어나고 산과 섬들이 제자리에서 옮겨졌습니다. 그야말로 하늘이 무너지고 땅이 꺼지는 재앙입니다. 그런 내용이 "그들의 진노의 큰 날이 이르렀으니 누가 능히 서리요"라는 말로 끝났습니다. 그에 대한 대답이 7장이었습니다. 하나님께 인침 받은 자 144,000명이 능히 섭니다. 여섯째 인이 떼어졌으니까 일곱째 인이 떼어질 차례입니다. 1절이 그 내용입니다.

뭔가 이상한 점이 있습니다. 여섯째 인을 뗐을 때 이 세상이 끝난 것 같았습니다. 하늘이 무너지고 땅이 꺼졌는데 뭐가 남습니까? 그런 상황에서 일곱째 인을 떼면 144,000명을 위한 새로운 세상이 열려야 하는 것 아닙니까? 그런데 그런 얘기가 없습니다. 하늘에 반시간쯤의 고요가 있을 뿐입니다. 그리고 일곱 나팔 재앙을 말합니다. 마치 일곱째 인을 떼자 일곱 나팔 재앙이 시작되는 것 같습니다. 일곱째 인은 마지막 재앙이니까 일곱 차례로 나누어서 더 자세하게 보여주는 것이라고 하면 맞는 말 같기도 합니다.

어렸을 적의 일입니다. 친구들과 놀다가 사소한 다툼을 벌이는 수가 있습니다. 예를 들면 친구가 자기 물건을 가지고 장난을 칠 수 있습니다. 그러면 달라는 말을 몇 번 하다가 "열 셀 때까지 안 주면 알아서 해." 하고 최후통첩을 합니다. "하나, 둘, 셋, 넷, 다섯, 여섯, 일곱…" 하는 중에 그 친구가 얼른 돌려주면 아무 일도 없습니다. 그런데 돌려줄 생각을 안 합니다. 그렇다고 해서 "여덟, 아홉, 열"이라고 하기도 난처합니다. 열을 센 다음에는 요즘 애들 말대로 맞장을 뜨든지 뭔가 조치를 취해야 합니다. 하지만 그렇게 하기는 부담스럽습니다. 그래서 "여덟, 아홉, 아홉 반, 아홉 반의 반…" 하면서 계속 뜸을 들입니다.

혹시 하나님도 그러시는 걸까요? 첫 번째 인부터 여섯 번째 인을 통해서 충분히 경고했습니다. 하나님의 진노의 큰 날에 능히 서기 위해서는 인침 받은 자 144,000명에 포함되어야 합니다. 하나님의 손길을 끝까지 거부하면 일곱째 인을 뗄 수밖에 없는데 그것은 하나님으로서도 차마 못할 일입니다. 그래서 일곱 나팔 재앙, 일곱 대접 재앙으로 계속 재앙만 내리면서 심판의 때를 미루는 걸까요? 그러면 심판은 언제 하십니까? 일곱 인 재앙, 일곱 나팔 재앙, 일곱 대접 재앙이 다 지나가도록 회개를 하지 않으면 그때서야 포기하고 세상을 심판하십니까?

바로가 꿈을 꾸었습니다. 아름답고 살진 일곱 암소가 있는데 흉하고 파리한 일곱 암소가 그들을 잡아먹는 꿈이었습니다. 잠시 깨었다가 잠이 들었는데 또 꿈을 꾸었습니다. 무성하고 충실한 일곱 이삭이 있는데 가늘고 동풍에 마른 일곱 이삭이 그들을 삼켰습니다. 요셉이 해몽합니다. 애굽에 일곱 해 큰 풍년이 든 다음에 일곱 해 큰 흉년이 든다는 것입니다. 바로가 꾼 꿈은 두 가지였지만 한 가지 사건에 대한 암시였습니다.

요한계시록도 그렇게 구성되어 있습니다. 일곱 인 재앙이 지나가면 일곱 나팔 재앙이 임하고, 일곱 나팔 재앙이 지나가면 일곱 대접 재앙이 임하는 것이 아니라 같은 사건을 반복해서 다룹니다. 6장에서 여섯째 인을 뗐을 때 일월성신이 없어졌습니다. 그런데 12절에서 넷째 나팔을 불었을 때 해, 달, 별의 삼분의 일이 어두워졌다고 했습니다. 이미 없어진 해, 달, 별의 삼분의 일을 무슨 수로 어둡게 합니까? 인 재앙이 다 지나간 다음에 나팔 재앙이 임하는 것이 아니라는 뜻입니다.

첫 번째 인을 뗐을 때부터 네 번째 인까지는 말 탄 자가 나왔습니다. 그들은 땅 사분의 일의 권세를 얻은 자들이었습니다. 그런데 나팔 재앙에서는 삼분의 일이 나옵니다. 첫째 나팔부터 넷째 나팔까지 계속 삼분의 일을 얘기합니다. 같은 사건을 설명하는데 왜 이런 차이가 있습니까? 성경이 말하는 초점은 '온 세상의 몇 %가 심판을 받느냐?' 가 아니라 '아직 끝이 아니다'에 있기 때문입니다. 첫째 인부터 넷째 인까지는 완전한 종말이 아닙니다. 첫째 나팔부터 넷째 나팔까지도 그렇습니다. 아직은 회개할 기회가 있습니다. 하지만 궁극적으로는 심판을 향하여 나아가고 있습니다. 그래서 같은 내용을 반복하면서도 더 강한 어조로 반복합니다. 시간적인 배열도 아니고 단순 반복도 아닌 나선형 구조로 생각하면 됩니다. 같은 얘기를 하면서도 점점 더 지향점에 가까워집니다. 16장에서 일곱 대접 재앙을 말할 적에는 전체를 심판 대상으로 얘기합니다. 그때는 정말로 최종 심판이 코앞에 임박했기 때문입니다.

결국 본문 1절과 2절은 이어지는 내용이 아닙니다. 1절로 인 재앙을 끝맺고, 2절에서 나팔 재앙 얘기를 꺼냅니다. 《표준새번역》에는 "그 어린양이 일곱째 봉인을 뗄 때에 하늘은 약 반시간 동안 고요하였습니다. 그리고 나는 하나님 앞에 서 있는 일곱 천사를 보았습니다. 그들은 나팔을 하나씩 가지고 있었습니다."라고 번역되어 있습니다. 일곱째 인을 떼자, 하늘이 반시간쯤 고요해졌습니다. 앞에서 여섯째 인을 뗐을 때 일월성신이 사라지는 것으로 이 세상 역사가 끝났습니다. 하나님이 이 세상 악을 청산했습니다. 그러면 새 하늘과 새 땅 얘기가 나와야 합니다. 결국 반시간쯤의 고요는 새 하늘과 새 땅이 그 모습을 드러내기 전의 고요입니다. 사극에 보면 신하들이 모여서 사담을 주고받다가 '주상전하 납시오' 소리가 나면 일순 조용해지는 것과 같습니다. 곧 주인공이 등장할 것입니다.

2절에서 일곱 천사가 일곱 나팔을 받았다고 했습니다. 이 내용은 6절로 이어져야 합니다. 천사들이 나팔을 불기 시작하면 그에 따른 재앙이 임합니다. 6장에서 어린양이 인을 뗄 때마다 재앙이 임한 것과 마찬가지입니다. 그리고 3-5절에서는 기도를 얘기합니다.

본문은 구조가 복잡합니다. 우선 1절은 6장에 연결된 내용이라고 했습니다. 첫 번째 인을 뗐을 때부터 시작해서 일곱째 인을 떼는 것으로 모든 것이 끝났습니다. 2절은 6절로 이어지는 내용입니다. "내가 보매 하나님 앞에 일곱 천사가 서 있어 일곱 나팔을 받았더라 일곱 나팔을 가진 일곱 천사가 나팔 불기를 준비하더라 첫째 천사가 나팔을 부니 피 섞인 우박과 불이 나와서 땅에 쏟아지매…"라고 하면 문맥이 매끄럽게 연결됩니다. 6장에서 말한 인 재앙을 이번에는 나팔 재앙으로 다시 설명합니다. 그러면 난데없이 기도 얘기는 왜 끼어 있는 겁니까?

천사가 향로를 가지고 제단의 불을 담아다가 땅에 쏟았습니다. 그 향로는 모든 성도의 기도가 담긴 향로입니다. 그러자 우레와 음성과 번개와 지진이 났고, 이어서 일곱 나팔 재앙을 얘기합니다. 땅에 쏟은 제단의 불의 내용이 일곱 나팔 재앙인 셈입니다. 나팔 재앙이 이 세상을 향한 하나님의 심판인 동시에 성도들의 기도에 대한 응답이기도 합니다.

하나님은 이 세상 주인입니다. 이 세상을 심판하는 것은 하나님의 주권에 달린 문제입니다. 그런데 하나님은 그 주권을 그냥 행사하시지 않고 우리의 기도를 통해서 행사하십니다. 하나님께서 이루시는 이 세상 역사에 우리를 동참시키는 것입니다.

다섯째 인을 뗐을 때 순교를 당한 영혼들이 제단 아래에서 외쳤다고 했습니다. 구약시대에 제사를 지낼 때 제물의 피를 제단에 뿌렸으니, 순교한 영혼들의 피를 하나님이 제물로 받으신 셈입니다. 4절에서는 성도들의 기도가 향연과 함께 하나님 앞에 올라갔다고 했습니다. 기도 또한 하나님이 받으시는 제물입니다.

특히 기도를 향을 피우는 것으로 설명했는데, 이 내용을 알기 위해서는 성막에 대한 이해가 있어야 합니다. 출입문으로 들어가면 가장 먼저 번제단이 보입니다. 짐승을 제물로 삼아서 제사를 드리는 곳입니다. 제사를 드린다는 것은 자기가 하나님 앞에 죽어 마땅한 죄인임을 고백한다는 뜻입니다. 본래 자기가 죽어야 하는데 자기 대신 짐승이 죽는 것이 제사입니다. 우리를 위해서 돌아가신 예수님의 십자가 사건을 그대로 보여줍니다. 번제단 뒤에 물두멍이 있고, 물두멍을 지나면 성소입니다. 성소에는 떡상과 금 촛대, 분향단이 있습니다. 분향단은 향을 사르는 곳인데, 기도를 상징합니다. 우리가 하나님께 드리는 기도를 의미할 수도 있고, 우리를 위한 그리스도의 중보 사역을 의미할 수도 있습니다.

번제단이나 분향단이나 둘 다 제단입니다. 번제단은 놋으로 되어 있고 분향단은 금으로 되어 있습니다. 3절에서 "또 다른 천사가 와서 제단 곁에 서서 금향로를 가지고 많은 향을 받았으니 이는 모든 성도의 기도와 합하여 보좌 앞 금 제단에 드리고자 함이라"라고 했습니다. 처음에 나온 제단은 번제단이고 뒤에 나오는 금 제단은 분향단입니다. 번제단은 제물을 드리는 곳이고 분향단은 기도를 드리는 곳입니다. 분향단에서 향을 사를 적에는 반드시 번제단의 불을 사용해야 합니다. 우리가 하는 모든 기도는 그리스도의 십자가를 근거로 해야 한다는 뜻입니다. 우리가 하나님께 기도를 할 수 있는 근거가 무엇인가 하면, 그리스도께서 우리 대신 죽으셨기 때문입니다.

나답과 아비후가 죽은 이유가 무엇입니까? 성경에는 "아론의 아들 나답과 아비후가 각기 향로를 가져다가 여호와께서 명령하시지 아니하신 다른 불을 담아 여호와 앞에 분향하였더니 불이 여호와 앞에서 나와 그들을 삼키매 그들이 여호와 앞에서 죽은지라"(레 10:1-2)라고 되어 있습니다. 번제단 불이 아닌 다른 불로 분향했습니다. 요즘 말로 바꾸면 그리스도의 십자가를 무시한 채 하나님께 나아가려고 했습니다. 당연히 죽어야 합니다.

5절에서는 천사가 향로를 가지고 제단의 불을 담아다가 땅에 쏟았다고 했습니다. 제물을 사르고 향을 피울 불을 땅에 쏟습니다. 그러자 우레와 음성과 번개와 지진이 났습니다. 번제단은 우리 대신 하나님의 진노를 받으신 어린양을 보여주는 곳입니다. 그런 어린양을 인정하지 않으면 자기가 직접 진노를 받아야 합니다. 구약식으로 말하면, 어떤 사람은 양을 끌고 와서 제사를 드리는데 어떤 사람은 자기 대신 죽어서 불에 탈 양이 없습니다. 그러면 자기가 직접 불에 탈 수밖에 없습니다. 그래서 제단의 불을 땅에 쏟는 것입니다. 6장에서 "그들의 진노의 큰 날이 이르렀으니 누가 능히 서리요"라고 한 것처럼 그 불을 피할 사람은 없습니다.

한 가지 의아한 사실이 있습니다. 다섯째 인을 떼자, 순교를 당한 영혼들이 "거룩하고 참되신 대주재여 땅에 거하는 자들을 심판하여 우리 피를 갚아 주지 아니하시기를 어느 때까지 하시려 하나이까"라고 했습니다. 그때 하나님은 "아직 잠시 동안 쉬되 그들의 동무 종들과 형제들도 자기처럼 죽임을 당하여 그 수가 차기까지 하라"고 응답했습니다. 아직 기도를 들어줄 때가 안 되었다는 것입니다. 그런데 본문에서 나팔 재앙의 시작을 말하면서는 이 모든 것이 성도들의 기도 응답이라고 합니다. 어떻게 된 영문입니까?

아이가 엄마한테 떡볶이를 만들어 달라고 합니다. 엄마가 알았다고 하고는, 냉장고에서 떡과 함께 이것저것 다른 재료를 꺼내서 손질합니다. 잠시 후에 아이가 "엄마, 떡볶이!" 하고 보챕니다. 그러면 엄마가 할 말은 "기다려, 아직 더 있어야지."뿐입니다.

순교한 영혼들의 부르짖음에 더 기다리라고 한 것은 그들의 기도에 대한 응답이 '완제품'으로 나타나기를 기다리라는 것입니다. 빨갛게 양념된 떡이 프라이팬에서 김을 모락모락 내고 있어야만 떡볶이를 만드는 것이 아닙니다. 도마에서 칼질을 하는 동안에도 떡볶이는 만들어지고 있습니다. 성도들이 기도할 때 하나님은 이미 응답하시기 시작했습니다. 그것을 나팔 재앙으로 설명하는 것입니다. 아직은 여섯째 인을 떼었을 때처럼 이 세상 모든 악이 최종적으로 심판받은 것이 아닙니다만 곧 그렇게 될 것입니다.

청교도 목사인 '코튼 매더(Cotton Mather)'가 한 말이 있습니다. "우리가 천국에 갈 때까지 우리는 우리 기도가 미친 영향을 보지 못할 것이다." 어쩌면 우리한테는 응답되지 않은 것처럼 보인 숱한 기도들이 있을 수 있습니다. 하지만 그 모든 기도들이 다 보존되어 있습니다. 기도한 사람이 이 세상에 존재하지 않는다고 해서 그가 한 기도까지 무효가 되는 것이 아닙니다. 향을 피우면 향연이 위로 올라갑니다. 우리가 보기에는 잠깐 올라가다가 곧 흩어지고 마는 것처럼 보이지만 하나님은 그것을 제물로 받으십니다.

어떤 책에서 재미있는 내용을 읽었습니다. S집사라는 분이 있습니다. 한때 불교 신자였다가 예수를 믿게 된 분입니다. 몇 가지 일에 실패하자, 되는 일이 없다는 푸념을 입에 달고 살았습니다. 급기야 교회를 떠나서 이전에 다니던 절에 갔습니다. 천 배를 열 번이나 했습니다. 그렇게 하고 나니 허리가 아파 일어설 수조차 없었습니다. 몸을 겨우 일으켜서 이마에 맺힌 땀을 닦으며 불상을 가만히 쳐다보는데, 갑자기 불상이 말을 했습니다. "왜 인간들은 나를 만들어놓고 자꾸 와서 뭘 달라고 하는 거냐? 나도 참 민망스럽다."

이 세상 모든 종교 중에 오직 우리만 기도를 듣는 대상이 있다는 사실을 아십니까? 다른 종교에서도 기도를 합니다. 하지만 그 기도를 듣는 대상이 없습니다. 오직 하나님만 기도를 들으십니다. 하나님 아닌 다른 신은 존재하지 않기 때문입니다.

세상에는 이런 신도 있고 저런 신도 있는데 우리는 그 중에서 하나님을 믿고 있는 사람들이 아닙니다. 하나님이 유일신(唯一神)입니다. 하나님 외에 다른 신이 없다는 얘기는 하나님이 이 세상 주인이라는 뜻입니다. 하나님이 계획을 세우면 이루어지기 마련입니다. 아무도 방해하지 못합니다.

〈오멘〉이나 〈엑소시스트〉 같은 영화를 보면, 사탄한테도 하나님에 버금가는 힘이 있는 것처럼 보입니다. 마치 하나님과 사탄이 막상막하로 힘을 겨루는데 하나님이 '막상'이고 사탄이 '막하'여서 사탄이 마지막 순간에 지는 것 같습니다. 하지만 그것은 허구입니다. 그렇게 만들어야 돈이 되기 때문에 그렇게 만든 것입니다. 하나님은 천국의 왕이고 사탄은 지옥의 왕이 아닙니다. 천국을 하나님이 다스리시는 것처럼 지옥도 하나님이 다스리십니다. 사탄 역시 조만간 지옥에서 영원한 형벌을 받을 것입니다. 하늘과 땅에 속한 모든 일이 하나님께 달려있습니다.

그 하나님이 이 세상을 심판하십니다. 첫 번째 인부터 일곱째 인을 통해서 이 세상 종말을 말씀하시고, 다시 일곱 나팔 재앙, 일곱 대접 재앙으로 그 내용을 거듭 확인하십니다. 그러면 일곱째 인을 뗐을 때 하늘이 반시간쯤 고요한 것은 무슨 영문입니까? 그 고요함 속에서 대체 어떤 일이 이루어지는 것입니까?

> 이에 한 힘 센 천사가 큰 맷돌 같은 돌을 들어 바다에 던져 이르되 큰 성 바벨론이 이같이 비참하게 던져져 결코 다시 보이지 아니하리로다 또 거문고 타는 자와 풍류하는 자와 퉁소 부는 자와 나팔 부는 자들의 소리가 결코 다시 네 안에서 들리지 아니하고 어떠한 세공업자든지 결코 다시 네 안에서 보이지 아니하고 또 맷돌 소리가 결코 다시 네 안에서 들리지 아니하고 등불 빛이 결코 다시 네 안에서 비치지 아니하고 신랑과 신부의 음성이 결코 다시 네 안에서 들리지 아니하리로다(계 18:21-23a).

바벨론으로 대표되는 세상 나라의 멸망을 마치 큰 맷돌이 바다에 빠지는 것으로 말씀합니다. 그러면 아무 소리도 안 들리게 됩니다. 이 세상을 가득 채웠던 온갖 잡소리가 다 그치고 말 그대로 고요함만 남습니다. 즉 일곱째 인을 떼자, 이 세상에 속한 것이 완전히 정리된 광경이 나타난 것입니다. 하나님을 반대하던 모든 것을 심판했으니 고요만 있을 뿐입니다.

학생들이 교실에서 왁자지껄 떠듭니다. 선생님이 들어와도 모르고 자기들끼리 뭘 하는지 정신이 없습니다. 선생님이 몽둥이로 교탁을 내려치며 "조용히 해!"라고 합니다. 그때서야 조용해집니다. 이런 경우에 선생님이 학생들을 조용하게 시킨 것은 조용한 분위기를 만들려고 한 것이 아닙니다. 수업을 하기 위한 것입니다. 그 조용함이 수업을 시작할 준비인 셈입니다. 마치 신접살림을 위해서 도배를 한 것과 같습니다. 안방, 거실, 작은방, 주방, 화장실이 다 깨끗합니다. 엉망이던 집이 새 집이 되었습니다. 이제 신혼부부가 들어와서 사는 일만 남았습니다.

그래서 19장에 어린양의 혼인 잔치가 나옵니다. 일곱째 인을 뗄 때에 하늘이 반시간쯤 고요했습니다. 하나님을 반대하던 모든 세상 세력이 청산되었으니 당연히 고요할 것입니다. 그것이 전부가 아닙니다. 조만간 "할렐루야 구원과 영광과 능력이 우리 하나님께 있도다"(계 19:1b)라는 찬양이 터져 나올 것입니다. 이런 찬양이 8절까지 계속 됩니다. 바야흐로 어린양의 혼인 잔치가 시작되는 것입니다. 바로 그것을 준비하는 고요함입니다. 이제 우리 모두가 소망하는 새 하늘과 새 땅이 열릴 것입니다. 거룩한 성 새 예루살렘이 하늘에서 내려오고, "보라, 내가 만물을 새롭게 하노라!"라는 하나님의 음성이 들릴 것입니다.

본래 요한계시록은 소아시아 일곱 교회에 보낸 편지입니다. 그들은 요한계시록을 통해서 언제 사자 밥이 될지 모르는 암울한 나날을 이길 힘을 얻었습니다. 자기들한테 보장된 승리를 기대하면서 로마의 압제를 견뎠고, 특별히 본문을 통해서는 자기들의 기도가 헛되지 않은 것을 보면서 승리의 날을 소망했습니다.

하나님이 우리한테 같은 말씀을 하십니다. 이 세상을 살아가는 우리의 위로가 어디 있습니까? 우리가 무엇에서 힘을 얻습니까? 이 세상은 언제나 우리를 속이고 미혹합니다. 늘 우리를 대적합니다. 하지만 우리는 거기에 구애받지 않는 사람들입니다. 우리는 세상을 믿지 않고 하나님 말씀을 믿습니다. 우리한테 영원한 승리가 약속되어 있습니다. 그 날에 대한 소망이 이 세상을 살아가는 우리의 원동력입니다.

CHAPTER 22

나팔 소리가 들립니까?

일곱 나팔을 가진 일곱 천사가 나팔 불기를 준비하더라 첫째 천
사가 나팔을 부니 피 섞인 우박과 불이 나와서 땅에 쏟아지매 땅
의 삼분의 일이 타 버리고 수목의 삼분의 일도 타 버리고 각종 푸
른 풀도 타 버렸더라 둘째 천사가 나팔을 부니 불붙는 큰 산과 같
은 것이 바다에 던져지매 바다의 삼분의 일이 피가 되고 바다 가
운데 생명 가진 피조물들의 삼분의 일이 죽고 배들의 삼분의 일
이 깨지더라 셋째 천사가 나팔을 부니 횃불 같이 타는 큰 별이 하
늘에서 떨어져 강들의 삼분의 일과 여러 물 샘에 떨어지니 이 별
이름은 쓴 쑥이라 물의 삼분의 일이 쓴 쑥이 되매 그 물이 쓴 물
이 되므로 많은 사람이 죽더라 넷째 천사가 나팔을 부니 해 삼분
의 일과 달 삼분의 일과 별들의 삼분의 일이 타격을 받아 그 삼분
의 일이 어두워지니 낮 삼분의 일은 비추임이 없고 밤도 그러하
더라 내가 또 보고 들으니 공중에 날아가는 독수리가 큰 소리로
이르되 땅에 사는 자들에게 화, 화, 화가 있으리니 이는 세 천사

들이 불어야 할 나팔 소리가 남아 있음이로다 하더라(계 8:6-13).

본문은 첫째 나팔부터 넷째 나팔까지의 재앙을 다룬 내용입니다. 우선 삼분의 일이라는 말이 열두 번이나 반복되는 것이 눈에 띕니다. 이때의 삼분의 일은 특정한 수치가 아닙니다. 문자 그대로 삼분의 일이면 바다의 삼분의 일이 피가 되었다는 것을 어떻게 받아들여야 합니까? 피로 변한 바다와 정상적인 바다가 칼로 두부를 자른 것처럼 맞닿아 있기라도 하는 것입니까? 해, 달, 별의 삼분의 일이 어두워졌다는 것도 마찬가지입니다. 해의 밝기가 정확하게 평소의 삼분의 이로 떨어졌다는 것도 아니고 달 표면의 삼분의 일이 암흑으로 변했다는 것도 아닙니다. 재앙의 범위를 하나님이 통제하고 계시다는 뜻입니다. 하나님이 지금 당장 세상을 끝내는 것은 아닙니다. 아직은 회개를 촉구하고 있습니다. 그래서 전체가 아닌 일부라는 뜻으로 삼분의 일을 말합니다.

이스라엘이 홍해를 건너기 전에 애굽에 열 가지 재앙이 있었습니다. 나팔 재앙은 그때와 유사합니다. 열 가지 재앙 중에 일곱 번째 재앙이 우박 재앙이었습니다. 그때 우박만 내린 것이 아니라 불도 같이 내렸습니다. 출 9:23-24에 "모세가 하늘을 향하여 지팡이를 들매 여호와께서 우렛소리와 우박을 보내시고 불을 내려 땅에 달리게 하시니라 여호와께서 우박을 애굽 땅에 내리시매 우박이 내림과 불덩이가 우박에 섞여 내림이 심히 맹렬하니 나라가 생긴 그 때로부터 애굽 온 땅에는 그와 같은 일이 없었더라"라고 되어 있습니다. 본문 7절에는 피 섞인 우박이라고 했습니다. 우박 재앙에 심판 요소를 더 강조한 것입니다. 9장에서 다섯 번째 나팔을 불면 황충이 나옵니다. 출애굽 직전에도 메뚜기 재앙이 있었습니다. 하지만 9장에 나오는 황충은 메뚜기 재앙과 비교할 바가 아닙니다. 훨씬 무섭습니다. 8절에는 바다의 삼분의 일이 피가 되었다고 했습니다. 열 가지 재앙 중에 첫 번째 재앙이 나일강이 피로 변하는 재앙이었습니다. 12절에서는 해, 달, 별 삼분의 일이 타격을 받아 낮 삼분의 일은 비추임이 없고 밤도 그러하다고 했습니다. 아홉째 재앙인 흑암 재앙과 흡사합니다.

말세의 징조를 얘기하면서 애굽에 내렸던 재앙을 떠올리게 하는 것은 결코 우연이 아닙니다. 궁극적인 출애굽이 이제 곧 일어날 것이기 때문입니다. 어쩌면 소아시아 일곱 교회 교인들은 그런 생각을 하면서 인고의 시간을 견뎠을 것입니다.

이스라엘이 망한 다음에 고레스 칙령으로 바벨론 포로가 끝나게 됩니다. 그것을 놓고 제2차 출애굽이라고 합니다. 하지만 진정한 출애굽은 따로 있습니다. 홍해를 건넌 것이 출애굽이 아니고, 바벨론 포로에서 돌아온 것이 출애굽이 아닙니다. 우리한테 허락된 구원이 완성되는 것이 출애굽입니다. 하나님이 우리를 위하여 그 진정한 출애굽을 준비하고 계십니다. 그것을 본문에서는 나팔 재앙으로 설명합니다.

첫째 천사가 나팔을 불었습니다. 피 섞인 우박과 불이 나와서 땅에 쏟아졌습니다. 땅의 삼분의 일이 타버리고 수목의 삼분의 일도 타버리고 각종 푸른 풀도 다 타버렸습니다. 말세에 임할 기근을 상징합니다. 우박으로 농사를 망치는 정도가 아니라 우박과 함께 내린 불 때문에 땅 삼분의 일이 타버렸습니다. 애굽에 우박이 내렸을 적에 "애굽 나라가 세워진 그 날로부터 지금까지 그와 같은 일이 없었더라"(출 9:18)라고 했는데, 그때보다 훨씬 심각한 재앙입니다.

요한계시록은 2,000년 전 기록입니다. 이런 기근이 우리한테는 과거시제입니까, 미래시제입니까? 과거시제면 우리와는 상관없습니다. 우리와 상관 없는 일이 성경에 기록될 이유는 없습니다. 하지만 미래시제라도 문제가 됩니다. 소아시아 일곱 교회 교인들은 2,000년이 지나도록 일어나지 않을 일을 미리 알아서 무엇을 합니까?

성경은 말세의 징조로 기근을 얘기합니다. 말세는 주님이 부활하시고 승천하신 다음부터 재림하기까지의 전 기간을 말합니다. 우리가 지금 기근 중에 지내고 있다는 뜻입니다. 그것도 땅 삼분의 일이 타버리는 극심한 기근입니다.

> 주 여호와의 말씀이니라 보라 날이 이를지라 내가 기근을 땅에
> 보내리니 양식이 없어 주림이 아니며 물이 없어 갈함이 아니요
> 여호와의 말씀을 듣지 못한 기갈이라(암 8:11).

기근 중에 가장 심한 기근은 하나님 말씀을 듣지 못하는 기근입니다. 양식이 없어서 주리거나 물이 없어서 갈한 것은 기근 축에 끼지도 못합니다. 먹을 것이 없어서 주려봐야 죽기밖에 더하겠습니까? 그것은 이 세상에서 끝나는 문제입니다. 하지만 하나님 말씀을 듣지 못하면 그 다음에 어떻게 된다는 말씀입니까? 그런 기근이 공연히 임하지 않습니다. 다 이유가 있습니다.

> 때가 이르리니 사람이 바른 교훈을 받지 아니하며 귀가 가려워서
> 자기의 사욕을 따를 스승을 많이 두고 또 그 귀를 진리에서 돌이

겨 허탄한 이야기를 따르리라(딤후 4:3-4).

말세에 나타나는 현상 중의 하나가 사람들이 바른 교훈을 싫어하는 것입니다. 진리에는 귀를 닫고 허탄한 이야기에는 귀를 쫑긋 세웁니다. 그 얘기가 얼마나 가치 있는지를 따지지 않고 얼마나 재미있는지만 따집니다. TV드라마는 '막장' 이라고 욕하면서도 보는데 성경은 생명 양식이라고 하면서도 안 읽습니다.

하나님 말씀에는 세 가지가 있습니다. 말씀이 육신이 되어 이 땅에 오신 예수님이 하나님 말씀입니다. 성경이 하나님 말씀이고, 그 성경을 풀어 전달하는 설교가 하나님 말씀입니다. 그런데 "너, 나한테 설교하는 거냐?" "설교 좀 그만 해!"라는 얘기는 무슨 영문입니까? 하나님 말씀인 설교가 언제부터인지 지겨운 얘기의 대명사가 되었습니다.

사람들이 하나님 말씀을 싫어하면 하나님 말씀도 사람들과 멀어질 수밖에 없습니다. 우박으로 인한 재앙은 농사를 망친 사람이 아니라도 다 압니다. 하지만 말씀이 없는 재앙은 아는 사람만 압니다. 성경은 그런 재앙을 통해서 우리한테 말세를 경고합니다.

둘째 천사가 나팔을 불었을 적에는 불붙는 큰 산과 같은 것이 바다에 던져졌습니다. 바다의 삼분의 일이 피가 되고 바다 가운데 생명 가진 피조물의 삼분의 일이 죽고 배들의 삼분의 일이 깨졌습니다.

여호와의 말씀이니라 온 세계를 멸하는 멸망의 산아 보라 나는 네 원수라 나의 손을 네 위에 펴서 너를 바위에서 굴리고 너로 불 탄 산이 되게 할 것이니 사람이 네게서 집 모퉁잇돌이나 기촛돌

을 취하지 아니할 것이요 너는 영원히 황무지가 될 것이니라 여
호와의 말씀이니라(렘 51:25-26).

바벨론의 멸망을 예언한 내용입니다. 바벨론은 한때 자기가 큰 산인
줄 알았을 것입니다. 주변보다 높은 위용을 영원히 뽐낼 수 있을 줄 알
았을 것입니다. 하나님이 자기를 불태우는 날이 올 줄 꿈에도 몰랐습
니다. 이런 바벨론은 이 세상을 대표합니다. 거기에서 집 모퉁잇돌이
나 기촛돌을 취한다는 얘기는 이 세상을 자기 삶의 근거로 삼는다는
뜻입니다.

이 내용을 요한계시록에서 인용합니다. 하나님이 바벨론을 불에 태
우기만 하는 것이 아니라 바다에 집어던지기까지 하십니다. 그러면 바
다의 삼분의 일이 피가 되고 바다 가운데 생명 가진 피조물들의 삼분
의 일이 죽고 배들의 삼분의 일이 깨졌다는 것은 바벨론에서 집 모퉁
잇돌이나 기촛돌을 취한 사람들에 해당합니다. 이 세상에 삶의 근거를
두면 멸망 받을 수밖에 없습니다.

예수님이 우리 모퉁잇돌이고 기촛돌입니다. 그런데 왜 바벨론에서
집 모퉁잇돌이나 기촛돌을 취한다는 것입니까? 하나님이 바벨론을 심
판하는 이유가 여기에 있습니다.

내가 여러 번 너희에게 말하였거니와 이제도 눈물을 흘리며 말하
노니 여러 사람들이 그리스도의 십자가의 원수로 행하느니라 그
들의 마침은 멸망이요 그들의 신은 배요 그 영광은 그들의 부끄
러움에 있고 땅의 일을 생각하는 자라(빌 3:18-19).

사람들이 그리스도의 십자가의 원수로 행하는 풍조가 초대교회 때부터 있었습니다. 그들은 자기 배를 섬깁니다. 자기 자신을 만족시키는 것이 가장 중요합니다. 부끄러운 일을 오히려 영광스럽게 생각하고 땅의 일만 생각합니다.

한두 사람이 그렇게 한다는 얘기가 아닙니다. 그렇게 하는 것이 이른바 대세(大勢)가 됩니다. 모두가 그렇게 살아갑니다. 하나님이 그들을 심판하실 것입니다. 바다의 삼분의 일이 피가 되고 바다 가운데 생명 가진 피조물들의 삼분의 일이 죽고 배들의 삼분의 일이 깨진다는 말이 무서우면 바벨론에서 집 모퉁잇돌이나 기촛돌을 취하지 않으면 됩니다. 결국 본문은 "하나님이 인정하지 않는 것에 너희 인생을 쌓지 마라"를 얘기하는 셈입니다.

셋째 천사가 나팔을 불었습니다. 횃불 같이 타는 큰 별이 하늘에서 떨어졌는데 그 별 이름은 쓴 쑥입니다. 또 그 별이 떨어진 물의 삼분의 일도 쓴 쑥이 되었습니다. "별똥별이 한강에 떨어졌다. 그래서 한강이 별똥별이 되었다."가 말이 됩니까? 본문이 그런 식입니다. 억지로 말을 만들면 "쓰레기더미라는 이름을 가진 별이 한강에 떨어졌다. 한강이 온통 쓰레기더미가 되었다."라고 하는 격입니다. 하늘에서 떨어진 큰 별의 이름도 쓴 쑥이고 정체도 쓴 쑥입니다.

성경 여러 곳에서 쑥은 우상 숭배와 연결되어 있습니다(신 29:18, 렘 9:15). 이스라엘이 우상을 섬기면 그로 인해 고초를 겪게 되는데, 그것을 쑥의 쓴 맛을 보는 것으로 비유한 것입니다.

우상을 섬기는 것과 하나님을 섬기는 것은 전혀 다른 얘기입니다. 섬기는 대상만 다른 것이 아니라 섬기는 동기와 내용이 다릅니다. 하나님을 섬기는 사람은 하나님을 사랑하지만 우상을 섬기는 사람은 자기 욕심을 사랑합니다. 하나님을 섬길 때는 가장 중요한 것이 하나님의 뜻입니다. 하나님 뜻에 순종하는 것이 하나님을 섬기는 것입니다. 그런데 우상을 섬길 때는 그렇지 않습니다. 우상한테는 복종해야 할 우상의 뜻이 없습니다. 자기 소원을 꺼내놓고 그것을 이뤄달라고 비는 것이 우상을 섬기는 것입니다. 말로는 우상을 섬긴다고 하지만 사실은 자기 욕심을 섬기는 것입니다.

사도행전 8장에 빌립이 사마리아에서 복음을 전하는 내용이 나옵니다. 시몬이라는 사람도 그때 세례를 받았는데 본래 마술사였습니다. 나중에 베드로와 요한이 사마리아에 왔습니다. 그들이 안수를 하자, 사람들이 성령을 받습니다. 시몬이 그 광경을 보고는 돈을 주면서 자기한테도 그런 권능을 달라고 했습니다. 그러자 베드로가 그를 꾸짖으면서 "내가 보니 너는 악독이 가득하며 불의에 매인 바 되었도다"라고 합니다. '악독이 가득하다'에 해당하는 헬라어를 그대로 옮기면 '쓴 쓸개를 향하고 있다'입니다. 본문에 대입시키면 "너는 어떻게 해서 우상을 동원해서까지 네 욕심을 이루려는 것이냐?"라고 꾸짖었다는 뜻입니다.

사람은 하나님까지도 우상으로 섬길 수 있는 존재입니다. 불상 앞에서 절하고 고목에 치성을 드리는 것만 우상 숭배가 아닙니다. 계획과 목표는 자기가 세우고 자기가 섬기는 신한테는 그것을 이룰 능력만 요구하면 그것이 우상 숭배입니다. 그리고 성경은 자기 스스로 자기 인생의 주인이 되어서 자기를 높이려는 일체의 시도에 따른 결과를 쓴 쑥으로 얘기합니다. 한때 조직의 쓴 맛을 본다는 우스갯소리가 있었는데, 그 말마따나 우상 숭배의 쓴 맛을 보는 것입니다.

특히 본문에서 쓴 쑥을 하늘에서 떨어진 큰 별로 얘기하는 것에 주목할 필요가 있습니다.

> 너 아침의 아들 계명성이여 어찌 그리 하늘에서 떨어졌으며 너 열국을 엎은 자여 어찌 그리 땅에 찍혔는고 네가 네 마음에 이르기를 내가 하늘에 올라 하나님의 뭇 별 위에 내 자리를 높이리라 내가 북극 집회의 산 위에 앉으리라 가장 높은 구름에 올라가 지극히 높은 이와 같아지리라 하는도다 그러나 이제 네가 스올 곧 구덩이 맨 밑에 떨어짐을 당하리로다(사 14:12-15).

바벨론은 한동안 세계를 호령했던 대제국입니다. 바벨론 왕의 위세는 당연히 하늘을 찔렀을 것입니다. 그런데 성경은 그를 하늘에서 떨어진 계명성이라고 합니다. 마음껏 자기 욕심을 펼치다 결국 불에 타서 떨어지는 별이 된 것입니다. 셋째 나팔은 사람들이 자기 욕심을 따라 살다가 패망하는 것을 보면 말세인 줄 알라고 경고하는 셈입니다.

넷째 천사가 나팔을 불었습니다. 해, 달, 별의 삼분의 일이 타격을 받아 그 삼분의 일이 어두워졌습니다. 낮 삼분의 일은 비추임이 없고 밤도 그러했습니다.

1914년 영국 탐험가 '어니스트 섀클턴'이 이끄는 탐험대가 남극으로 떠났습니다. 그런데 배가 유빙에 갇히는 사고를 당합니다. 이후 몇 달 동안 탐험대는 필사적으로 자연과 싸워야 했습니다. 굶주림과 극한의 날씨는 참으로 견디기 어려웠습니다. 하지만 가장 견디기 어려운 것은 어둠이었습니다. 남극 근처에서는 5월 중순에 해가 져서 6월 말까지 다시 뜨지 않습니다. 두 달 가까이 낮이 없어지는 것입니다. 빛이라고는 한 점도 없는 곳에서 몇 주씩 견디는 것이 얼마나 힘든 일인지는 경험해본 사람만 안다고 합니다. 하지만 그런 암흑이 아무렇지 않은 사람도 있습니다. 맹인한테는 암흑이 아무 의미가 없습니다.

> 여호와의 크고 두려운 날이 이르기 전에 해가 어두워지고 달이 핏빛 같이 변하려니와 누구든지 여호와의 이름을 부르는 자는 구원을 얻으리니 이는 나 여호와의 말대로 시온 산과 예루살렘에서 피할 자가 있을 것이요 남은 자 중에 나 여호와의 부름을 받을 자가 있을 것이니라(욜 2:31-32).

해가 어두워지고 달이 핏빛 같이 변하는 것이 곧 세상의 종말이 아닙니다. 종말에 대한 경고입니다. 그런 일이 있은 연후에 여호와의 크고 두려운 날이 임합니다. 해와 달이 어두워지는 것으로 경고할 만한 날이라면 대체 얼마나 크고 두려운 날일까요?

애굽에 재앙이 내릴 적에는 흑암 재앙 다음에 장자가 다 죽는 재앙이 내렸습니다. 장자가 죽었다는 것은 장자 아닌 사람들은 다행이라는 뜻이 아닙니다. 장자는 그 집의 대표입니다. 장자가 죽는 것은 모두가 죽는 것을 상징하는 것입니다. 흑암 재앙으로도 정신을 안 차리면 전부 죽을 수밖에 없습니다.

앞에서 성경이 우리한테 궁극적으로 경고하는 기근은 말씀에 대한 기근이라고 했습니다. 그러면 해와 달, 별의 삼분의 일이 어두워진다는 얘기도 마찬가지입니다. 물리적인 어둠이 아니라 영적인 어둠입니다. 맹인한테는 두 달 가까이 계속되는 남극의 밤이 아무렇지도 않은 것처럼 영적인 어둠도 영적인 맹인한테는 괜찮습니다. 하나님에 대한 감각이 없는데 하나님의 경고를 어떻게 알아차리겠습니까?

세상에 정신이 팔린 사람은 별 수 없습니다. 말씀에 대한 기근은 느끼지 못하면서 자기 욕심에만 민감할 수 있습니다. 직설적으로 얘기하면, 하나님의 뜻에 무지한 것은 불편한 것을 모르면서 자기 욕심이 이루어지지 않는 것은 못 견딜 수 있습니다. 그러면 바벨론에서 집 모퉁잇돌이나 기촛돌을 취할 것입니다. 하나님을 수단으로 삼아서라도 자기 욕심을 이루려고 할 것입니다. 급기야 해, 달, 별이 어두워지는 것을 보면서도 정신을 못 차립니다.

그런 사람들한테 주시는 말씀이 있습니다. "땅에 사는 자들에게 화, 화, 화가 있으리니 이는 세 천사들이 불어야 할 나팔 소리가 남아 있음이로다"라는 말씀입니다.

히브리 사람들한테 반복은 강조를 나타냅니다. "동산 각종 나무의 열매는 네가 임의로 먹되 선악을 알게 하는 나무의 열매는 먹지 말라 네가 먹는 날에는 반드시 죽으리라"는 말씀이 있습니다. '반드시 죽으리라'에 해당하는 말이 원문에는 '죽고 또 죽으리라'입니다. 원문의 의미를 살리면 '어떤 경우에라도 반드시 죽게 되리라'가 됩니다. 그런데 13절에서는 화를 세 번이나 반복했습니다. 두 번만 반복해도 강조 용법인데 세 번 반복했으면 얼마나 강조한 것입니까? 성경에는 이런 예가 몇 번 더 나옵니다(사 6:3, 렘 22:29, 겔 21:27, 단 7:18, 계 4:8). 더 이상 강조할 수 없는 최상의 강조법입니다. 대체 얼마나 엄청난 화가 있다는 것일까요?

본래 요한계시록은 하루하루 신앙을 지키는 것이 버거운 소아시아 일곱 교회에 보낸 편지입니다. 그들한테는 이런 내용이 충분히 위로가 되었을 것입니다. 요한계시록을 읽으면서 신앙 의지를 불태웠을 것입니다. 그러면 우리는 어떻습니까? 요한계시록을 읽으면 위로가 됩니까? 혹시 안 된다면 그만큼 세상 욕심에 사로잡혔기 때문일 것입니다. 하나님이 불붙는 큰 산과 같은 것을 바다에 던진다는 얘기나 쓴 쑥이라는 이름의 큰 별이 하늘에서 떨어진다는 얘기보다는 "예수 믿으면 만사형통합니다."라는 얘기를 더 듣고 싶기 때문입니다. 하나님이 이 세상에 소망을 두고 살아가는 모든 사람들을 벌하신다는 얘기는 듣기 싫습니다. "하나님은 좋으신 분입니다. 우리가 원하는 것은 다 이루어 주십니다."라는 말이 더 듣고 싶습니다. 그런데 듣고 싶은 얘기는 없고 엉뚱한 얘기만 있으니 위로가 될 까닭이 없습니다.

그러면 둘 중에 하나를 고쳐야 합니다. 성경을 고치든지 우리 욕심을 고치든지, 양자택일을 해야 합니다. 성경도 고치지 않고 자기 욕심도 고치지 않은 채 두루뭉수리하게 넘어가면 안 됩니다. 하나님을 믿을 것인지, 세상을 믿을 것인지 태도를 분명하게 하십시다. 우리가 세상을 믿고 있으면 요한계시록은 저주와 악담만 가득한 책입니다. 별로 위로가 안 됩니다. 하지만 하나님을 믿고 있으면 이 이상 가는 위로가 없습니다. 요한계시록은 그런 사람을 위해서 기록되었습니다.

CHAPTER 23

신음하는 사람들

다섯째 천사가 나팔을 불매 내가 보니 하늘에서 땅에 떨어진 별 하나가 있는데 그가 무저갱의 열쇠를 받았더라 그가 무저갱을 여니 그 구멍에서 큰 화덕의 연기 같은 연기가 올라오매 해와 공기가 그 구멍의 연기로 말미암아 어두워지며 또 황충이 연기 가운데로부터 땅 위에 나오매 그들이 땅에 있는 전갈의 권세와 같은 권세를 받았더라 그들에게 이르시되 땅의 풀이나 푸른 것이나 각종 수목은 해하지 말고 오직 이마에 하나님의 인 침을 받지 아니한 사람들만 해하라 하시더라 그러나 그들을 죽이지는 못하게 하시고 다섯 달 동안 괴롭게만 하게 하시는데 그 괴롭게 함은 전갈이 사람을 쏠 때에 괴롭게 함과 같더라 그 날에는 사람들이 죽기를 구하여도 죽지 못하고 죽고 싶으나 죽음이 그들을 피하리로다 황충들의 모양은 전쟁을 위하여 준비한 말들 같고 그 머리에 금 같은 관 비슷한 것을 썼으며 그 얼굴은 사람의 얼굴 같고 또 여자의 머리털 같은 머리털이 있고 그 이빨은 사자의 이빨 같으며 또 철 호심경 같은 호심경이 있고 그 날개들의 소리는 병거와 많은 말들이 전쟁터로 달려 들어가는 소리 같으며 또 전갈과 같은 꼬리와 쏘는 살이 있어 그 꼬리에는 다섯 달 동안 사람들을 해하는 권세가 있더라 그들에게 왕이 있으니 무저갱의 사자라 히브리어로는 그 이름이 아바돈이요 헬라어로는 그 이름이 아볼루온이더라(계 9:1-11).

다섯째 천사가 나팔을 붑니다. 하늘에서 땅에 떨어진 별이 무저갱의 열쇠를 받았습니다. "하늘에서 땅에 떨어진 별"은 누구를 가리킵니까? 아무래도 '떨어졌다' 고 하는 것으로 보아 좋은 느낌이 들지는 않습니다. 또 "너 아침의 아들 계명성이여 어찌 그리 하늘에서 떨어졌으며 너 열국을 엎은 자여 어찌 그리 땅에 찍혔는고"(사 14:12)라는 구절을 연상할 수도 있습니다. 그러면 사탄이 됩니다. 하지만 사탄이 무저갱의 열쇠를 맡을 수는 없습니다. 무저갱(無低坑)은 밑 닿는 데가 없는 구렁텅이, 즉 지옥을 말합니다. 하나님이 사탄한테 무저갱의 관리를 맡기는 것은 말이 안 됩니다. 때가 이르면 사탄은 그곳에서 영원히 심판을 받을 것입니다.

계 20:1에 "또 내가 보매 천사가 무저갱의 열쇠와 큰 쇠사슬을 그의 손에 가지고 하늘로부터 내려와서"라는 구절이 있습니다. '하늘에서 땅에 떨어진 별' 은 천사를 말합니다. 그러면 본문에서도 하늘에서 땅으로 내려왔다고 하지, 왜 떨어졌다고 해서 헛갈리게 하는지 의문이 생길 수 있습니다. 하지만 별이 내려왔다고 하는 것은 어울리지 않습니다. 별은 떨어졌다고 표현하는 것이 정상입니다.

하늘에서 땅에 떨어진 별이 무저갱의 열쇠를 받았다는 것은 그가 무저갱의 주권자가 아니라는 뜻입니다. 그가 하는 일이 하나님의 통제 아래에서 이루어지고 있음을 보여줍니다.

무저갱을 열자, 연기가 올라와서 해와 공기가 어두워졌습니다. 뭔가 굉장히 음산하고 무서운 느낌을 줍니다. 아니나 다를까 연기 가운데서 황충이 올라옵니다. 땅에 있는 전갈과 같은 권세를 받은 황충입니다.

황충은 메뚜기를 말합니다. 메뚜기는 성경 여러 곳에서 하나님의 심판 도구로 나옵니다. 애굽에 내린 열 가지 재앙 중에도 메뚜기 재앙이 있었습니다. 메뚜기 떼가 한 번 지나가면 초록색이 감도는 것은 아무것도 남아나지 않게 됩니다.

이런 황충이 전갈의 권세와 같은 권세를 받았다고 했습니다. 예수님이 70인의 전도대를 파송한 적이 있습니다. 그들이 돌아와서 승전보를 알리자, 예수님이 "내가 너희에게 뱀과 전갈을 밟으며 원수의 모든 능력을 제어할 권능을 주었으니 너희를 해칠 자가 결코 없으리라"(눅 10:19)라고 했습니다. 전갈을 뱀과 더불어 악한 세력의 대표로 말씀한 것입니다. 메뚜기가 재앙인 이유는 엄청난 숫자를 바탕으로 모든 푸른 것들을 먹어 치워버리기 때문입니다. 그런데 본문의 황충은 사람들을 해합니다.

잠깐 정리를 해보십시다. 무저갱에서 황충이 나옵니다. 전갈과 같은 권세가 있는 황충입니다. 그 권세로 하나님의 인침을 받지 않은 사람들을 해합니다. 자연 재앙이 아니라 영적인 재앙이라는 뜻입니다. 7장에 인침 받은 자 144,000명이 나왔습니다. 그들을 제외하고는 전부 황충한테 시달려야 합니다. 하나님을 떠나면 사탄의 밥 신세를 면할 수 없게 됩니다.

황충들한테는 제한이 있습니다. 사람들을 괴롭게 할 수는 있어도 죽일 수는 없습니다. 두 마리가 한 앗사리온에 팔리는 참새도 하나님이 허락하시지 않으면 땅에 떨어지는 법이 없습니다. 황충이 아무리 발호해도 생명의 주인은 하나님입니다. 무엇보다도 하나님이 재앙을 내리는 이유는 사람들을 죽이려는 것이 아니라 회개시키려는 것입니다.

메뚜기가 활동하는 기간은 유대력으로 4월부터 8월입니다. 본문에 나오는 황충들의 활동 기간도 다섯 달로 제한되어 있습니다. 악한 영도 이 세상에서 활동하는 기간 동안만 불신자를 괴롭힙니다. 그 기간은 고통에 시달리는 기간일 수도 있지만 다른 한편으로는 하나님께서 회개를 촉구하는 기간이기도 합니다.

목숨을 빼앗지 못한다는 제한도 있고 활동 기간도 다섯 달로 한정되어 있지만 고통의 강도는 상당히 대단합니다. 얼마나 고통이 심한지, 죽기를 구하여도 죽지 못하고 죽고 싶어도 죽음이 그들을 피한다고 했습니다. 차라리 죽고 싶을 만큼 괴로운데 마음대로 죽을 수도 없는 곳이라면 지옥이 바로 그렇습니다. 지옥은 구더기도 죽지 않는 곳입니다. 다섯째 나팔 재앙은 사람들이 이 세상에서 지옥의 고통을 맛보는 것을 보여줍니다.

살인 사건이 벌어졌는데, 마침 목격자가 있습니다. 그러면 경찰은 목격자의 진술을 토대로 몽타주를 만들게 됩니다. 7-10절에 나와 있는 황충에 대한 설명으로 몽타주를 만들면 어떻게 되겠습니까? 황충의 모양은 전쟁을 위하여 준비한 말 같고, 머리에는 금 같은 관 비슷한 것을 썼습니다. 얼굴은 사람의 얼굴 같고 여자의 머리털 같은 머리털이 있습니다. 이빨은 사자의 이빨 같고 철 호심경 같은 호심경이 있습니다. 날개들의 소리는 병거와 많은 말들이 전쟁터로 달려 들어가는 소리 같습니다. 또 전갈과 같은 꼬리와 쏘는 살이 있습니다. 곤충이 아니라 흡사 괴수 같습니다.

특히 '⋯⋯같다'는 말을 계속 합니다. "얼굴은 사람 얼굴이더라, 여자의 머리털이 있더라, 이빨은 사자 이빨이더라, 철 호심경이 있더라."라고 단정하지 못하는 표현을 합니다. 이 세상에 속하지 않은 것을 이 세상에 속한 것으로 설명하는 부자연스러움이 담긴 표현입니다.

침팬지가 잠깐 사람이 되었습니다. 사람들과 어울려 일주일을 지낸 다음에 다시 침팬지 세계로 돌아갔습니다. 침팬지들을 모아놓고 무슨 말을 할까요? 요한한테 그런 한계가 있습니다. 자기가 생전 처음 본 것을 자기가 아는 것을 총동원해서 표현하려니 '⋯⋯같고, ⋯⋯같고, ⋯⋯같고'라고 하는 것입니다.

그 황충들의 정체를 알 수 있는 단서가 11절입니다. 본래 메뚜기 무리에는 왕이 없습니다. 그런데 본문에 나오는 황충들한테는 왕이 있다고 합니다. 무저갱의 사자가 그들의 왕입니다. 히브리어로는 이름이 '아바돈'이고 헬라어로는 '아볼루온'입니다. '파괴자'라는 뜻입니다. 즉 사탄이 그들의 왕입니다.

메뚜기 떼가 날아와서 농사를 망치는 것은 자연 현상일 수 있습니다. 하지만 본문이 말하는 황충 재앙은 의도하는 자가 있습니다. 그는 할 수만 있으면 사람들을 파멸시키려고 합니다. 그의 술책에 따라 사람들은 이 세상에서 지옥의 고통을 맛보게 됩니다. 이 세상 삶이 마치 지옥 같습니다.

이런 내용을 읽으면 어떤 생각이 드십니까? "언제 이런 일이 생길지 몰라도 무섭다. 하지만 믿는 사람한테는 해당 사항이 없다고 하니 어쨌든 다행이다."라는 생각이 들지 않습니까?

요한계시록을 주님 재림 전에 일어날 일들을 보여주는 '타임 스케줄'로 오해하는 사람들이 더러 있습니다. "종말이 오기 전에 이런 일이 있을 것이다."라는 것입니다. 그렇다면 요한계시록에 있는 내용은 장차 일어날 어떤 특정한 사건을 가리키는 것이어야 합니다. 그런 식으로 따져서 '열 뿔이 뭐냐?' '666이 누구냐?' 같은 얘기들을 하기도 합니다. 한때 유고, 체코, 폴란드, 루마니아, 헝가리, 알바니아, 불가리아 같은 소련의 위성국가를 열 뿔이라고 하던 시절이 있었습니다. 요즘은 EC 공동체를 열 뿔이라고도 합니다. 그러면 본문의 내용도 주님 재림 전의 어느 시점에 일어날 일이 됩니다. 언제 이런 일이 있을지 몰라도 아직은 일어나지 않았습니다. 우리가 죽을 때까지 이런 일이 발생하지 않을 수도 있습니다.

그러면 이런 내용이 기록된 이유는 무엇입니까? 우리가 죽을 때까지 발생하지 않을 일이면 우리와 상관없는 일인데, 그런 일이 성경에 기록될 이유가 있나요? 이런 오해는 요한계시록이 묵시서라는 생각만 하고 서신서라는 생각을 하지 않은 탓입니다.

성경은 시간과 공간을 초월한 진리입니다. 비록 우리가 태어나기도 전에, 우리가 한 번도 가보지 않은 땅에서 있었던 일을 기록한 것이지만 우리한테 주시는 말씀입니다. 하지만 우리가 원래 독자는 아닙니다. 에베소서는 에베소 교회 교인들이 원래 독자이고, 빌립보서는 빌립보 교회 교인들이 원래 독자입니다. 일차적으로는 그들한테 적용되는 내용입니다.

요한계시록은 소아시아 일곱 교회에 보낸 편지입니다. 그 시대 사람들한테 소련의 위성국가나 EC 공동체가 무슨 의미가 있습니까? 소아시아 일곱 교회 교인들을 모아놓고 "먼 훗날 소련이라는 공산국가가 생기는데, 그 나라에는 여러 위성국가가 있다. 열 뿔은 그 나라들을 말한다."라고 하면, 그들이 뭐라고 하겠습니까?

본문을 푸는 열쇠는 무저갱에서 올라온 황충들이 하나님의 인침을 받지 않은 사람들만 해할 수 있다는 사실에 있습니다. 그들한테 있는 전갈의 권세와 같은 권세가 아무리 대단해도 하나님의 인침을 받은 사람들은 해할 수 없습니다. 불신자들은 불가항력적으로 노출되어 있고 신자들은 보호를 받는 것이라면 답은 죄밖에 없습니다. 황충으로 인한 재앙은 죄 아래 신음하는 이 세상의 현실을 보여줍니다. 이 세상은 죄의 권능을 감당하지 못합니다. 그래서 황충이 7-10절처럼 무시무시한 형상으로 묘사된 것이고, 그들을 사탄의 수하로 말씀합니다.

그러면 사람들이 죽기를 구하여도 죽지 못하고 죽고 싶으나 죽음이 그들을 피한다고 한 것은 어떻게 된 영문입니까? 이 세상이 죄의 세력에 붙들린 것은 맞습니다만 그들은 죄의 고통을 모르지 않습니까? 죄의 속성을 그대로 보여주는 병이 나병입니다. 나병에 걸리면 감각이 없어집니다. 손가락, 발가락이 떨어져나가고 코가 문드러졌는데도 아픈 것을 모릅니다. 점점 더 흉측하게 변하다가 결국 죽게 됩니다. 그런데 본문에서는 죄가 굉장한 고통을 유발하는 것으로 말씀하고 있습니다.

정치권이나 언론에서 쓰는 표현 중에 마음에 들지 않는 표현이 더러 있습니다. '떡값'이라는 표현이 대표적입니다. 왜 뇌물이라는 일상적인 표현을 쓰지 않고 떡값이라는 말을 만들어서 쓸까요? 요즘은 '조세 피난처' 라는 말도 들립니다. 그게 왜 조세 피난처입니까? '탈세 은닉처' 라고 하는 것이 더 사실에 부합한 표현 아닙니까? '떡값' 이니 '조세 피난처' 니 하는 말을 써서 죄가 덜 드러나게 하는 이유가 무엇 때문일까요? 아무래도 언론이나 정치권이 가진 자한테 우호적인 것 같다는 생각을 혼자 해보았습니다.

성경은 그런 표현을 쓰지 않습니다. 성경은 우리의 본래 처지를 '빚을 졌다, 노예 상태에 있다, 파산했다, 죽었다' 고 표현합니다. 상당히 극단적이고 과격합니다. 듣기에 거북한 것을 전혀 고려하지 않습니다. 우리의 본래 형편이 그만큼 절망적이었기 때문입니다. 우리가 본래 그랬다는 얘기는 불신자의 지금 형편이 그렇다는 뜻입니다. 그런데 불신자 중에 자기가 지금 그렇다는 것을 아는 사람은 아무도 없습니다. 그들은 죽기를 구하여도 죽지 못하고 죽고 싶으나 죽음이 그들을 피하는 처지에 있으면서도 그것을 자각하지 못합니다. 영적인 문제이기 때문입니다. 돈이나 자존심에 상처를 입은 문제라면 왜 모르겠습니까? 하지만 영적인 문제라면 그들 영혼이 속에서 아무리 아우성을 쳐도 알재간이 없습니다. 자기 육신이 바늘에 찔린 것은 알아도 자기 영혼이 전갈에 쏘인 것은 모르는 사람이 얼마든지 있습니다. 남의 얘기 할 것 없습니다. 밥은 한 끼만 걸러도 배고파서 쩔쩔매면서 성경은 하루에 단 한 줄도 안 읽어도 불편한 줄 모릅니다.

너는 이것을 알라 말세에 고통하는 때가 이르러 사람들이 자기를
사랑하며 돈을 사랑하며 자랑하며 교만하며 비방하며 부모를 거

역하며 감사하지 아니하며 거룩하지 아니하며 무정하며 원통함을 풀지 아니하며 모함하며 절제하지 못하며 사나우며 선한 것을 좋아하지 아니하며 배신하며 조급하며 자만하며 쾌락을 사랑하기를 하나님 사랑하는 것보다 더하며 경건의 모양은 있으나 경건의 능력은 부인하니 이 같은 자들에게서 네가 돌아서라(딤후 3:1-5).

바울은 상당한 박해를 받은 사람입니다. 사십에 하나 감한 매를 다섯 번 맞았고 세 번 태장으로 맞았습니다. 옥에도 여러 번 갇혔고 죽을 고비도 여러 번 넘겼습니다. 그런데 자기 시대를 고통하는 때라고 하지 않고 교회가 세속화된 우리 시대를 고통하는 때라고 합니다. 사람들이 자기를 사랑하며 돈을 사랑하며 자랑하며 교만하며 비방하며 부모를 거역하며 감사하지 아니하며 거룩하지 않은 모든 것이 죄다 고통에 신음하는 모습이라는 것입니다. 공감이 되십니까?

2005년에 스티븐 스필버그가 감독한 영화 〈우주전쟁〉이 있었습니다. 외계인의 침공에 지구인들은 속수무책으로 당하기만 합니다. 본문에서 황충들이 사람을 해한다는 것은 그런 얘기가 아닙니다. 영적인 얘기입니다. 죄의 권세 밑에서 시달리는 사람들의 현실을 그렇게 설명한 것입니다. 물론 죄의 권세 아래 있는 자들은 자기들이 어떤 형편에 있는지 모릅니다. 하지만 우리는 알아야 합니다.

교회는 위로가 있는 곳이라고 합니다. 그런데 이 말이 잘못 쓰이는 예가 더러 있습니다. 신앙을 지키지 못해서 불편한 마음을 위로받으려고 하는 것입니다.

직장 상사가 아들이 결혼한다며 청첩장을 줍니다. 마침 주일입니다. 내키지는 않지만 안 가려니 눈치가 보입니다. 다녀오기는 했지만 마음은 불편합니다. 그런 경우에 "별 수 없죠. 남들도 다 그렇게 합니다. 어차피 우리는 은혜로 살아가는 사람들입니다."라는 말을 듣고 싶어 합니다. 교회에서 주는 위로는 그런 위로가 아닙니다. 교회는 불신앙에 대해서 면죄부를 주는 곳이 아니라 세상과 싸울 힘을 얻게 해주는 곳입니다. 무엇보다 은혜는 죄를 덮어주는 넓은 천 같은 것이 아닙니다. 말씀대로 살게 해주는 능력입니다.

아무리 직장 상사 눈치가 보여도 주일에 결혼식에 갈 수는 없습니다. 그래서 안 갔더니 괜히 트집을 잡고 구박합니다. 그런 것을 우리끼리 위로해야 합니다. "이 세상이 원래 그렇습니다. 우리는 세상이 아니라 하나님께 인정받아야 하는 사람이니까 하나님을 바라보십시다."를 말해야 합니다. 그렇게 해서 신앙을 지키는 것이 아무리 힘들어도 굴하지 않고 계속 지킬 수 있게 해야 합니다.

요한계시록이 기록되던 때를 생각해 보십시오. 당시 신자들은 삶과 죽음의 경계선을 넘나들면서 예수를 믿어야 했습니다. 오늘 함께 예배 드린 사람 중에 다음 주일에 안 보이는 사람이 있어도 별로 이상한 일이 아니었습니다. 안 보이는 사람은 잡혀간 것으로 알면 됩니다. 그런 처지에 있는 그들을 위로하려면 어떻게 하면 됩니까? "아직은 별 수 없다. 당분간 로마 황제를 같이 섬기는 것을 이해하기로 하자."라고 합니까? 그래서 요한한테 이런 환상을 보여주셨습니다. 그리고 요한은 자기가 본 환상을 편지로 써서 소아시아 일곱 교회에 보냅니다.

서머나 교회 감독을 지낸 폴리캅의 순교 일화는 상당히 유명합니다. 폴리캅은 당시 86세였습니다. 로마 관리가 그를 회유하려고 했습니다.

빈말로라도 예수를 믿지 않겠다고 하면 풀어줄 테니까 풀려난 다음에 다른 곳에 가서 마음대로 믿으라는 것입니다. 폴리캅이 대답합니다.

"지금까지 86년을 사는 동안 주님은 한 번도 나를 서운하게 하신 적이 없는데 내가 어떻게 주님을 서운하게 해드린단 말이오? 어서 죽이시오."

그러자 이번에는 협박을 합니다.

"그러면 불에 타 죽을 텐데, 저 불이 무섭지 않단 말이냐?"

"저까짓 불이 무엇이오? 저 불은 잠깐 타다 꺼지지만 당신이야말로 경건하지 않은 자들을 위해서 예비 된 영원한 심판의 불을 어떻게 할 심산이오?"

이런 경우에 황충한테 괴롭힘을 받는 사람이 누구입니까? 폴리캅입니까, 로마 관리입니까? 소아시아 일곱 교회 교인들이 바로 그런 메시지를 받았습니다. 로마 군병들한테 붙들려서 고문을 당하고 사자 밥이 된다고 해서 그것이 황충한테 시달리는 것이 아닙니다. 오히려 자기들을 학대하는 이 세상 권력이 황충한테 시달려서 그런 것입니다. 그들은 죄의 권세에서 신음하는 중입니다. 자기들을 압제하는 로마 군병은 무서운 사람들이 아니라 불쌍한 사람들입니다. 로마 군병들이 그 사실을 모르는 것은 별 수 없습니다. 하지만 소아시아 일곱 교회 교인들은 알아야 했습니다. 그래야 세상을 이길 수 있습니다.

이 내용을 우리한테 적용하면 어떻게 됩니까? 어떤 사람이 아파트를 일곱 번 팔고 이사해서 아파트 두 채를 마련했다고 합니다. 물론 위장전입은 옵션입니다. 부럽습니까, 불쌍합니까? 어떤 임산부가 원정 출산으로 아이를 낳아 미국 시민권을 취득했습니다. 병역 문제가 저절로 해결되었다고 자랑합니다. 부럽습니까, 불쌍합니까?

세상을 살다 보면 문득 우리만 손해를 보는 것 같은 생각이 들 수 있습니다. 세상 사람들은 가진 자인 것 같고 우리는 못 가진 자 같습니다. 그런데 성경은 달리 말씀합니다. 그들은 황충에 시달려서 그렇게 사는 것이라고 합니다.

《부러우면 지는 거다》라는 책이 있습니다. 한동안 그 말이 유행하기도 했습니다. 아마 세상 사람들은 남을 부러워하지 말고 직접 그 자리에 올라가라는 뜻으로 그 말을 쓸 것입니다. 하지만 우리야말로 부러우면 지는 것이 맞습니다. 세상은 돈을 힘으로 삼고 지위를 힘으로 삼습니다. 어떻게 해서든지 남보다 더 가지려고 하고, 남보다 더 높은 자리에 올라가려고 합니다. 바울의 표현대로 하면, 자기를 사랑하고 돈을 사랑합니다. 쾌락 사랑하기를 하나님 사랑하는 것보다 더 합니다. 그것이 황충한테 시달리는 모습입니다. 거기에서 벗어나지 못합니다. 그런 모습을 부러워한다면 황충은 우리를 해하지 못한다고 했는데 자기가 나서서 물리고 싶어 하는 격입니다.

우리는 세상에 속한 사람이 아니라 그리스도에게 속한 사람입니다. 이마에 하나님의 인침을 받은 사람들입니다. 추구하는 가치가 다르고 살아가는 의미가 다르고 삶의 보람을 느끼는 내용이 다릅니다. 그래서 황충이 우리를 범접하지 못합니다. 이 세상을 살아가는 우리의 자랑입니다. 우리는 다른 사람들입니다.

CHAPTER 24

이만 만의 마병대

첫째 화는 지나갔으나 보라 아직도 이 후에 화 둘이 이르리로다 여섯째 천사가 나팔을 불매 내가 들으니 하나님 앞 금 제단 네 뿔에서 한 음성이 나서 나팔 가진 여섯째 천사에게 말하기를 큰 강 유브라데에 결박한 네 천사를 놓아 주라 하매 네 천사가 놓였으니 그들은 그 년 월 일 시에 이르러 사람 삼분의 일을 죽이기로 준비된 자들이더라 마병대의 수는 이만 만이니 내가 그들의 수를 들었노라 이 같은 환상 가운데 그 말들과 그 위에 탄 자들을 보니 불빛과 자줏빛과 유황빛 호심경이 있고 또 말들의 머리는 사자 머리 같고 그 입에서는 불과 연기와 유황이 나오더라 이 세 재앙 곧 자기들의 입에서 나오는 불과 연기와 유황으로 말미암아 사람 삼분의 일이 죽임을 당하니라 이 말들의 힘은 입과 꼬리에 있으니 꼬리는 뱀 같고 또 꼬리에 머리가 있어 이것으로 해하더라 이 재앙에 죽지 않고 남은 사람들은 손으로 행한 일을 회개하지 아니하고 오히려 여러 귀신과 또는 보거나 듣거나 다니거나 하지 못하는 금, 은, 동과 목석의 우상에게 절하고 또 그 살인과 복술과 음행과 도둑질을 회개하지 아니하더라(계 9:12-21).

본문은 "첫째 화는 지나갔으나 보라 아직도 이 후에 화 둘이 이르리로다"라는 말로 시작합니다. 얼핏 생각하면 다섯째 나팔 재앙이 지나갔으니 이제 여섯째, 일곱째 나팔 재앙이 남았다는 뜻 같습니다만 그렇지 않습니다. 요한계시록은 요한이 본 환상을 기록한 책입니다. 그러면 요한계시록에 기록된 내용은 이 땅에 재앙이 임하는 순서가 아니라 요한이 환상을 본 순서입니다. 앞에 기록된 내용이 다 지나간 다음에 뒤에 기록된 내용이 시작되는 것이 아닙니다.

6장에서 일곱 인 재앙을 살펴볼 때도 첫째 인 재앙이 지나가면 두 번째 인 재앙이 임하고, 두 번째 인 재앙이 지나가면 세 번째 인 재앙이 임하는 것이 아니었습니다. 첫 번째 인부터 다섯째 인까지는 동시다발적으로 일어나는 사건이었습니다. 또 일곱 인 재앙이 다 지나간 다음에 일곱 나팔 재앙이 시작되는 것도 아닙니다. 같은 사건에 대한 설명을 다르게 하는 것입니다.

지난 시간에 살펴본 다섯째 나팔 재앙은 황충 재앙이었습니다. 여섯째 나팔 재앙은 굳이 이름을 붙이면 마병대 재앙입니다. 황충 재앙으로 표현되는 어떤 사건이 이 세상을 휩쓸고 지나가면 그 다음에 마병대 재앙이 시작되는 것이 아닙니다. 요한이 환상으로 보기에는 황충 재앙을 먼저 보고 그 다음에 마병대 재앙을 봤습니다만 둘 다 주님 재림 전의 이 세상 형편을 말하는 것입니다.

여섯째 천사가 나팔을 불자, 하나님 앞 금 제단 네 뿔에서 음성이 났습니다. 큰 강 유브라데에 결박한 네 천사를 놓아주라는 것입니다. 유브라데 강은 팔레스타인 북동쪽 경계선입니다. 강 건너에는 이스라엘의 적대국이 자리했습니다. 한동안 앗수르가 걸핏하면 강을 건너와서 이스라엘을 괴롭히더니 앗수르가 망한 다음에는 바벨론이 그렇게 했습니다.

> 여호와께서 다시 내게 말씀하여 이르시되 이 백성이 천천히 흐르는 실로아 물을 버리고 르신과 르말리야의 아들을 기뻐하느니라 그러므로 주 내가 흉용하고 창일한 큰 하수 곧 앗수르 왕과 그의 모든 위력으로 그들을 뒤덮을 것이라 그 모든 골짜기에 차고 모든 언덕에 넘쳐흘러 유다에 들어와서 가득하여 목에까지 미치리라 임마누엘이여 그가 펴는 날개가 네 땅에 가득하리라 하셨느니라(사 8:5-8)

실로아 물은 기혼 샘에서 발원해서 예루살렘 동편을 흐르는 작은 시내를 말합니다. 본문에서는 흉용하고 창일한 큰 하수, 곧 앗수르 왕과 그의 모든 위력과 대조되는 뜻으로 쓰였습니다. 하나님의 은밀하고도 자상한 보호를 말합니다. 그런데 유다 백성들은 하나님의 돌보심을 외면하고 오히려 르신과 르말리야의 아들을 기뻐했습니다.

아하스 왕 때 아람 왕 르신과 북 왕국 이스라엘 왕 베가가 연합해서 남 왕국 유다를 침공한 적이 있습니다. 베가는 르말리야의 아들입니다. 하나님은 이사야 선지자를 통해서 걱정하지 말라는 말씀을 주셨지만 아하스는 하나님을 의지하는 사람이 아니었습니다. 앗수르 왕 디글랏 빌레셀에게 예물을 보내어 도움을 요청합니다. 예물을 받은 디글랏 빌레셀은 아람을 쳐서 멸망시킵니다. 북 왕국 이스라엘도 길르앗과 갈릴리, 납달리 온 땅을 비롯한 상당한 영토를 빼앗겼습니다. 르신과 르말리야의 아들을 기뻐한다는 얘기는 그런 일화를 배경으로 하는 내용입니다.

남 왕국 유다 백성들이 아람과 북 왕국 연합군의 파멸을 보면서 흡족하게 여겼습니다. 하나님을 의지하지 않고 세상의 도움을 청한 '탁월한 선택'을 기뻐했습니다. 요즘 말로 바꾸면 "신앙도 신앙이지만 현실은 현실이잖아, 일단 먹고 살아야지."라는 식으로 세상을 살았습니다. 그렇게 해서 나름대로 사회적인 지위를 얻었습니다. 고지식하게 신앙을 지키는 사람이 한심하게 보이고 자기들이 지혜롭게 보입니다.

그래서 "그러므로 주 내가 흉용하고 창일한 큰 하수 곧 앗수르 왕과 그의 모든 위력으로 그들을 뒤덮을 것이라"라는 말이 나오는 것입니다. "그렇게 세상이 좋으냐? 그럼 소원대로 세상맛을 보게 해주마. 너희가 의지한 앗수르가 어떤 나라인지 체험해 봐라."라는 뜻입니다. 아닌 게 아니라 앗수르는 남 왕국 유다를 다음 표적으로 삼습니다. 디글랏 빌레셀의 대군 앞에 예루살렘이 바람 앞에 등불 신세로 전락합니다.

세계 역사에는 이런 일이 비일비재합니다. 앗수르나 바벨론이 유브라데 강을 건너 쳐들어오는 것이 자연스러운 일일 수 있습니다. 약소국은 늘 강대국의 밥입니다. 하지만 약속의 땅 가나안에 그런 일이 벌어지면 자연스러운 일이 아닙니다. 이스라엘이 하나님을 떠나 산 것에 대한 심판이기 때문입니다.

유브라데는 그런 역사를 증언하는 강입니다. 그런 유브라데에 결박된 천사가 있습니다. 그들은 그 년 월 일 시에 이르러 사람 삼분의 일을 죽이기로 준비된 자들입니다. 그 년 월 일 시가 언제입니까? 언제인지는 몰라도 하나님이 정하신 날, 정하신 때가 있는 것은 분명합니다.

얼마 전에 몇몇 친구들과 어울려 울릉도에 다녀왔습니다. 고향이 제주도인 제가 보기에도 바다가 참 맑았습니다. 해안을 따라 달리는 차 안에서 한 친구가 말했습니다. "저 수평선까지의 거리가 얼마나 될까?"

수평선까지의 거리가 얼마나 될 것 같습니까? 마냥 아득할 것 같습니까? 지구가 평면이면 마냥 아득할 수 있습니다. 그때의 수평선은 시력이 허락하는 한도에 따라서 결정될 것입니다. 그런데 우리가 다 아는 것처럼 지구는 둥급니다. 불룩한 부분을 지나면 그 뒤는 안 보입니다. 수평선까지의 거리를 구하는 공식이 있습니다. $2.09 \times \sqrt{h}$인데, h는 수평선을 바라보는 눈높이를 말하고 단위는 해리입니다. 눈높이가 170cm인 사람이 해안에 서 있으면 수평선까지의 거리는 $2.09 \times \sqrt{1.7}$로 계산됩니다. 약 2.73해리입니다. 1해리가 1,852m니까 약 5,056m입니다. 우리가 보기에는 마냥 아득해 보이는 수평선이 사실은 5km 정도밖에 떨어지지 않았습니다. 생각보다 상당히 가깝습니다. 땅 위에 서라면 마음만 먹으면 걸어갈 수도 있는 거리입니다.

어쩌면 종말이 그럴 것입니다. 예수를 믿는 사람 중에 이 세상에 종말이 있다는 사실을 인정하지 않는 사람은 없습니다. 하지만 암송된 교리에 불과합니다. 언젠가 주님이 재림하시기는 하겠지만 그 날은 너무 멀어서 자기와는 관계없는 일처럼 생각합니다.

주님이 다시 오신다고 약속하신 것은 벌써 2,000년이 지났습니다. 어쩌면 앞으로 100년이나 1,000년이 더 지나도록 오시지 않을 수도 있습니다. 그것이 무슨 상관입니까? 주님이 오시지 않아도 우리가 주님 앞에 가게 됩니다. 우주적인 종말만 종말이 아닙니다. 이 세상을 살다가 죽으면 그 날이 종말입니다. 어쩌면 그 날은 오늘일 수도 있습니다. 아득하게 보이는 수평선이 사실은 보기보다 훨씬 가까이 있는 것처럼 종말 또한 그렇습니다.

예수님이 예루살렘에 입성했을 때의 일입니다. 제자들이 성전을 보고 감탄하는데, 예수님이 놀라운 말씀을 하십니다. 돌 하나도 돌 위에 남지 않고 다 무너진다는 것입니다. 그러자 제자들이 그런 일이 언제 일어나는지를 묻습니다. 그때 예수님은 예루살렘의 멸망과 최후 심판을 하나의 사건처럼 말씀합니다. 마 24장을 읽어보면 예수님이 예루살렘 멸망을 말씀하시는지 최후 심판을 말씀하시는지 구분이 안 됩니다. 흔히 감람산 강화라고 합니다.

예루살렘이 멸망할 때 100만 명 이상이 죽었다고 합니다. 당시 사람들은 그때가 종말인 줄 알았을 것입니다. 그렇다고 해서 종말이 아닌 것도 아닙니다. 개인적인 종말도 종말이기 때문입니다. 이 세상을 살다 죽으면 그때가 마지막입니다. 그러면 하나님의 심판대 앞에 서게 될 것입니다.

구약성경을 읽다 보면 '여호와의 날'이라는 말이 나옵니다. 여호와의 날이 언제입니까? 예수님의 초림입니까, 재림입니까? 혹시 오늘 당장 예수님이 오신다고 해도 예수님의 초림과 재림 사이에는 2,000년이라는 간격이 있는 셈입니다. 그런데 성경은 같은 날처럼 말씀합니다. 어차피 성경이 말하는 말세는 주님의 부활 승천부터 재림까지의 전 기간입니다. 그래서 우리는 늘 깨어 있어야 하는 사람들입니다.

허영만 화백이 그린 〈사랑해〉라는 만화가 있습니다. 어떤 사람이 담배를 끊는 모습을 재미있게 그렸습니다. 담배를 10분만 있다가 피우기로 하는 것입니다. 밥 먹고 담배를 피우려다가도 "에이, 어차피 피울 건데 10분 있다 피우지 뭐." 하고는 도로 집어넣습니다. 잠시 다른 일을 하다가 담배를 꺼냅니다. 그리고는 또 "10분 있다가 피우자."라고 합니다. 이런 식으로 '10분만, 10분만' 하면서 결국 담배를 끊었다는 것입니다.

우리의 모든 나쁜 습관을 그런 식으로 끊을 수 있었으면 좋겠습니다. 오히려 우리가 염려해야 할 것은 그 반대되는 경우입니다. 우리는 좋은 일을 구상하다가도 '내일부터' 라고 결론을 내립니다. 다이어트도 내일부터, 운동도 내일부터, 성경 읽기도 내일부터입니다.

> 형제들아 너희는 삼가 혹 너희 중에 누가 믿지 아니하는 악한 마음을 품고 살아 계신 하나님에게서 떨어질까 조심할 것이요 오직 오늘이라 일컫는 동안에 매일 피차 권면하여 너희 중에 누구든지 죄의 유혹으로 완고하게 되지 않도록 하라(히 3:12-13)

우리가 신앙을 지켜야 하는 날은 '오직 오늘' 입니다. 내일은 어떻게 될지 모릅니다. 하지만 오늘만큼은 신앙을 지켜야 합니다. 그런 사람은 작정된 그 년 월 일 시가 언제인지 궁금하게 여길 필요가 없습니다. 평소대로 살면 됩니다.

2차 대전 때 학살된 유태인이 무려 600만입니다. 나치가 그만큼 악랄했습니다. 그런데 본문에서는 사람 삼분의 일이 죽는다고 합니다. 그런 엄청난 일을 누가 감당합니까? 그래서 이만 만의 마병대가 등장합니다. 이만 만이면 이익입니다.

어떤 사람이 군사 전문가한테 물었습니다. "3차 대전이 언제 일어날 것 같습니까?" "언제인지는 모르지만 세상이 망하기 직전에 일어날 겁니다." 본문이 바로 그런 얘기를 하는 것 같습니다. 한때 미국과 소련이 앞을 다퉈서 핵무기를 개발할 때, 핵전쟁으로 지구가 망한다는 말이 무성하기도 했습니다.

학생 때 용돈을 챙기는 가장 흔한 방법은 책을 산다고 하는 것입니다. 그렇게 해서 나온 우스갯소리가 있습니다. 군 입대를 앞 둔 어떤 청년이 총을 사야 한다며 돈을 달라고 했다는 것입니다. 로마 시대 사람들은 이 얘기가 왜 농담인지 이해하지 못할 것입니다. 당시 군인들은 자기한테 필요한 병장기를 직접 준비해야 했습니다. 갑옷이나 칼, 창이 전부 자기 부담이었습니다. 그러면 아무나 마병이 될 수 없습니다. 집에서 말을 기를 만한 경제적 능력만 문제가 되는 것이 아니라 그 말을 능숙하게 탈 줄도 알아야 합니다.

이슬람 세력으로부터 중세 유럽을 지킨 사람이 칼 마르텔입니다. 그가 푸아티에 전투에서 사라센을 이기지 못했으면 중세 유럽은 이슬람 세계가 되었을 것입니다. 칼 마르텔이 승리를 거둔 비결이 있습니다. 그 무렵에 등자가 발명되었기 때문입니다. 말을 탈 때 두 발을 디디는 물건을 등자라고 합니다. 칼 마르텔 이전에는 등자 없이 그냥 말을 탔다는 얘기입니다.

자전거 뒤에 타면 앞에 타는 것보다 훨씬 불안합니다. 앞에 탄 사람은 페달을 밟지만 뒤에 타면 다리가 허공에 있게 됩니다. 자전거 뒤에 타면 앞사람 허리를 꼭 붙들어야 합니다. 행여 칼싸움이라도 한다고 장난치다가는 떨어지기 십상입니다. 그러니 등자 없이 말 위에서 전투를 하는 것은 상당한 승마 기술을 요구합니다. 흉노족이나 사라센인들은 어려서부터 말을 탔기 때문에 말을 잘 다뤘습니다만 로마에는 유능한 마병이 드물었습니다. 보병은 훈련을 통해서 양성한다고 해도 마병은 양성할 길이 없었습니다. 그런데 요한이 들은 마병대의 수는 이만만입니다. 당시 로마 제국 인구가 5천만이었는데, 이만 만의 기병대라면 싸울 엄두는 고사하고 도망갈 엄두도 못 낼 규모입니다.

다섯째 천사가 나팔을 불었을 때 나타난 황충들이 전부 무시무시하게 생겼던 것처럼 말들도 그렇습니다. 머리는 사자 머리 같고 입에서는 불과 연기와 유황이 나옵니다. 그 불과 연기와 유황으로 사람 삼분의 일을 죽인다고 합니다. 말들의 힘은 입과 꼬리에 있는데 꼬리는 뱀 같고, 또 꼬리에 머리가 있어서 이것으로 사람들을 해합니다.

본래 마병대가 무서운 것은 말 때문이 아니라 말에 탄 군사 때문입니다. 말은 운송 수단입니다. 그런데 본문은 말을 아주 무섭게 묘사하고 있습니다. 입에서 불과 유황과 연기가 나오는 말을 무슨 수로 당합니까? 마치 지옥에서 나온 사자 같습니다.

요한계시록에 대해서는 잘못된 가르침이 있는 것이 사실입니다. 대표적인 예가 요한계시록에서 말하는 내용을 장차 일어날 특정한 사건으로 얘기하는 것입니다. 그러면 이만 만의 마병대는 주님 재림 전에 있을 세계 대전이 됩니다. 불빛과 자줏빛, 유황빛 호심경은 무엇을 의미하는지, 불과 연기와 유황은 무엇을 의미하는지, 말의 힘이 입과 꼬리에 있다는 말은 무슨 뜻이고, 꼬리는 뱀 같고 또 꼬리에 머리가 있다는 얘기는 무슨 뜻인지를 일일이 설명합니다. 그런 설명을 들으면 흥미 있습니다. 그럴 듯하기도 합니다. 하지만 성경이 말하는 바는 아닙니다.

만일 이만 만의 마병대가 말세에 일어날 세계 대전을 암시한다면 이만 만을 상대해서 싸우는 군대도 있어야 하는데 그게 없습니다. 사람 삼분의 일이 죽을 뿐입니다. 요컨대 성경은 황충 재앙과 함께 마병대 재앙으로 이 세상의 파멸을 경고하고 있습니다. 자연인으로서는 감당 못할 재앙입니다. 사람들은 죄의 권세 앞에 속수무책으로 죽어 넘어질 수밖에 없습니다.

오래 전의 일입니다. 요한계시록을 가르쳐달라는 한 청년이 있었습니다.

"왜 하필 요한계시록이냐?"

"재미있을 것 같아서요."

"뭐가 재미있을 것 같아?"

"읽어보면 좀 무섭기는 하지만 흥미진진하잖아요."

"요한계시록에 네가 기대하는 내용은 없어."

"그럼요?"

"전부 다 예수 잘 믿으라는 얘기야. '이 세상은 영원하지 않다. 언젠가 망한다. 그러니 그 날을 준비해라.' 라는 것이 요한계시록의 줄거리야."

"그럼 요한계시록도 다른 성경처럼 뻔한 얘기예요?"

성경이 '뻔한 얘기' 라는 것이 무슨 뜻입니까? 아마 그 청년은 우리가 익히 알고 있고 자주 듣는 내용이라는 뜻으로 그런 표현을 썼을 것입니다. 그러면 요한계시록도 뻔한 얘기가 맞습니다. 성경 다른 곳에 없는 얘기가 새롭게 추가된 것이 아닙니다. "이 세상은 죄에 시달리고 있다. 하나님이 그런 세상을 새롭게 하신다. 예수 외에는 소망이 없다."라는 것이 요한계시록의 내용입니다.

본문은 그런 내용을 이만 만의 마병대 재앙으로 얘기합니다. 마치 지옥에서 온 듯한 말들이 사람 삼분의 일을 해합니다. 하나님이 이 세상에 그런 재앙을 허락하시는 이유는 회개를 촉구하기 위한 것입니다. "너희들은 죄의 압제에 시달리고 있다. 내 백성으로 편입되는 것 말고는 소망이 없다."라는 뜻입니다. 그런데 본문은 "이 재앙에 죽지 않고 남은 사람들은 손으로 행한 일을 회개하지 아니하고 오히려 여러 귀신과 또는 보거나 듣거나 다니거나 하지 못하는 금, 은, 동과 목석의 우상에게 절하고 또 그 살인과 복술과 음행과 도둑질을 회개하지 아니하더라"로 끝납니다. 그런 재앙 속에서 사람들은 회개를 하는 것이 아니라 오히려 우상을 섬깁니다.

재앙 속에서도 우상을 섬긴다는 것은 무슨 뜻입니까? 자기들 스스로 재앙을 이기지 못하는 것을 압니다. 무엇인가 믿고 의지해야 할 필요성을 느꼈습니다. 그래서 하나님께로 돌아오는 것이 아니라 오히려 우상에 매달립니다. 멸망하기로 작정한 사람은 대책이 없습니다.

하나님이 남 왕국 유다를 벌하기 위해서 바벨론을 심판의 도구로 사용하신 적이 있습니다. 하나님이 몽둥이를 들면 얼른 회개하는 것이 정답입니다. 그것 외에는 다른 길이 없습니다. 그런데 유다는 애굽에 도움을 청합니다. 애굽을 의지하면 바벨론의 압제를 물리칠 수 있다고 생각한 것입니다. 성경에 나오는 애굽은 세상의 상징입니다. 그러면 얘기가 어떻게 되는 것입니까? 하나님의 징계를 피하기 위해서 세상으로 달려갔다는 뜻입니다. 하나님의 간섭을 받으며 사는 것보다 차라리 예수를 안 믿으면 편하게 살 수 있지 않느냐고 하는 사람이 요즘만 있는 것이 아닙니다.

영국 언론인 겸 소설가인 체스터턴이 "하나님을 믿지 않는 사람들의 문제는 아무것도 믿지 못하게 되는 것이 아니라 아무거나 믿게 된다는 것이다."라고 했습니다. 사람은 본성적으로 자기가 제한된 존재라는 사실을 알고 있습니다. 자기한테 힘이 되어줄 존재를 필요로 합니다. 문제는 자기가 의지해야 할 대상을 제대로 분별하지 못한다는 사실입니다. 그런 사람은 그 년 월 일 시를 알아도 별 수 없습니다. 어차피 자기 편한 대로 살다가 망할 것입니다. 그리고 요한계시록은 소아시아 일곱 교회 교인들한테 그런 사람들의 종말을 보여주고 있습니다. "세상에서 신앙을 지키는 것이 힘드냐? 그러면 너희가 얼마나 복된 신분인지 생각해 보아라."라고 말하는 셈입니다.

이제 우리가 그 음성을 들어야 합니다. 우리의 복이 무엇입니까? 세상에서·얼마나 형통한 삶을 누리느냐 하는 것이 아닙니다. 하나님이 죄를 미워하신다는 사실을 바로 알아서 죄를 멀리하는 삶을 사는 것입니다. 이 세상이 우리의 영원한 터전이 아닌 것을 아는 것입니다. 하나님이 우리를 위하여 영원한 도성을 예비하셨다는 사실을 아는 것입니다. 우리는 이 세상에 속한 사람들이 아닙니다. 다른 세상을 바라보는 사람들입니다.

CHAPTER 25

다시 예언하라

내가 또 보니 힘 센 다른 천사가 구름을 입고 하늘에서 내려오는데 그 머리 위에 무지개가 있고 그 얼굴은 해 같고 그 발은 불기둥 같으며 그 손에는 펴 놓인 작은 두루마리를 들고 그 오른 발은 바다를 밟고 왼 발은 땅을 밟고 사자가 부르짖는 것 같이 큰 소리로 외치니 그가 외칠 때에 일곱 우레가 그 소리를 내어 말하더라 일곱 우레가 말을 할 때에 내가 기록하려고 하다가 곧 들으니 하늘에서 소리가 나서 말하기를 일곱 우레가 말한 것을 인봉하고 기록하지 말라 하더라 내가 본 바 바다와 땅을 밟고 서 있는 천사가 하늘을 향하여 오른손을 들고 세세토록 살아 계신 이 곧 하늘과 그 가운데에 있는 물건이며 땅과 그 가운데에 있는 물건이며 바다와 그 가운데에 있는 물건을 창조하신 이를 가리켜 맹세하여 이르되 지체하지 아니하리니 일곱째 천사가 소리 내는 날 그의 나팔을 불려고 할 때에 하나님이 그의 종 선지자들에게 전하신 복음과 같이 하나님의 그 비밀이 이루어지리라 하더라 하늘에서 나서 내게 들리던 음성이 또 내게 말하여 이르되 네가 가서 바다와 땅을 밟고 서 있는 천사의 손에 펴

놓인 두루마리를 가지라 하기로 내가 천사에게 나아가 작은 두루마리를 달라 한즉 천사가 이르되 갖다 먹어 버리라 네 배에는 쓰나 네 입에는 꿀 같이 달리라 하거늘 내가 천사의 손에서 작은 두루마리를 갖다 먹어 버리니 내 입에는 꿀 같이 다나 먹은 후에 내 배에서는 쓰게 되더라 그가 내게 말하기를 네가 많은 백성과 나라와 방언과 임금에게 다시 예언하여야 하리라 하더라(계 10:1-11).

9:1-11에는 다섯째 천사가 나팔을 불자 황충 재앙이 임한다는 내용이 나왔고, 9:12-21에는 여섯째 천사가 나팔을 불자 마병대 재앙이 임한다는 내용이 나왔습니다. 그러면 일곱째 천사가 나팔을 불 차례입니다. 그런데 일곱째 천사가 나팔을 분다는 내용은 11:15에 나오고, 전혀 다른 얘기가 나옵니다.

6장에서도 이런 경우가 있었습니다. 첫째 인을 떼자 어떻게 되고 둘째 인을 떼자 어떻게 되고 하는 내용이 여섯째 인을 떼는 얘기까지 진행되는 것으로 6장이 끝났습니다. 그러면 7장에서는 일곱째 인을 떼는 내용이 나와야 하는데 난데없이 하나님의 인침 받은 자 144,000명 얘기가 나옵니다. 그렇다고 해서 문맥을 무시한 배열은 아닙니다. 여섯째 인을 떼자, 이 세상에 하늘이 무너지고 땅이 꺼지는 재앙이 임했습니다. 그런 내용이 "그들의 진노의 큰 날이 이르렀으니 누가 능히 서리요"라는 말로 끝났습니다. 7장은 그에 대한 대답입니다. 하나님의 인침 받은 자 144,000명이 능히 섭니다. 그들은 하나님의 진노와 상관없는 자들입니다.

9장은 사람 삼분의 일이 죽는 재앙 속에서도 죽지 않고 남은 사람들이 회개를 하는 것이 아니라 오히려 우상을 섬긴다는 내용으로 끝났습니다. 그러면 어떻게 해야 되겠습니까? "너희들은 도무지 구제불능이다. 지옥에 가서 영원히 형벌 받아 마땅하다."라고 해야 합니까? 그래서 본문이 "그가 내게 말하기를 네가 많은 백성과 나라와 방언과 임금에게 다시 예언하여야 하리라 하더라"라는 말로 끝나는 것입니다.

"다시 예언한다"는 것은 앞에서도 예언을 했다는 뜻입니다. 성경이 말하는 예언은 일기예보(日氣豫報)라고 할 때의 예언(豫言)이라기보다 은행에 돈을 예금(預金)한다고 하는 예언(預言)입니다. 장차 될 일을 미리 말하는 것이 아니라 하나님의 말씀을 맡아서 전하는 것입니다. 사람 삼분의 일이 죽는 모진 재앙 속에서도 회개를 하지 않는 사람들이 있기 때문에 다시 예언을 해야 합니다. 일곱째 나팔 내용 대신 다른 얘기가 나오는 이유가 이런 때문입니다.

요한이 힘 센 다른 천사가 구름을 입고 하늘에서 내려오는 것을 보았습니다. 그 머리 위에는 무지개가 있고 얼굴은 해 같고 발은 불기둥 같습니다. 천사의 위용이 굉장히 영광스럽습니다. 장차 그리스도가 올 때 구름을 타고 온다고 했습니다. 하늘 보좌에는 무지개가 둘려 있습니다. 그리스도의 얼굴은 해가 힘 있게 비치는 것 같다고 했습니다. 또 그리스도의 발은 풀무불에 단련한 빛난 주석 같다고 했으니 불기둥이 이와 흡사합니다. 그렇다고 해서 요한이 본 천사가 그리스도라는 뜻은 아닙니다. 그리스도로부터 권한을 위임받은 천사입니다.

그 천사의 손에는 펴 놓인 작은 두루마리가 있습니다. 두루마리를 펴 놓았다는 말씀은 전에는 인봉되어 있었다는 뜻입니다. 인봉된 두루마리 내용은 5장에 나왔습니다. 요한이 보좌에 앉으신 이의 오른손에 일곱 인으로 봉해진 두루마리가 있는 것을 보았습니다. 힘 있는 천사가 큰 음성으로 누가 그 두루마리를 펴며 그 인을 떼기에 합당하냐고 외쳤지만 그 두루마리를 펴거나 보거나 할 자가 아무도 없었습니다. 그래서 요한이 크게 울었습니다. 두루마리의 인봉을 풀지 못하는 것이 그만큼 좌절할 일이었습니다. 그런데 지금은 그 두루마리가 펴 놓였습니다. 그러면 무엇을 해야 합니까? 두루마리의 인봉을 풀 자가 없을 때는 울었으니까 펴 놓인 다음에 울음만 그치면 됩니까?

하여간 그 천사가 오른발은 바다를 밟고 왼발은 땅을 밟고 사자가 부르짖는 것 같이 큰 소리로 외칩니다. 오른발로는 바다를 밟고 왼발로는 땅을 밟으려면 얼마나 거대해야 합니까? 아마 키가 1km는 족히 되는 모양입니다. 하지만 본문이 말하는 내용은 그 천사가 얼마나 거대한 천사였는지가 아닙니다. 그 두루마리의 내용이 바다에만 적용되거나 땅에만 적용되는 것이 아니라 양쪽 다 적용된다는 뜻입니다. 우리가 사는 세상이 땅과 바다로 이루어져 있으니 바다와 땅은 온 세상을 말합니다.

또 사자가 부르짖는 것 같이 큰 소리로 외쳤다고 했습니다. 사자의 부르짖음은 하나님이 하시는 말씀의 엄위하심을 비유한 표현입니다 (호 11:10, 암 3:8). 힘 센 천사가 하나님의 음성을 대신하여 외칠 때 일곱 우레가 소리를 내어 말했습니다. 우레가 일곱 번 울었다는 말씀이 아닙니다. 하나님이 말씀하셨다는 수사학적인 표현입니다. 그런데 일곱 우레가 말한 것을 인봉하고 기록하지 말라고 합니다. 그러면 공개하지도 않을 말씀을 왜 하신 겁니까? 요한도 그렇습니다. 하나님이 인봉하고 기록하지 말라고 했다는 내용을 소아시아 일곱 교회에 알릴 이유가 있습니까? 일곱 우레 얘기 자체를 꺼내지 말아야 하는 것 아닙니까?

친구들 사이에는 한참 얘기하다가 중간에 입을 닫으며 "아, 이건 비밀이야."라고 할 수 있습니다. 그러면 보나마나 약 올리려고 하는 것입니다. 얘기해달라고 계속 보채면 아무한테도 말하지 말고 혼자만 알고 있으라며 조용한 목소리로 얘기하는 것이 그 다음 순서입니다. 정말로 비밀이면 비밀이 있다는 사실 자체를 공개하지 않을 것이기 때문입니다.

결국 본문은 일곱 우레가 말한 것을 우리한테 알리지 않는 것이 아니라 일곱 우레가 말한 내용을 우리한테 알리지 않는다는 사실을 알리는 것입니다. "뭔가 비밀이 있다. 너희는 모른다."가 아니라 "너희가 모르는 것이 있는 것을 알아야 한다."입니다.

우리가 하나님의 계획을 다 알 수는 없습니다. 하나님이 알려주시는 것만 알면 그것으로 족합니다. 하나님이 말씀하시지 않는 것은 알 수도 없거니와 설령 안다고 해도 아무런 도움이 안 됩니다.

《욥기》에 계속 반복되는 얘기가 "왜 나한테 이런 일이 닥쳤는지 모르겠다."입니다. 욥의 친구들은 "하나님이 까닭 없는 재앙을 내릴 이유가 있느냐? 너한테 뭔가 죄가 있기 때문일 것이다. 얼른 회개해라."라고 다그치는데, 욥은 답답하기만 합니다. 자기의 결백을 누가 알아줍니까? 나중에 하나님이 직접 개입하시고, 욥의 소유가 이전의 두 배가 되는 것으로 욥기가 끝납니다.

끝까지 안 나오는 내용이 있습니다. 욥의 고난이 어떻게 유래했는지에 대한 자초지종입니다. 하나님이 욥한테 "욥아, 너한테 왜 고난이 임했는지 궁금하냐? 실은 내가 사탄과 내기를 했거든. 그래서 그렇게 되었다."라는 말씀은 안 하십니다. 욥은 나중에 천상에 가서 모든 내막을 알았을 것입니다. 그래서 사소한 내기로 자기를 재난에 빠뜨린 하나님께 불만을 터뜨리지 않고 오히려 자기를 그렇게 믿어준 하나님께 감사했을 것입니다.

욥이 고민한 이유는 하나님이 하시는 일을 자기가 다 알 수 없다는 사실을 모르는 탓이었습니다. 우리는 그렇지 않습니다. 우리는 하나님이 하시는 일을 우리가 낱낱이 알지 못한다는 것을 압니다. 그것만 아는 것이 아닙니다. 하나님이 하시는 일을 우리가 알지는 못해도 언젠가 다 이루어진다는 사실도 압니다. 7절에 "하나님의 그 비밀이 이루어지리라"라는 것이 그런 말씀입니다.

요한이 본 힘 센 천사가 하늘을 향하여 오른손을 들고 맹세를 합니다(5-6절). "세세토록 살아 계신 이를 가리켜 맹세하여 이르되"라고 해도 되는데 "세세토록 살아 계신 이 곧 하늘과 그 가운데에 있는 물건이며 땅과 그 가운데에 있는 물건이며 바다와 그 가운데에 있는 물건을 창조하신 이를 가리켜 맹세하여 이르되"라고 복잡하게 말을 합니다. 이 세상의 모든 것이 하나님께 달려있음을 강조한 표현입니다. 그런 하나님을 가리켜 맹세를 했으니 그 맹세는 보나마나 이루어질 것입니다. 맹세의 내용이 무엇입니까? 일곱째 천사가 소리 내는 날 그의 나팔을 불려고 할 때에 하나님이 그의 종 선지자들에게 전하신 복음과 같이 하나님의 그 비밀이 이루어지는데, 그것이 지체하지 않는다는 것입니다.

성경에도 '원조'가 있을까요? 족발이나 보쌈, 막국수처럼 성경에도 원조가 있다면 본문의 원조는 《다니엘서》입니다.

> 나 다니엘이 본즉 다른 두 사람이 있어 하나는 강 이쪽 언덕에 섰
> 고 하나는 강 저쪽 언덕에 섰더니 그 중에 하나가 세마포 옷을 입
> 은 자 곧 강물 위쪽에 있는 자에게 이르되 이 놀라운 일의 끝이
> 어느 때까지냐 하더라 내가 들은즉 그 세마포 옷을 입고 강물 위
> 쪽에 있는 자가 자기의 좌우 손을 들어 하늘을 향하여 영원히 살
> 아 계시는 이를 가리켜 맹세하여 이르되 반드시 한 때 두 때 반
> 때를 지나서 성도의 권세가 다 깨지기까지이니 그렇게 되면 이
> 모든 일이 다 끝나리라 하더라(단 12:5-7).

다니엘은 강 이쪽 언덕과 저쪽 언덕에 있는 두 사람을 보았는데, 요
한은 오른발로 바다를 밟고 왼발로 땅을 밟은 천사를 보았습니다. 《다
니엘서》에서는 한 사람이 좌우 손을 들어 하늘을 향하여 영원히 살아
계시는 이를 가리켜 맹세했는데, 본문의 천사는 하늘을 향하여 오른손
을 들고 세세토록 살아계신 이를 가리켜 맹세합니다. 똑같지는 않지만
전체적인 내용은 비슷합니다. 맹세한 내용은 어떻게 됩니까? 《다니엘
서》에서는 한 때 두 때 반 때를 지나서 이 모든 일이 다 끝난다고 했습
니다. 본문에서는 하나님의 비밀이 지체하지 않고 이루어진다고 했습
니다. 일곱째 천사가 소리 내는 날 그의 나팔을 불게 될 때가 곧 《다니
엘서》에서 말하는 한 때와 두 때와 반 때가 끝난 시점이라는 뜻입니다.
　다니엘도 종말에 대한 계시를 받았습니다. 아직 임박하지는 않았지
만 언젠가 종말이 있는데, 종말이 오려면 한 때와 두 때와 반 때를 지

나야 합니다. 그런데 요한에 이르러 그 때가 임박한 것입니다. 결국 한 때와 두 때와 반 때는 마지막 종말이 임하기 전의 종말적 시간입니다. 예수님의 부활 승천부터 재림까지의 기간을 한 때와 두 때와 반 때라고 한 것입니다. 예수님이 재림하시면 하나님의 모든 비밀이 이루어집니다. 그때가 마지막 날입니다.

인봉하고 기록하지 말라고 한 일곱 우레는 아마 마지막 때에 대한 내용인 것 같습니다. 그 날과 그 때는 아무도 모릅니다. 하늘의 천사들도 모르고 아들도 모르고 오직 아버지만 아십니다. 하나님이 성도들한테 비밀로 한 대표적인 것이 그것입니다.

요한이 이런 말씀을 듣는데, 요한한테 일곱 우레가 말한 것을 인봉하고 기록하지 말라고 한 음성이 다시 말합니다. 천사의 손에 펴 놓인 두루마리를 가지라는 것입니다. 그래서 천사한테 가서 두루마리를 달라고 하자, 천사가 말합니다. 그것이 배에서는 쓰지만 입에서는 꿀 같이 달다고 하면서 그 두루마리를 갖다 먹어 버리라는 것입니다.

복음을 알고 있는 것으로는 모자랍니다. 그 복음을 자기 것으로 만들어야 합니다. 인자의 살을 먹지 아니하고 인자의 피를 마시지 아니하면 우리 속에 생명이 없습니다.

'묵상(meditation)' 이라는 말이 있습니다. 라틴어 '메디켈루스 (medikelus)' 에서 유래했는데 메디켈루스는 약(medicine)이라는 뜻입니다. 약병에 있는 약의 성분이나 효능을 읽는 것으로는 약효를 볼 수 없습니다. 직접 먹어야 합니다. 하나님 말씀은 머리로 이해하는 것이 아닙니다. 몸으로 체득해야 합니다.

묵상에 해당하는 히브리어가 '하가' 인데, 하가는 상당히 다양하게 쓰입니다. 소가 끊임없이 되새김질을 하거나 사자가 먹이를 움키고 으르렁거리는 모습을 하가라고 합니다. 다윗이 "너희는 여호와의 선하심을 맛보아 알지어다"(시 34:8)라고 할 때도 '하가'가 쓰였습니다. 개한테 뼈다귀를 주면 개는 하루 종일 그것을 뜯습니다. 오늘 뜯다가 남은 것은 내일 뜯고, 내일 뜯다가 남은 것은 모레 뜯습니다. 그것도 '하가'입니다. 요컨대 하가는 어떤 사람이 자신의 종교에 푹 빠져 있는 모습을 말합니다.

하나님 말씀은 우리한테 꿀과 같습니다. 하지만 늘 꿀처럼 달기만 한 것은 아닙니다. 그 말씀을 가지고 살아가려면 온갖 쓴맛을 다 감수해야 합니다. 예수를 믿으면 구원 얻습니다. 하나님이 우리를 사랑하십니다. 우리는 하나님의 자녀입니다. 우리한테는 영원한 나라가 약속되어 있습니다. 주님이 세상 끝 날까지 우리와 함께 하십니다. 하지만 그것이 신앙의 전부가 아닙니다. 우리는 자기를 부인해야 하는 사람들입니다. 이 세상 사람들처럼 살면 안 되는 사람들입니다. 우리가 가는 길은 좁은 길입니다. 그리스도 안에서 경건하게 살고자 하는 자는 박해를 받습니다. 우리한테는 말씀을 받은 기쁨과 말씀으로 인한 고난이 공존합니다.

'아브라함 요수아 헤셸'이라는 사람이 있습니다. 폴란드에서 태어난 유대인 사상가입니다. 그가 "하나님을 믿는 것은 그 분의 꿈을 우리의 꿈으로 간직하는 것이다."라고 했습니다. 하나님의 꿈은 참으로 황홀합니다. 그 날이 되면 사자와 어린양이 함께 뛰놀 것입니다. 젖먹이 아이가 독사의 구멍에서 장난할 것입니다. 다시 사망이 없고 애통하는 것이나 곡하는 것이나 아픈 것이 있지 않을 것입니다. 밤도 낮처럼 밝을 것입니다. 그런 꿈이 저절로 이루어질 수 없습니다. 당연히 아픔과 고통이 있어야 합니다. 우리는 그 일에 동참하기로 하고 이렇게 모인 사람들입니다. 그래서 결론이 "그가 내게 말하기를 네가 많은 백성과 나라와 방언과 임금에게 다시 예언하여야 하리라 하더라" 입니다.

당시 요한은 하나님의 말씀과 예수를 증언하였음으로 말미암아 밧모 섬에 유배된 상태였습니다. 예언을 했더니 그 예언을 듣고 회개한 것이 아니라 도리어 유배시켰습니다. 그들은 자기네가 어떤 형편에 처했는지를 모릅니다. 황충 재앙에 시달리고 마병대 재앙에 시달리면서도 오히려 우상을 섬깁니다. 그들한테 다시 예언하라는 것입니다. 그런 일을 어떻게 감당합니까? 해봐야 아무 소용없는 일 아닙니까?

일제강점기 때 활동한 부흥사를 꼽으라면 길선주 목사, 김익두 목사, 이용도 목사를 꼽을 수 있습니다. 길선주 목사는 3·1 독립운동 때 민족 대표 33인 중의 한 명이었습니다. 2년 동안 옥고를 치르면서 요한계시록을 다 암송하고는 가는 곳마다 '말세학' 을 강연했습니다. 전해 오는 얘기로는 요한계시록을 1만 독 했다고 합니다. 김익두 목사는 소문난 깡패였다가 나중에 회심했는데 사도행전에 나오는 이적을 직접 일으킨 것으로 유명합니다. 앉은뱅이가 일어나고 맹인이 눈을 뜨고 벙어리가 말을 했다는 내용이 동아일보에도 실렸습니다. 이용도 목사는 주님과의 합일을 주장했습니다. 김기석 목사가 쓴 《일상순례자》에 이용도 목사의 글이 소개되어 있습니다.

"피를 주소서. 우리는 눈물도 말랐거니와 피는 더욱 말랐습니다. 그래서 무기력한 빈혈 병자가 되었습니다. 피가 없을 때는 기운이 없고, 맥없고, 힘없고, 담력 없고, 의분 없고, 화기 없고, 생기가 없습니다. 그 대신 노랗고, 겁 많고, 쓸쓸하고, 소망이 없습니다. 우리한테 그리스도의 피를 주사해 주소서. 그래서 새 기운을 얻고 화기와 생기 있고 기쁨이 있게 하옵소서. 우리는 죄에 잡히어 죽어가되 그 죄와 더불어 싸울 만한 피가 없습니다. 악마가 우리 인간을 유린하되 그것을 분히 여기는 피가 없습니다. 주여, 우리한테 당신의 피를 주사해 주옵소서. 그래서 죄악과 더불어 싸우게 하여 주옵소서."

두루마리를 먹으라는 말씀이 그래서 나온 것입니다. 이용도 목사의 말처럼 그리스도의 피를 공급받아야 합니다. 이미 예언한 바 있습니다. 그래도 회개하지 않고 우상한테 매달리는 '독종' 들한테 다시 예언을 해야 합니다. 아무나 못 할 일입니다. 특히 빈혈 병자는 절대 못합니다. 그래서 먼저 두루마리를 먹어야 합니다. 입에는 달지만 배에는 쓴 것을 견딘 사람만 가능하기 때문입니다.

세사르 바예호라는 페루 시인이 있습니다. 그가 쓴 〈같은 이야기〉라는 시의 한 부분을 소개합니다.

나는 신이
아픈 날 태어났습니다.

형제여, 들어보세요, 잘 들어봐요.
좋습니다. 1월을 두고

12월만 가져가면

안 됩니다.

나는 신이

아픈 날 태어났다니까요.

세사르 바예호가 말한 신이 아픈 날이 어떤 날인지 모르겠습니다. 어쨌든 우리가 예수님이 십자가에서 고난 받은 날 태어난 것은 맞습니다. 1월을 두고 12월만 가져가면 안 된다고 한 말이 무슨 말인지는 몰라도 두루마리에서 단맛만 취하고 쓴맛은 버릴 수는 없습니다. 하나님을 믿는 것이 그 분의 꿈을 우리의 꿈으로 간직하는 것이라면, 그 분의 아픔은 우리의 아픔이어야 하고 그 분의 고통은 우리의 고통이어야 합니다. 신이 아픈 날 우리가 태어난 것처럼 우리가 아파서 태어나는 사람도 있어야 합니다. 주님이 십자가에서 우리를 위해서 피를 흘렸으면 이제는 우리가 십자가에 달린 주님을 보면서 피를 흘릴 차례입니다.

부활한 예수님이 제자들과 감람산에 올랐습니다. 제자들이 묻습니다. "주께서 이스라엘 나라를 회복하심이 이 때니이까?" 예수님이 뭐라고 하십니까? "때와 시기는 아버지께서 자기의 권한에 두셨으니 너희가 알 바 아니요 오직 성령이 너희에게 임하시면 너희가 권능을 받고 예루살렘과 온 유대와 사마리아와 땅 끝까지 이르러 내 증인이 되리라"

일곱 우레가 말한 내용이 무엇인지 우리는 모릅니다. 때와 시기가 언제인지도 모릅니다. 우리는 단지 우리가 할 일을 할 뿐입니다. 땅 끝까지 이르러 증인이 되는 일입니다.

두루마리가 인봉된 상태에서는 우리가 할 수 있는 일이 아무것도 없습니다. 고작해야 악한 이 세상 역사를 보면서 비통한 눈물을 흘리는 것뿐입니다. 하지만 그 인봉이 풀렸으면 할 일이 있습니다. 먼저 그것을 갖다 먹어야 합니다. 배에서 아무리 써도 그것을 감수해야 합니다. 그래서 많은 백성과 나라와 방언과 임금에게 다시 예언해야 합니다. 그들이 듣지 않는 것은 우리 책임이 아닙니다. 하지만 전하지 않는 것은 우리 책임입니다. 우리는 이 세상에서 복음을 전할 수 있는 유일한 통로입니다. 오직 우리만 복음을 전할 수 있습니다.